AMUSING OURSELVES
TO DEATH
죽도록
즐기기

이 책의 한국어판 저작권은 알렉스리 에이전시 ALA를 통해서 Viking, an imprint of Penguin
Publishing Group, a division of Penguin Random House LLC 사와 독점계약한 굿인포메이션에 있습니다.
저작권법에 의하여 한국 내에서 보호를 받는 저작물이므로 무단전재와 복제를 금합니다.

AMUSING OURSELVES
TO DEATH

죽도록
즐기기

닐 포스트먼 지음 | 홍윤선 옮김

굿인포메이션

20주년 기념판을 내며

최근(2006년) 사회를 논평한 책이 20여 년 전(1985년)에 출간되었다?

적어도 당신은 이메일을 쓰거나, 회신전화를 걸거나, MP3를 다운받거나, 게임(온라인게임, 플레이스테이션, 닌텐도)에 빠져 있거나, 웹사이트를 둘러보거나, 문자메시지를 보내거나, 메신저로 채팅을 하거나, 동영상을 녹화하거나, 동영상을 구경하고 있지는 않기에, 이 책을 마주하고 있다.

지금 당신은 20세기에 출간된 책 중 21세기에 대해 최초로 언급한 이 책을 마주하고 있다. 아마 잠시 이 책을 훑어보기만 해도, 1985년 당시 세계에 대한 적나라하고 도발적인 비판 때문에 적지않게 충격받을 것이다. 더구나 1985년은 인터넷이나 휴대전화, PDA, 수백 개의 CATV 채널, 통화중 대기, 발신자 번호표시, 블로그, 평면TV, HD-

TV, 아이팟, 유튜브 등이 대중화되기 전이었다.

은근하면서도 뿌리깊은 텔레비전의 해악에 대해 일찌감치 경고한 이 얇은 책이 오늘날과 같은 컴퓨터시대에 와서야 시의적절하다는 느낌이 든다는 게 정말 그럴듯하지 않은가?

TV로 인해 온갖 공적 생활(교육, 종교, 정치, 언론)이 어떻게 오락으로 변질되는지, 이미지의 범람으로 인해 인쇄매체와 같은 의사소통 수단이 어떻게 침식당하는지, 그리고 TV에 대한 우리들의 끝없는 집착으로 온갖 콘텐츠가 넘쳐나고 주변 상황은 엉망이 되어, 오락에 정신이 팔린 사람들은 잃어버린 진짜 중요한 것이 무엇이며, 무엇을 잃는지조차 더이상 신경쓰지 않는 지경이 될 때까지 '정보 과식증'에 휘둘리리라고 이 책이 지적하고 있다는 사실이 정말 제대로라는 생각이 들지 않는가? 이런 책이라면 당신이 맞닥뜨린 현실이나 지금 시대는 물론 미래상까지도 설명하는 데 적절하지 않을까?

이미 당신도 마음속으로 동의했으리라 생각한다.

나 역시 생각이 같지만, 나야 닐 포스트먼의 아들이기에 편향적일 수밖에 없다. 지금 시대, 즉 TV와 테크놀로지 숭배는 일상적이라 거의 관심거리도 안 되고 심각성을 깨닫는 사람은 어쩌다 한 명 정도인 이런 사회에서, 이 책을 읽으면서 연관되는 객관적인 증거는 어디서 발견할 수 있을까? *(245쪽에서 계속)*

2005년 11월

앤드류 포스트먼

넘치는 재미, '죽도록 즐기기'에 알맞은 세상

요즘 시대 정치인과 연예인의 차이가 무엇이라 생각하는가? 바로 재미다. 정치인은 따분하고 연예인은 재미있다. 인기 연예인은 정치적 영향력도 행사한다. 반면 고지식한 정치인은 무력할 뿐이다. 국가 지도자의 인기가 별 볼일 없는 이유가 그에게 엔터테이너 기질이 부족한 탓이라 생각되지 않는가?

새 핸드폰 모델이 나왔다는 소식을 과연 뉴스라 할 수 있을까? 여배우가 다이어트에 성공했다는 소식은? 스포츠 스타의 열애설은? 우리 삶에 직접적인 의미있는 뉴스는 '재미있는' 뉴스에 가리워 보이지조차 않는다. 모두가 재미를 최우선으로 구매하기 때문이다. 재미는 우리 사회 방정식의 절대 해解다. 인터넷 교육방송 인기강사는 스타일리스트의 도움은 물론 발성, 유머훈련까지 받는다. 얼마 전 한 대학에선 교수들을 위한 유머구사 워크샵을 열었다. 재미가 없으면 학생들이 따분해하기 때문이다. 재미는 인기의 전제조건이자 생존도구다.

당신은 지금 이 책을 손에 들었다. 우리 사회가 도대체 어디로 향하는지 궁금하지 않은가? 혹시 당신은 컴퓨터나 핸드폰 같은 기기는 '인간이 사용하기 나름'이라는 순진하기 짝이 없는 고정관념의 소유자는 아닌가? 청소년들이 주고받는 문자메시지를 단순히 '또래문화' 정도로 치부하는 경솔함을 보이진 않는가? 막장드라마나 선정적인 쇼, 저질 코미디 프로야말로 텔레비전의 골칫거리라 생각하는가? 그렇다면 당신은 완전히 틀렸다. 게다가 인터넷 뉴스기사에 주렁주렁 달린 댓글을 여론이라 여긴다면, 구제불능 수준이다. 이 말은 이미 당신은 21세기 초반의 매체 생태환경에 철저하게 길들여져 분별력을 송두리째 상실했다는 뜻이다.

일전에 역자가 게임중독에 관해 쓴 글에서 '게임의 설계자는 게임에 중독되지 않는다'고 표현했다. 설계자란 실체를 아는 사람이다. 실체를 아는 자가 허상에 함몰되지 않는 이유는 설명할 필요조차 없다. 이 책은 우리를 포위하고 있는 21세기 매체 생태환경의 허상을 제거해 준다. 뿐만 아니라 매체의 본질적 속성을 역사적 안목에서 파악하도록 안내하기에, 매체환경에 대해 설계자와 같은 시야를 갖도록 돕는다. 이 책은 출간연도인 1985년 미국의 텔레비전 매체환경에 주안점을 두고 있지만, 실제 관점은 철저하게 21세기적이며 현재의 디지털 환경에 더욱 적합한 안목을 제시한다. 당연히 21세기 초 혼란스런 한국사회의 실체도 시야에 들어온다.

이 책을 읽는 데는 다소 진지한 태도가 필수적이다. 생각의 끈을 놓으면 저자의 논지를 놓치기 쉽다. 저자는 끊임없이 독자의 사고력을 요구한다. 적정한 인내심과 사고력을 발휘할 때 새로운 안목이 열린다. 독자 모두가 이를 맛보기 바란다. 1장과 2장에선 매체환경에 대한 기본적인 인식과 아울러 과거매체(말, 문자, 인쇄)의 속성과 인간의 인식기관이 어떻게 반응했는지 전개한다. 이후 5장부터 마지막 장까지는 텔레비전의 출현으로 인지환경이 어떤 식으로 급변했으며, 이로 인해 사회 각 분야(교육, 정치, 종교, 뉴스, 공공 등)가 어떻게 쇼비즈니스의 부속물로 변질되었는지 명료하게 드러내준다. 다만 3장과 4장에는 미국의 인쇄문화를 상세히 언급했는데, 국내 독자들에겐 낯설게 느껴질 수 있다. 3장과 4장을 건너뛰고 읽어도 무리는 없다. 이 경우 책을 완독한 후 다시 읽어보기 바란다.

지금은 과거 어느 시절보다 사회적 상황에 대한 통찰이 필요한 때다. 주변을 한번 둘러보라. 불과 10여 년 사이에 온갖 매체가 우리를 뒤덮어버렸다. 고개만 돌리면, 손만 뻗으면, 엄지손가락만 움직이면 온갖 즐길거리가 눈앞에 펼쳐지는 세상이다. 놀거리가 지천에 널려 시간이 부족할 지경이다. 이 책의 제목처럼 '죽도록 즐기기'에 딱 알맞은 세상이다. 그런데 죽도록 즐길 때마다 실제로 우리 안에서 무엇인가 죽어가고 있다. 그게 과연 무엇인지 궁금하지 않은가? 독자의 건투를 빈다.

2009년 7월

홍윤선

우리는 1984년을 주시해 왔다. 그러나 예언은 실현되지 않았고, 사려 깊은 미국인들은 스스로 대견한 듯 여유롭게 노래했다. 자유 민주주의의 토대는 여전히 굳건했다. 어디에선가 테러가 발생하긴 했어도 우리에겐 오웰의 악몽이 닥치지 않았다.

그러나 오웰의 암울한 비전과는 다른 또 하나의 미래상(오웰보다 조금 더 오래되었고 덜 알려졌지만 못지않게 끔찍한)이 있음을 잊고 있었다. 바로 올더스 헉슬리의 『멋진 신세계Brave New World』였다. 일반적으로 교양인들이 아는 사실과는 달리 헉슬리와 오웰은 동일한 미래상을 예언하지 않았다.

오웰은 우리가 외부의 압제에 지배당할 것을 경고했다. 하지만 헉슬리의 미래상에선, 인간에게서 자율성과 분별력, 그리고 역사를 박

탈하기 위한 빅 브라더는 필요 없다. 사람들은 스스로 압제를 환영하고, 자신들의 사고력을 무력화하는 테크놀로지를 떠받들 것이라고 내다봤다.

오웰은 누군가 서적을 금지시킬까 두려워했다. 헉슬리는 굳이 서적을 금지할 만한 이유가 없어질까 두려워했다. 오웰은 정보통제 상황을 두려워했다. 헉슬리는 지나친 정보과잉으로 인해 우리가 수동적이고 이기적인 존재로 전락할까봐 두려워했다. 오웰은 진실이 은폐될 것을 두려워했다. 헉슬리는 비현실적 상황에 진실이 압도당할 것을 두려워했다. 오웰은 통제로 인해 문화가 감옥이 될까 두려워했다. 반면 헉슬리는 우리들이 촉각영화[1]Feelies나 오르지-포지[2]Orgy-porgy, 원심력 범블퍼피[3]Centrifugal Bumble Puppy와 같은 것들에 몰두하느라 하찮은 문화로 전락할까 두려워했다.

헉슬리가 『다시 가본 멋진 신세계Brave New World Revisited』에서 언급했듯이, 자유주의 시민들과 합리주의자들은 전제정치에 대항하는 경계태세는 늘 빈틈없이 살피면서도 "인간들의 거의 무한정한 오락추구 욕구는 미처 살피지 못했다." 『1984년』에서는 사람들에게 고통을 가해 통제한다. 『멋진 신세계』에서는 즐길거리를 쏟아부어 사람들을 통제한다. 한마디로, 오웰은 우리가 증오하는 것이 우리를 파멸시킬까

---

1. 『멋진 신세계』에 나오는 일종의 쌍방향 촉각영화로 요즘의 가상현실 기술과 유사하다.
2. 『멋진 신세계』에서 10여 명의 젊은 남녀들이 모여 기술문명을 찬양하며 약물에 취해 성관계를 갖는 의식.
3. 『멋진 신세계』에서 어린이들이 쇠구슬을 갖고 노는 단순한 놀이.

봐 두려워했다. 헉슬리는 우리가 좋아서 집착하는 것이 우리를 파멸시킬까 봐 두려워했다.

이 책은 오웰이 아니라 헉슬리가 옳았을 가능성에 대한 내용이다.

목차

AMUSING
RSELVES
EATH

제 2 부

＼ 일러두기

시제와 시점(視點) : 이 책은 1986년에 출간되었다. 따라서 본문에서 언급하는 '오늘날'은 1980
　　　　년대 중반을 의미하고, '우리'는 미국인을 뜻한다. 또한 번역 당시에는 IT, IT기술 등의
　　　　용어가 지금처럼 일반화되지 않은 탓에 전신(電信), 전신기(電信機) 등으로 번역되었다.
저자 주(註) : 매 장마다 (1),(2),(3) 형태로 표시되어 있으며, 책의 끝부분에 장별로 정리되어
　　　　있다.
역자 주(註) : 독자의 이해를 돕기 위해 매 페이지마다 1, 2, 3 형태로 표시했으며, 가급적 많은
　　　　젊은이들이 이 책을 읽기를 바라는 마음에 이들 입장에서 내용을 제대로 이해하는 데
　　　　필요하다고 생각되는 인물, 책제목, 인용문, 지역, 상황 등에 대해 보충설명을 달았다.
인명, 지명 등과 같은 고유명사의 표기 : 책에 첫 번째 등장하는 고유명사는 우리말 표기 우측
　　　　에 아래 첨자로 영문표기를 병행했다. (예) 토머스 페인Thomas Paine
인용도서의 표기 : 『　』속에 집어넣어 우리말 제목 우측에 위 첨자로 원제목 표기를 병행했다.
　　　　(예) 『미국의 민주주의Democracy in America』
신문, 잡지, 영화, TV프로그램의 이름 등 : 〈　〉표로 처리했다. (예) 〈뉴욕 타임즈〉
포괄적 의미를 지닌 용어의 표시 : 저자는 포괄적인 의미를 지닌 용어(예를 들면 content,
　　　　conversation, Truth-telling, literacy 등과 같은)를 전개하는 내용에 따라 조금씩 다른 의미로
　　　　사용했는데, 이러한 경우 문맥에 맞게 뉘앙스가 다른 적정한 우리말로 번역하였으나,
　　　　정확한 의미전달이 필요한 경우에는 우측에 위 첨자로 해당 용어를 병기했다. (예) 텔레
　　　　비전은 여타 미디어와는 다른 종류의 내용물content을 요구한다는 사실을 입증한다.

제1부

01
미디어는 메타포다

미국역사의 굴곡마다 시대정신을 발산하는 진원지와 같은 도시가 있었다. 예를 들어, 18세기 후반에는 보스턴이 정치적 급진주의[1]의 본산으로 전세계를 진동시켰는데, 이는 보스턴이 아닌 다른 도시에서는 감행할 수 없었을 것이다. 그 당시에는 모든 미국인들, 심지어 버지니아[2] 사람들까지도 심정적으로는 보스턴 시민이었다. 19세기 중반에 이르자, 세계 각지로부터 초라한 떠돌이 이민자들이 엘리스 섬[3]Ellis Island에 상륙하여 낯선 언어와 생활방식을 퍼뜨리며, 뉴욕이 다인종 국가 미국(또는 적어도 영어 이외의 언어가 사용되는 미국)을 떠올리는 상

---

1. 보스톤 차 사건(Boston Tea Party)으로 촉발된 미 독립운동을 의미함.
2. 당시 버지니아 주는 영국 왕실에 가장 충성을 맹세했던 식민지였다.
3. 1892~1943년 동안 미국의 주요 이민 정류지, 1940년대는 뉴욕에 이민자가 몰려오던 시기임.

징으로 변모했다. 20세기 초반에는 커다란 구릉지대와 드센 바람으로 유명한 시카고가 미국산업의 활력과 역동성을 대표하는 도시로 떠올랐다. 혹시 시카고 어딘가에 돼지도축자[1]의 동상이 있다면 이는 철도, 축산업, 제철소와 기업가적 모험으로 대변되었던 시절을 상기시키기 위함이리라. 시카고에 그러한 동상이 없다면 꼭 세워야 하지 않을까 싶다. 미닛맨[2]Minute Man의 동상이 보스턴의 전성시대를 일깨우고, 자유의 여신상이 뉴욕의 시대를 대변하듯 말이다.

오늘날 우리는 슬롯머신과 코러스걸의 모양을 본딴 9m 높이의 입간판이 상징하는 라스베이거스라는 도시를 주목해야 한다. 이 도시는 20세기 말 미국의 특징과 열망을 상징하는 메타포와 같기 때문이다. 라스베이거스는 오락과 유흥 외에는 그 어떤 것도 생각할 수 없는 도시이기에, 공공담론조차 하찮은 오락거리로 변질시키는 방식으로 사람들의 문화의식을 물들인다. 미국의 정치, 종교, 뉴스, 스포츠, 교육과 상거래는 별다른 저항이나 소리소문 없이 쇼비즈니스show business와 유사한 부속물로 변질되었다. 그 결과 우리들은 죽도록 즐기기 일보직전에 있다.

이 글을 쓰고 있는 지금, 미합중국의 대통령[3]은 전직 할리우드 영화배우 출신이다. 1984년 경선에서 그와 경쟁했던 주요 후보 중 한 사

---

1. 당시 전국의 소·돼지·양 등이 철도를 통해 시카고로 운반되어 도살·가공된 후 미국 전역에 공급되었다. 즉, 축산업의 중심지였다.
2. 독립전쟁 당시 소집에 즉시 응할 수 있도록 준비하고 있던 병사.
3. 로널드 레이건(Ronald Reagan) 미 40대 대통령을 뜻함.

람도 1960년대 가장 흥미진진한 텔레비전쇼¹에서 주연배우로 브라운관을 누빈 우주비행사²였다. 당연히 그의 우주탐험을 소재로 한 영화도 만들어졌다. 전직 대통령 후보 조지 맥거번George McGovern은 유명한 텔레비전쇼〈토요일 밤의 현장Saturday Night Live〉에 초대손님으로 출연했고 그후에 선거에 출마한 제시 잭슨Jesse Jackson 목사도 매한가지였다.

한편, 분장사들이 게을러서 낙선했다고 언급했던 전직 대통령 리처드 닉슨Richard Nixon은 에드워드 케네디Edward Kennedy 상원의원에게 대선 출마를 진지하게 고려하고 있다면 몸무게부터 10㎏ 줄이라고 충고했다. 미국 헌법에 그러한 명시는 없지만, 뚱뚱한 사람들이 고위 선출직에 출마할 가능성은 사실상 배제되는 듯하다. 아마 대머리들도 다를 바 없으리라. 분장사들이 아무리 애를 써도 매력적인 인상으로 바꿀 수 없는 외모의 소유자 역시 거의 확실하다. 실로 지금 우리는 정치인들이 경쟁적으로 다루어야 할 전문영역이 이념ideology에서 화장법cosmetics으로 바뀐 시점에 와 있는 듯하다.

텔레비전 뉴스진행자와 같은 미국의 저널리스트들은 이 점을 놓치지 않았다. 이들은 뉴스대본보다는 헤어 드라이어와 더 많은 시간을 보냈고, 그 결과 라스베이거스에 버금갈 정도로 가장 선망하는 집단을 이루었다. 비록 연방통신위원회 규약에는 아무런 언급이 없을지라도, TV화면에서 돋보이지 않으면 이른바 '오늘의 뉴스'를 진행할

---

1. 우주비행 중계방송을 말함.
2. 우주비행사 출신으로 대통령 경선에 나왔던 존 글렌(John Glenn) 상원의원 뜻함.

기회를 얻지 못한다. 반면, 브라운관에 어울리는 세련된 외모를 지닌 진행자는 100만 달러를 웃도는 연봉을 챙길 수 있다.

미국의 사업가들은, 자신들이 다루는 상품의 질이나 유용성이 교묘한 진열방식에 따라 결정된다는 실상을 진작부터 알아챘는데, 이는 사실상 아담 스미스Adam Smith가 칭송하고 칼 막스Karl Marx가 비난했던 자본주의 원리의 절반이 들어맞지 않는다고 깨달은 셈이다. 심지어 미국인들보다 더 뛰어난 자동차를 만든다는 소리를 듣는 일본인들도 경제란 과학이라기보다는 공연예술에 가깝다고 하는데, 도요타자동차의 연간 광고비를 보면 수긍이 간다.

얼마 전 나는 빌리 그래함Billy Graham 목사가 쉐키 그린, 레드 버튼스, 디온 위익, 밀턴 벌과 같은 연예인들을 비롯한 다른 신학자들과 함께 조지 번스'에게 헌사를 바치는 장면을 목격했다. 번스의 방송인생 80년을 자축하는 자리였다. 빌리 그래함 목사는 영생을 준비하는 일에 관해 번즈와 짤막한 농담을 주고받았다. 이 장면은 하나님께선 다른 사람을 웃기는 사람을 좋아한다고(물론 성경에는 그런 구절이 없지만) 빌리 그래함이 시청자들에게 확신시킨 셈이었다. 솔직했지만 실수였다. 빌리 그래함은 그저 NBC 방송을 하나님으로 착각했을 뿐이었다.

인기 라디오 프로그램과 나이트클럽 공연을 진행하는 성 심리학자 루스 웨스트하이머Ruth Westheimer 박사는 예전 같으면 침실이나 뒷

1. 아카데미상을 수상한 미국의 코미디언이자 배우. 19세에 데뷔하여 1996년 5월 100세로 사망.

골목에서 수군거릴 법한 성에 관해 상상을 초월한 이야깃 거리를 직접 청중들에게 선사한다. 웨스트하이머 박사는 빌리 그래함 목사 못지않게 사람들에게 재미를 선사하는데, 한번은 이런 말을 던진 적이 있다. "나는 시작부터 익살스럽게 하지는 않는다. 하지만 노골적으로 드러낼 때가 되면 서슴지 않는다. 사람들이 나를 대중연예인 같다고 여길지라도 기꺼이 환영한다. 교수가 유머감각으로 학생들을 가르친다면 기억하는 일은 누워 떡 먹기 아닌가?"[11] 그녀는 무엇을 기억해야 할지, 그리고 기억한 내용을 어디에 사용할지에 대해선 언급하지 않았다. 그러나 적어도 대중연예인처럼 다른 이들을 재미있게 해주는 사람이 된다는 게 매력적이라는 핵심은 간파하고 있었다. 과연 미국에서는 하나님조차도 남을 재미있게 해줄 수 있는 재능과 기질이 있는 사람이라면, 목사이건 운동선수이건 기업가이건 정치인이건 교사이건 저널리스트이건 간에 상관없이 모두를 편애하는 듯하다. 오히려 직업 연예인은 그저 간신히 사람들을 웃길 따름이다.

이 책의 독자와 같이 문화를 감시하고 경계하는 사람들이라면 앞의 사례가 이상징후라기보다는 상투적인 현상임을 알 것이다. 미국의 공공담론이 해체되어 쇼비즈니스 기교로 변질되는 현상에 대한 경계와 비판의 목소리도 부족하지 않았다. 하지만 내가 보건대, 비평가들 대부분은 이제서야 공공담론이 시시껄렁한 잡설로 변질되는 현상의 의미와 본질에 관해 언급하기 시작했을 뿐이다. 예컨대 의욕적으로 이 문제에 의견을 개진해 왔던 사람들은, 지금 일어나고 있는 상황을 고갈된 자본주의의 부산물이라고 하거나, 이와는 대조적으로 숙성한 자본주의의 씁쓸한 열매라 탓하기도 한다. 또 어떤 이들은 프로이트 시대의 노이로제 후유증이라거나, 신God을 용도폐기하도록 방조한 데 따른 징벌이라거나, 이 모든 문제는 예전부터 내재한 탐욕과 야심에서 비롯되었다고도 한다.

나는 이러한 견해에 주의 깊게 관심을 기울여왔으며, 이들로부터 배울 만한 것이 전혀 없다고는 하지 않겠다. 마르크스주의자나 프로이트의 신봉자, 레비-스트로스의 동조자, 심지어 창조과학자들조차도 가볍게 취급해선 곤란하다. 그리고 어떠한 경우든 간에 내가 말하고자 하는 바가 총체적 진실의 언저리에 있기만 하더라도 더할 나위 없이 좋겠다. 헉슬리Aldus Huxley가 어디선가 말했듯이 우리 모두는 대담한 생략자이다. 이는 어느 누구도 총체적인 진실을 파악할 만한 지혜도 없을 뿐더러, 설혹 파악했다 할지라도 이를 드러낼 기회도 없고, 또한 이를 곧이 받아들일 만큼 귀기울이는 대상도 없다는 뜻이다. 그러나 여러분은 이 책에서 앞에서 언급한 문제에 대해 예전보다는 한층 명확하다고 여길 만한 견해를 접하게 될 것이다.

내가 제시하는 견해는 2,300년 전 플라톤이 관찰한 바에 근거하여 일관된 전망을 제시하기에 나름의 가치를 지닌다. 나는 사람들의 의사소통 형식이 그 태도를 결정짓는다고 보기에, 우리가 스스로 자연스럽게 생각하는 사고표현 역시 우리가 의무적으로 사용하는 의사소통 방식에 큰 영향을 받음이 당연하다고 생각한다. 따라서 자연스레 표현되는 사고방식은 필연적으로 문화의 핵심내용으로 자리잡게 마련이다.

나는 의사소통conversation이란 용어를 포괄적 은유로 사용하는데, 담화談話뿐 아니라 특정 문화권의 사람들이 서로 메시지를 교환할 수 있는 모든 방법과 기술체계를 뜻한다. 이런 관점에서 보면, 모든 문화 자체가 의사소통 행위이며, 조금 더 명확하게는 상징적인 방식으로 이루어지는 의사소통이 얽히고설킨 관계인 셈이다. 이제 여기서 공공 담론을 표현하는 형식이 어떻게 그 형식 자체로 인해 드러나는 내용을 규제하고 심지어 지시까지 하는지 주목해 보도록 하자.

이해를 위해 간단한 예로, 원시적인 연기smoke신호 체계를 생각해 보자. 아메리카 인디언들이 연기신호로 어떠한 내용을 전달했는지는 모르지만, 적어도 이러한 신호 체계로 철학적 논쟁을 벌이지는 않았다고 충분히 짐작할 수 있다. 존재의 본질을 표현하기에 연기다발은 아무래도 부적합하고, 설사 가능하다 하더라도 체로키 철학자들이 두 번째 공리에 도달하기도 전에 땔감으로 쓸 나무나 담요가 떨어질 테니 말이다. 철학을 논하기 위해 연기신호를 이용할 수는 없다. 이처럼 의사소통 형식 자체가 전달되는 내용을 제한한다.

핵심에 근접한 한가지 예를 더 들면, 앞서 언급했듯이 미국의 27대 대통령으로 다중 턱에 몸무게가 150kg에 육박하는 윌리엄 하워드 태프트William Howard Taft와 같은 사람이 요즘 시대에 대통령 후보로 부상하리라고는 받아들이기 어렵다. 누구든 글이나 라디오, 심지어 연기신호를 이용해 자신을 알릴 경우 외모가 그 사람의 지성을 가로막는 일은 없다. 그러나 텔레비전에서는 보이는 게 전부다. 150kg 가까이 되는 비대한 사람이 연설하는 TV영상은 언어를 통해 전달하는 논리적이고 정신적인 민감성을 쉽게 압도해 버린다. 텔레비전에서는 공공담론이 시각적 이미지를 통해 기능하는데, 한마디로 텔레비전이 우리에게 이미지로 말을 건다는 뜻이다. 정치 영역에서 이미지 관리자의 부상과 이에 따른 연설문 작성자의 쇠퇴는, 텔레비전이 여타 미디어와는 다른 종류의 내용물을 요구한다는 사실을 입증한다. 텔레비전에서 정치철학을 논할 수는 없다. 텔레비전의 의사전달 형식은 철학이라는 내용물을 배제시킨다.

조금 더 복잡한 예를 하나 들어보자. 소위 '오늘의 뉴스'에 등장하는 여러가지 소식거리나 콘텐츠, 즉 '뉴스 재료'는 이를 드러낼 만한 매체가 없던 시대에는 존재하지도 않았고 존재할 수도 없었다. 화재, 전쟁, 살인, 그리고 불륜과 같은 사건이 세계 어디에서도 지속적으로 없었다는 뜻은 아니다. 잡다한 뉴스재료를 드러낼 만한 기술체계가 없었기에, 사람들은 그러한 뉴스거리를 접할 수도 없었고 당연히 일상생활 속에 수용할 수도 없었다는 의미다. 그와 같은 정보는 당시 주류문화의 주변부에서조차 찾아보기 어려웠다. 전신電信(후에 뉴미디어에 의해 확장된)이 발명된 후에야 '오늘의 뉴스'라고 부를 만한 내용이 있다는 생각을 하기 시작했다. 이는 전신으로 인해 탈상황적(상황에서 분리된 추상적인) 정보를 엄청난 속도로 광범위한 지역에 전송하는 일이 가능해졌기 때문이었다.

하루의 뉴스는 우리의 기술적 상상력이 빚어낸 허구다. 조금 더 정확하게 표현하자면, 이는 미디어가 주관하는 이벤트에 불과하다. 요사이 우리는 세계 도처에서 단편적인 뉴스를 접하는데, 이는 우리가 이용하는 여러가지 매체가 의사소통 과정을 무의미한 조각정보로 파편화시키는 속성을 갖고 있기 때문이다. 빛과 같이 빠른 매체가 없는 문화(이를테면 연기신호가 공간지배 도구로서 가장 유용한 문화)에는 오늘의 뉴스가 없다. 뉴스의 형식을 만들어내는 매체가 없으면, 오늘의 뉴스도 존재하지 않는다.

이제 가능한 솔직하게 말하자면, 이 책은 20세기 후반 가장 의미심장한 미국의 문화적 사실(활자시대의 쇠퇴와 텔레비전 시대의 부상)에 대한 탐구와 탄식인 셈이다. 이러한 주력매체간 전환은 공공담론의 내용과 의미를 되돌릴 수 없을 만큼 극적으로 변화시켰는데, 이 두 매체는 너무도 달라 동일한 사고思考를 수용할 수 없기 때문이었다. 활자의 영향력이 약화되자 정치, 종교, 교육, 그리고 공공 비즈니스를 둘러싼 모든 분야에 걸쳐 그 내용을 텔레비전에 적합하게끔 바꾸고 새롭게 주조鑄造해야 했다.

이 모두가 마샬 맥루한Marahsll McLuhan의 경구(미디어는 메시지다)처럼 수상쩍게 들린다면, 그 연관성을 부인하지 않겠다.(비록 오늘날 침묵하고 있는 잘난 학자들 사이에서는 맥루한과 다르다고 하는 것이 유행이긴 하지만) 나는 30년 전[1]에 맥루한을 만났는데, 당시 나는 대학원생이었고 그는 알려지지 않은 영문과 교수였다. 지금도 그렇지만 그 당시 나는 맥루한이 오웰George Orwell과 헉슬리Aldus Huxley의 전통을 따라서 예언자처럼 말하고 있다고 확신했다. 그리고 문화를 꿰뚫어보는 가장 명

---

1. 이 책의 출판이 1986년이므로, 실제로는 1955~1956년경을 뜻함.

확한 방법으로 의사소통 수단을 살펴야 한다는 그의 가르침을 여전히 나의 발판으로 삼고 있다.

한가지 덧붙이자면, 사실 이러한 시각에 대한 관심은 맥루한보다 훨씬 압도적이고, 플라톤보다 더 오래 전의 한 선지자가 촉발시켰다. 청년시절에 성경을 공부하면서 매체 형식이 그에 부합하는 특정한 종류의 내용만을 수용함으로써 문화를 지배할 수 있다는 관점을 언급하는 암시를 발견했다. 이스라엘 사람들이 그 어느 것도 구체적인 형상으로 만들어서는 안 된다는 십계명의 두 번째 계율이었다. "너를 위하여 새긴 우상을 만들지 말고 또 위로 하늘에 있는 것이나 아래로 땅에 있는 것이나 땅 아래 물 속에 있는 것의 아무 형상이든지 만들지 말라."[1] 그 당시 나는 어째서 이스라엘의 신이 백성들에게 자신들의 경험을 상징화하거나 또는 하지 말아야 하는 방식까지 계명에 포함시켰는지 무척이나 의아했었다. 십계명의 창시자가 인간의 의사소통 형식과 문화의 본질과의 연관성을 예견하지 않았다면, 하나의 윤리체계에 포함시키기에는 이상한 명령이었다. 이는 보이지 않는 우주적인 신을 신봉해야 하는 사람들이 그림을 그리거나 조상彫像을 만들거나 자신들의 생각을 구체적이며 시각적인 이미지로 묘사하는 풍습으로는, 그 신이 본질과 다르게 표현될 수 있다고 감히 추측해 볼 수 있다. 유대인의 신은 말씀[2] 속에서 그리고 말씀을 통해서만 실재했는데, 이는 고도의

---

1. 출애굽기 20장 4절, 개역개정판.
2. 이스라엘의 신은, 자신이 어떤 존재인지를 직접 자신의 말로 백성들에게 선언했기 때문에 저자는 대문자 표현인 THE WORD로 표기하여 '하느님의 말씀'으로 표현함.

추상적 사고를 요구하는 전례가 없는 개념이었다. 그러므로 시각적인 형상화形象化는 새로운 형태의 신이 문화에 침투할 수 있도록 허용하는 신성모독이 된다.

우리들과 같이 자신이 속한 문화가 문자 중심에서 이미지 중심으로 바뀌는 과정에 있는 사람들은, 이러한 모세의 계명을 숙고함으로써 유익을 얻을 수도 있다. 여하간 이런 식의 추론이 잘못되었다 할지라도, 한 문화에서 접할 수 있는 의사소통 매체가 그 문화의 지적·사회적 선입관 형성에 지배적인 영향력을 행사한다고 추측하는 것은 현명할 뿐만 아니라 심히 타당하리라 확신한다.

말하기speech는 당연히 근본적이고 필수불가결한 매체다. 말로 인해 인간다울 수 있고 인간으로 살아갈 수 있을 뿐만 아니라, 사실상 말하는 행위가 인간 존재를 규정한다. 그렇다고 말하기 외의 다른 의사소통 수단이 없을 경우 모든 사람들이 동일한 대상에 대해 똑같은 방식으로 말하는 것이 적합하다는 뜻은 아니다. 우리는 언어구조의 다양성이 이른바 '세계관'의 차이를 낳는다고 이해할 만큼 언어에 대해서 충분히 알고 있다. 우리가 사용하는 언어의 문법적 특성은 시간과 공간을 인지하고, 사물과 과정을 인식하는 사고방식에 막대한 영향을 끼친다. 따라서 모든 사람들이, 세상이 어떻게 돌아가는지 한마음 한뜻으로 이해하리라고는 감히 추측할 수도 없다. 말하기를 능가하는 의사소통 수단의 종류와 수가 엄청나게 많다는 점을 감안하면 문화가 다를 때 세계관의 차이는 얼마나 더 클지 짐작하고도 남는다. 왜냐하면 문화가 말(하기)의 소산이기는 하지만, 문화는 모든 종류의 의사소통 매체(그림에서부터 상형문자와 알파벳을 거쳐 텔레비전까지)에 의해 다른 방법으로 재창조되기 때문이다.

언어와 마찬가지로 각각의 매체는 생각하고 표현하고 느끼는 데 있어서 새로운 방향감각을 제시하기 때문에 독특한 담론형식을 만들어낸다. 이는 물론 맥루한이 매체는 메시지라고 말하면서 의미했던 바이다. 그러나 맥루한의 경우 그대로는 메시지와 메타포를 혼동할 수 있기에 개선할 필요가 있다.

메시지는 세상에 대한 한정되고 구체적인 진술을 뜻한다. 그러나 의사전달이 가능한 상징을 포함하여, 우리가 접하는 매체유형은 제한적이고 명확한 메시지를 내놓지 않는다. 오히려 이는 드러나지 않으면서도 현실을 특정하게 정의하도록 강력한 암시를 투사하는 메타포와 같다. 우리가 말을 통하든 아니면 문자나 텔레비전 카메라를 통해 세계를 이해하든지 간에, 우리가 접하는 매체가 방출하는 메타포는 세계를 분류하고 계열화하고 틀 지우고 확대하고 축소하고 채색하여 세계가 어떻게 생겼는지 나름대로의 인식론을 편다. 에른스트 캇시러[1]Ernst Cassirer는 다음과 같이 말했다.

물리적인 현실은, 인간의 상징적 활동이 두드러지면서 그에 반비례하여 희미해지는 듯싶다. 사물 자체를 다루기보다는 인간은 어떤 면에서 끊

---

1. 독일의 사회철학자. 문화철학의 창시자로 상징체계를 통한 인간이해에 역점을 두었다. 주요 저서로 『인간이란 무엇인가(An Essay on Man)』가 있다.

임없이 자신과 대화하고 있다. 인간은 언어형식, 예술적 이미지, 신비적 상징이나 종교적 의식 속에 스스로 갇혀 있기에 인위적인 매체의 개입 없이는 아무것도 볼 수도 인식할 수도 없다. [2]

그런데 특이하게도 사람들은 매체가 개입함으로써 우리가 보거나 알게 될 것을 지정하는 역할에 대해서는 별로 주의를 기울이지 않는다. 책을 읽거나 텔레비전을 보거나 시계를 힐끗 쳐다볼 때 사람들은 그러한 행위가 자신의 정신세계를 어떻게 체계화하고 통제하는지 대체적으로 관심이 없으며 책, 텔레비전 또는 시계가 어떠한 세계관을 제시하는지에 대해선 더더욱 둔감하다.

하지만 그 중에서도 20세기 말에 이러한 사실을 알아챈 사람들이 있다. 이 위대한 관찰자 중의 한 사람이 루이스 멈포드Lewis Mumford였다. 그는 단순히 시간을 확인하기 위해 시계를 보는 부류의 사람이 아니었다. 시시각각 모든 사람들의 신경을 잡아끄는 시계의 역할보다는, 시계가 어떻게 '순간'이라는 개념을 만들어내는지에 훨씬 더 관심을 기울였다. 그는 시계의 철학, 즉 메타포로서의 시계에 주목했는데, 이는 당시 시계제작자는 물론 지성계에서조차 드물었던 관점이었다. 멈포드는 "시계는 분과 초라는 '생산품'을 만들어내는 강력한 기계장치와 같다"고 단정지었다. 어떤 제품을 생산할 때 시계는 인간활동을 시간과 분리시키는 효과를 내기 때문에, 이로 인해 수학적으로 측정 가능한 일련의 독립세계가 있다는 믿음을 조장한다. 시계가 만들어내는 순간순간은 자연에서도 신에게서도 비롯된 개념이 아니다. 이는 자신이 만들어낸 기계장치를 통해 자기 자신과 대화하는 인간이 만들어낸 개념일 뿐이다.

그의 명저 『기술과 문명Technics and Civilization』에서 멈포드는 14세기 이래 어떻게 시계가 사람들을 '시간기록자'에서 '시간절약자'로, 그리고 지금과 같은 '시간의 노예'로 이끌었는지 보여준다. 이러한 과정 속에서 우리는 태양과 계절을 무시하는 거만함을 터득해 왔는데, 이는 분과 초 단위로 엮인 세계에서 자연의 권위가 폐기된 탓이다. 멈포드가 지적했듯이, 시계의 발명으로 인해 사람들은 더이상 영원성을 인간활동의 목적과 기준으로 삼지 않았다. 그러므로 이러한 연관성을 예상한 사람은 거의 없었지만, 시계바늘이 움직이는 똑딱 소리가 계몽주의 철학자들이 쏟아낸 모든 논문보다도 신의 주권을 약화시키는 데 더 큰 영향을 끼쳤을지 모른다. 이는 말하자면 시계는 신과 인간 사이에 새로운 의사소통 형식을 소개한 셈이며, 거기에서 신은 패배해 온 듯하다. 아마도 모세는 또다른 계명을 하나 더 추가했어야 했다. "너희는 절대로 시간을 기계적으로 나타내지 말지니라."

알파벳으로 인해 사람들 사이에 새로운 의사소통 형식이 자리잡았다는 사실은 이제 학자들간에는 진부한 주제다. 누군가 내뱉는 말을 단지 듣기보다 볼 수도 있다는 것은, 상식적인 선에서도(이러한 언급이 드물었음을 재차 강조하지만) 사소한 차이가 아니다. 그럼에도 불구하고 음성표기로 인해 지식에 대한 새로운 개념뿐 아니라 정보, 청중, 미래세대에 대한 새로운 감각이 형성되었음이 분명한데, 이는 문자발전 초기단계에 플라톤이 이미 모두 알아챈 바 있는 사실이다. 플라톤은 그의 저서 『일곱 번째 편지Seventh Letter』에서 "지각 있는 사람이라면 자신의 견해를, 그것도 글로 기록된 것만 진실이 되는, 수정할 수 없는 언어형태로 표현하려는 모험을 하지 않을 것이다"라고 했다. 이러함에도 불구하고 플라톤은 많은 저서를 냈으며, 철학적 견해를 기록으로 남기는 것이 철학의 시작이 될 수 있을지언정 끝이 아님을 누구보다 잘 이해하고 있었다.

철학은 비평 없이는 존재할 수 없는데, 글쓰기를 통해 생각하는 바를 지속적이며 집중적으로 파고들 수 있으며 편리하기까지 하다. 글쓰기는 말하기speech를 동결시키고, 그렇게 함으로써 문법학자, 논리학자, 수사학자, 역사학자를 낳았다. 이들은 모두 글이 무엇을 의미하는지, 어디에 오류가 있는지, 지향점이 어디인지 파악하기 위해 눈앞에서 언어를 놓치지 않으려 필사적으로 매달려야 하는 부류들이다.

플라톤은 이 모두를 잘 알고 있었는데, 이는 글쓰기를 통해 인간의 언어처리기관이 귀에서 눈으로 이동하는 지각知覺혁명이 도래할 것임을 알고 있었다는 뜻이다. 실제로 플라톤은, 그러한 인지 전환을 촉진시키기 위해 학생들이 자신의 학파에 들어오기 전에 기하학을 익히도록 요구했다는 이야기가 있다. 만약 사실이라면 이는 옳은 판단이었는데, 위대한 문학비평가 노스럽 프라이Northrop Frye가 했던 말에서 그 이유를 발견할 수 있다. "기록된 글은 단순한 기억보다 훨씬 강력하다. 기록은 과거를 현재에 재창조하고, 익히 알고 있는 사실뿐 아니라 환상을 불러일으킬 정도로 눈부신 긴장감을 선사한다." [3]

글쓰기의 결과에 대해 플라톤이 예측했던 모든 것은 인류학자들,

특히 말하기가 복잡한 의사소통을 표현하는 유일한 수단이었던 곳의 문화를 연구해 온 사람들 덕에 지금에 와선 누구나 쉽게 받아들인다. 노스럽 프라이가 시사했듯이, 인류학자들은 기록된 글이 그저 반복되는 말소리가 아님을 알았다. 이는 완전히 다른 종류의 소리로, 마법사의 일급 속임수와 같다. 글을 발명한 사람에게도 이같이 보였음이 확실한데, 타무스[1] 왕에게 글을 발명해 소개했다는 이집트의 신 토트[2]가 마법의 신이기도 했다는 사실은 그리 놀랄 일도 아니기 때문이다. 우리 같은 사람들은 글쓰기에서 놀랄 만한 것을 찾아낼 수 없겠지만, 인류학자들은 순전히 구어만을 쓰는 사람들에게 글 쓰는 행위(아무와도 이야기하지 않으면서 모든 사람들과 나누는 대화)가 얼마나 기이하게 보였는지 잘 알고 있었다.

질문을 글로 던질 때 맞닥뜨리는 침묵보다 더 이상한 게 있을까? 모든 저자들이 해야 하듯 보이지도 않는 청중들에게 (글로) 발표하는 것보다 그 무엇이 더 형이상학적으로 혼란스러울까? 또 누군지도 모르는 독자가 납득하지 않거나 오해할 것을 알기에 스스로 고쳐 쓰는 일은 또 어떤가?

이렇게 의사소통 매체에 관해 언급하는 이유는, 이 책이 우리 족속 모두가 겪고 있는 글쓰기의 마법에서 전자기술의 마법으로 넘어가는 엄청나고 전율할 만한 전환에 관한 내용이기 때문이다. 여기서 강

---

1. 타무스 왕과 언어의 발명에 관한 이야기는 플라톤의 『파이드로스』에서 인용.
2. Thoth. 과학·예술·의학·수학·천문학·점성술 등의 신이자 언어와 글을 발명한 이집트의 신.

조하고자 하는 핵심은, 글쓰기나 시계와 같은 기술을 문화에 도입하면 시간을 붙들어매기 위한 인간의 능력을 단순히 확장시킬 뿐만 아니라, 사고방식은 물론 나아가 문화의 내용까지 변질시킨다는 사실이다. 그리고 바로 이 점이 내가 매체를 메타포라고 부르는 의미다.

정확히 말하면, 메타포는 어떤 것을 그밖의 무엇과 비교하여 어떻게 생겼는지 암시한다. 그리고 이런 암시의 힘으로, 메타포는 다른 쪽이 없다면 사람들이 그 어떤 것을 상상할 수 없도록 고정관념을 머릿속에 침투시킨다. 예컨대 빛은 파동이고, 언어는 나무와 같으며, 신은 지혜로운 성인聖人이며, 마음은 지식에 의해 조명되는 어두운 동굴과 같다는 식이다. 그리고 이러한 메타포가 더이상 제 구실을 하지 못하면, 같은 성질을 가진 것으로 이를 대신할 다른 것을 찾아야 한다. 이를테면 빛은 입자이고, 언어는 강과 같으며, 신은 미분방정식이고(버트런트 러셀Bertrand Russell이 공언했듯이), 마음은 가꾸어지길 열망하는 정원과 같다는 식이다.

그러나 우리가 접하는 매체-메타포는 위에서처럼 그렇게 분명하지도 생생하지도 않으며 훨씬 복잡하다. 메타포의 은유적 기능을 이해하려면 메타포에 관한 정보의 상징적 형태, 정보의 원천, 정보의 양과 속도 그리고 정보를 경험하는 정황을 고려해야 한다. 그러므로 이를 제대로 이해하려면, 시계는 시간을 독립적이며 수학적으로 정확한 순서로 재창조하고, 글쓰기는 마음을 경험이 기록될 서판書板으로 재창조하며, 전신은 뉴스를 하나의 상품으로 재창조한다는 식으로 가까이 파고드는 노력이 필요하다. 그렇지만 우리가 만들어낸 모든 도구에는 본래의 기능을 넘어선 어떤 사상이 내재되어 있다고 가정한다면, 이러한 탐구는 조금 더 쉬울 것이다.

예를 들면, 12세기에 안경의 발명이 시력 회복을 가능하게 했을 뿐 아니라 사람들로 하여금 타고난 신체와 시간에 따른 노화 중 하나를 최종적인 것으로 받아들일 필요가 없다는 생각을 은연중에 조장했다는 사실에 주목해 왔다. 안경으로 인해 우리의 마음처럼 몸도 개선이 가능하다는 생각이 자리를 잡으면서, 해부는 필연적이라는 신념조차도 밀려났다. 그렇다면 12세기 안경의 발명과 20세기의 유전자 분리 연구 간에 어떤 연결고리가 있다고 말해도 그리 지나친 생각은 아닐 터이다.

나아가 현미경과 같은 기구는 일상적으로 사용하는 도구는 아니지만 생물학이 아닌 심리학과 관련된 아주 경악할 만한 사상을 내포하고 있다. 지금까지 시야에서 감추어져 있던 세계를 드러냄으로써, 현미경은 마음의 구조에 관한 어떤 가능성을 제시한다.

만약 사물이 겉모습대로가 아니라면, 만약 미생물이 피부 안팎에 잠복해 있다면, 만약 보이지 않는 것이 보이는 것을 통제하고 있다면, 다음에는 이드ids와 자아egos와 초자아superegos가 어딘가에 보이지 않게 숨어있다고 여길 수 있지 않을까? 정신분석이 마음에 대한 현미경이 아니라면 도대체 무엇이란 말인가? 마음에 대한 개념이 우리가 만든 도구가 발생시킨 메타포에서 나오지 않았으면, 대체 어디에서 튀어나왔겠는가? 누군가의 지능지수가 126이란 무슨 뜻일까? 사람의 머릿속에는 숫자가 존재하지 않는다. 지능은 우리가 그렇다고 믿지 않는 이상 양이나 크기로 나타낼 수 없다. 그런데 왜 우리는 지능을 숫자로 나타낼 수 있다고 믿을까? 이는 우리가 정신이 어떤 식으로 생겼다고 함축하는 도구를 사용하기 때문이다. 실제로 생각하기 위해 우리가 사용하는 도구는 누군가 여성의 '가임加姙 기간'을 언급할 때처럼, 우리가 자신의 '유전자 정보'에 대해 말할 때처럼, 우리가 누군가의 얼굴을 책처럼 읽어낼 때처럼, 아니면 얼굴표정으로 우리의 의향을 알릴 때처럼 우리의 몸이 무엇과 같이 보이는지를 암시한다.

갈릴레오가 자연의 언어는 수학으로 기록된다고 말했을 때, 그는 단지 메타포로 표현한 것이다. 자연 그 자체는 말을 하지 않는다. 우리의 정신이나 신체, 좀더 이 책의 핵심에 다가가서 우리 국가도 마찬가지다. 자연이나 우리 자신에 관해 의사소통을 주고받을 때는, 어떤 것이든 간에 사용하기 편하다고 여기는 언어를 통해 이루어진다. 우리는 자연이나 지성이나 인간욕구나 사상을 있는 그대로 보지 않고 언어로 드러나는 대로만 본다. 따라서 언어는 우리가 이용하는 매체이고, 언어라는 매체는 우리의 메타포가 되며, 이 메타포가 문화의 내용을 형성한다.

02
인식론으로서의 매체

이 책에서 보여주고자 하는 핵심은, 엄청난 매체-메타포[1] 전환이 미국에서 발생했으며, 그 결과 대부분의 공공담론이 위험할 정도로 무의미하게 변질되어 왔다는 사실이다. 이를 목적 삼아 여기서 언급할 말은 분명하다. 첫 번째로, 활자매체 지배하에서 미국의 담론(대체적으로 조리있고 진지하고 이성적이었던)이 지금과는 어떻게 달랐는지, 그리고 나서 텔레비전 지배하에선 담론이 어떻게 무력해지고 우습게 변해왔는지 자세히 보여주겠다.

그러나 나의 분석이 브라운관에 난무하는 잡동사니 정보에 대한

---

1. 1장의 제목(매체는 메타포다)처럼 매체는 항상 메타포를 내포하기에, 작가는 '매체'라고 하지 않고 의도적으로 '매체-메타포'라고 지정해서 언급한다.

엘리트주의자의 넋두리처럼 뻔한 학문적 탄원으로 해석될 가능성을 피하기 위해, 나의 주된 관심은 인식론이지 미학이나 문학비평이 아니라는 점을 먼저 명확히 해야겠다. 사실 나는 '쓰레기 정보$_{junk}$'를 사실상 옆자리 동료처럼 인정하며, 인쇄기가 그랜드캐년을 가득 채우고도 남을 정도로 쓰레기를 양산해 왔다는 사실도 충분히 잘 알고 있다. 텔레비전은 아직 인쇄기가 배출한 쓰레기 양에 견주기에는 그리 오래되지[1] 않았다.

그렇기에 텔레비전이 배출하는 쓰레기 정보에 대해선 별 이의가 없다. 무가치한 정보야말로 텔레비전에서 볼 수 있는 최선의 것이고, 누구도 그 어떤 것도 이 때문에 심각하게 위협받지 않는다. 더욱이 우리가 문화를 평가할 때는, 문화적으로 중요하다고 여길 만한 것으로 잣대를 삼지 시시하고 뻔한 것들 따위는 거들떠보지도 않는다. 그런데 바로 여기에 문제가 있다. 텔레비전은 기껏해야 하찮을 뿐인데, 주제넘게 과대 포장되어 스스로 중요한 문화적 의사소통의 전달자로 자처할 때가 가장 위험하기 때문이다.

그런데 어이없는 것은 텔레비전이 주제넘도록 부추기는 사람들이 지식인들과 비평가들이라는 사실이다. 이러한 사람들은 텔레비전을 그리 심각하게 여기지 않는 고질병을 갖고 있다. 아마도 인쇄기처럼 텔레비전도 최소한 (실제보다 돋보이게 꾸미는) 과장의 철학 정도는 되기 때문이리라. 따라서 텔레비전에 대해서 진지하게 언급하려면, 인

---

1. 이 책은 1986년에 출판되었다.

식론認識論을 거론할 수밖에 없다. 그밖의 모든 언급은 그 자체로서 무의미하다.

인식론은 지식의 근원과 본질에 대해 관심을 갖는 복합적이고 대체로 불명료한 주제다. 인식론의 주제 중 여기서 관련된 부분은, 사람들이 어떠한 관심사로 진실에 관한 정의를 받아들이는지와 어디에서 그러한 정의가 유래하는가에 관한 것이다. 특별히 내가 보여주고 싶은 점은, 진실에 관한 정의가 적어도 부분적으로는 그러한 정보를 전달하는 의사소통 매체의 특성에 기인한다는 사실이다. 이제 매체가 어떻게 (진실에 관한 정의를 받아들이는) 우리의 인식론에 결부되는지 검토하도록 하자.

'인식론으로서의 매체'라는 이 장의 제목이 지닌 의미를 단순화하기 위해서는 '공명共鳴,resonance'이라는 원리의 쓰임새를 창안한 노스럽 프라이의 말을 차용하는 것이 도움이 될 듯하다. 프라이는 "공명을 통해 특정한 정황 속에서 특정한 진술이 보편적인 의미를 획득한다"[1]고 했다. 프라이는 첫 사례로 "분노의 포도'the grape of wrath"라는 어구語句를 거론했는데, 이 말은 성경의 이사야서Isaiah 중 장래에 있을 에돔족속Edomites의 살육을 찬양하는 정황[2]에서 처음 나타난다. 그러나 이 어구는 프라이에 따르면 "이미 오래 전에 그러한 맥락을 벗어나 단순

---

1. 존 스타인벡은 이스라엘인들이 홍해를 탈출하여 약속의 땅 가나안에 들어가는 성경의 줄거리를 차용하여, 인간이 처한 상황에 대한 존엄성을 드러낸 동명의 소설 『분노의 포도』를 집필했다.
2. 이스라엘 백성들이 가나안으로 가는 도중에 에돔족속이 이들을 괴롭혔으며, 이 때문에 성경의 예언서에는 에돔족속에 대한 하나님의 심판이 곳곳에 언급되어 있다. 본 내용은 이사야서 34장의 내용으로, 하나님이 장래에 이스라엘을 대신하여 에돔족속을 심판할 것을 찬양하는 예언시이다.

하고 고집스런 신앙[1]을 반영하는 대신, 인간이 처한 상황에 대한 존엄성을 나타내는 의미로 자리잡았다"[2]고 했다. 이렇게 말하면서 프라이는 공명의 개념을 어구와 문장 이상으로 확장시킨다.

연극이나 이야기의 어떤 인물(예컨대, 햄릿이나 루이스 캐럴Lewis Carrol의 앨리스)도 공명을 가질 수 있으며, 물건이나 나아가 국가도 가능한데, 다음의 경우가 그렇다. "*역사적으로 늘 외세에 시달려온 아주 작은 나라인 그리스와 이스라엘의 세세한 지역들이, 그 나라에 가봤든 아니든 상관없이 우리 상상想像 세계의 일부를 차지하게 될 정도로, 우리의 의식을 점령했다.*"[3]

프라이는 공명의 원천에 대한 물음에 답하면서, 바로 메타포가 추진력(사람들이 겪는 다양한 태도나 경험을 일체화하여 의미를 부여하는 단어나 책, 인물, 역사 등이 반항하는 힘)이라고 결론지었다. 그래서 아테네 사람은 지적으로 탁월한 사람의 메타포, 햄릿은 생각만 하는 우유부단함의 메타포, 앨리스의 호기심은 의미상 말도 안 되는 세계에서 질서 찾기의 메타포가 되었음을 세계 어디서든지 확인할 수 있다.

이제 프라이에 대한 언급은 그만두지만 그의 원리는 꼭 지니고 간다. 나의 주장은 모든 의사소통 매체는 공명을 가지고 있다는 점인데, 공명은 커다랗게 쓰여진 메타포와 같기 때문이다. 본래의 의미가 무엇이든 과거에 어떤 제한된 상황에서 사용되었든 간에 매체는 이를 훌쩍 뛰어넘어 예기치 못한 정황에 새롭게 접목시키는 힘을 지니고 있

---

1. 이스라엘 백성들이 하나님에 대해 절대적이고 고집스럽게 믿는 태도.

다. 우리의 생각을 조직하고 서로의 경험세계가 일치하도록 지시하는 방식으로 인해, 매체는 무수한 형태로 우리의 의식과 사회제도 속으로 파고든다. 때때로 경건勁健이나 덕德, 미美의 개념에 결부되어 영향력을 행사하기도 한다. 그리고 진실이 무엇인지에ideas of truth 대해 우리가 나름대로 정의하고 규정하는 방식에 매체는 항상 밀접하게 개입한다.

어떻게 이러한 과정이 진행되는지(매체의 편향성으로 인해 문화가 어떻게 은근히 소화불량에 걸리는지) 설명하기 위해 진실-말하기truth-telling의 세 가지 경우를 살펴보자.

첫 번째 경우는 서아프리카의 한 부족으로부터 도출했는데, 이 부족에게는 쓰기체계가 없지만, 시민법의 개념에 대해선 풍부한 구어口語 전통으로 형성된 나름대로의 틀을 갖추고 있다.[4] 분쟁이 발생하면 고소인은 그 부족의 추장 앞에 가서 불만을 털어놓는다. 글로 기록된 성문법이 없기에 추장은 수많은 속담이나 격언 속에서 문제상황에 적합하면서도 분쟁 당사자들을 똑같이 만족시킬 수 있는 것을 찾아낸다. 그렇게 되면 모든 관계자들이 정의가 실현되었으며 진실이 구현되었음에 동의한다. 알게 되겠지만, 당연히 이는 예수를 비롯한 성경 속의 인물들이 주로 사용했던 방법이다. 기본적으로 구술口述 문화에 살고 있었던 이들은 기억술, 규범적 표현, 그리고 우화를 포함한 모든 말하기 자원을 동원해 진실을 발견하고 드러냈다.

월터 옹[1]Walter Ong이 지적하듯이, 구두 문화에서 속담과 격언은 어쩌

---

1. 예수회 신부로 세인트루이스 영문학 교수를 지냈으며, 구술문화와 문자문화의 대립체계를 주로 연구한

다 사용하는 방책이 아니었다. 그의 말을 들어보자. *"속담과 격언은 그칠 새 없이 사용되고 사고 자체의 본질을 형성한다. 따라서 (생각을 구성하고 있는) 속담과 격언 없이는 어떠한 형태의 사고 확장도 불가능하다."* [5]

아직까지도 우리들이 쓰는 속담이나 격언은, 대부분 아이들끼리나 어른과 아이들 간의 말다툼을 해소하는 경우에나 남아 있다. "손에 쥔 사람이 임자다" "선착순 우선" "급할수록 돌아가라" 이런 식의 말은 아이들과의 사소한 갈등에서나 끄집어내지 심각한 사안을 판결해야 하는 법정에서 꺼낸다면 우스꽝스럽게 여길 것이다. 법정 집행관이 배심원에게 판결이 나왔냐고 물었는데 "과오는 인간의 상사常事지만 용서는 신의 주권"이라거나, 더 나아가 "가이사의 것은 가이사에게 돌리고, 하나님의 것은 하나님에게 돌리라"[1]라는 식의 답변이 나오리라고 상상이나 할 수 있겠는가? 순간적으로 판사가 끌릴 수도 있겠지만 곧바로 진지한 발언이 뒤따르지 않는다면, 판사는 대다수 유죄 피고인보다 더 가혹한 형량을 받지 않을까?

판사, 변호사, 그리고 피고는 법적 분쟁에 있어서 속담이나 격언을 적절한 답변으로 여기지 않는다. 이러한 점에서 이들은 부족의 추장과 구별되는데, 바로 매체-메타포가 다르기 때문이다. 기록에 바탕을 둔 법정에서는 현장에 있는 법률서적, 소송적요서, 소환장 및 기타 서

커뮤니케이션 이론가. 저서로 『구술문화와 문자문화』가 잘 알려져 있다.
1. 성서의 복음서에서 유대 율법학자들이 징세의 주권이 하나님에게 있는지 로마황제(가이사)에게 있는지 물었을 때 예수가 답한 내용.

면자료가 진실을 밝히는 방법을 규정하고 체계화하기 때문에 구두 전통은 공명의 대부분을 상실해 버렸다. 물론 전부는 아니다. 증언은 말로 해야 하는데, 글보다는 말 한마디가 증인의 마음 상태를 좀더 진실하게 반영한다고 보기 때문이다. 실제로 상당수 법정에선 배심원들로 하여금 기록행위는 물론 관련법에 대한 판사의 설명문 사본을 받아보는 것조차 금지하고 있다. 배심원들은 진실에 귀를 기울여야지, 읽어서는 곤란하다는 뜻이다.

그러므로 법적 진실에 대한 우리의 생각 속에는 (두 개의) 공명이 충돌하고 있다고 말할 수 있다. 한 편에는 진실을 드러내는 데 있어서 오직 말만이 갖고 있는 구술口述의 위력에 대한 믿음이 남아 있는 반면, 다른 한편에서는 쓰기, 특히 인쇄된 기록에 대한 더 강한 믿음이 존재한다. 두 번째 믿음은 시, 격언, 속담, 우화 등과 같이 말로 표현된 지혜를 무가치한 것으로 여긴다. 법은 국회의원과 판사가 입안하고 판례로 남겨왔을 뿐이다. 우리의 문화에서 법률가는 지혜로울 필요가 없다. 단지 잘 요약할 수 있으면 그만이다.

위와 유사한 모순이 대학에도 남아 있는데, 공명의 분배도 유사하다. 이는 말이 진실을 드러내는 주된 수단이라는 인식에 근거한 전통이 대학에는 아직도 약간 남아 있다는 뜻이다. 그러나 대부분의 경우, 대학이 진실을 받아들이는 개념은 인쇄된 글자의 구조 및 논리에 긴밀하게 종속되어 있다. 이를 예시하기 위해 지금까지도 널리 사용되는 중세의 관습인, 일명 '박사학위 구두시험doctoral oral' 기간 중 겪은 개인적인 경험 하나를 들고자 한다. 내가 '중세의medieval'라는 단어를 쓰는 이유는, 중세의 학생들은 항상 시험을 구두로 치렀기 때문인데, 그러한 전통은 박사학위 후보자라면 자신의 논문에 대해 충분히 말할 수 있어야 한다는 전제하에 이어져왔다. 하지만, 그래도 논문이 가장 중요했음은 물론이다.

여기서 내가 염두에 두는 것은, 스스로 자각하지 못하는 의식수준에 도달했을 때, 진실-말하기truth-telling의 합당한 형식이 무엇이냐는 쟁점에 관한 것이다. 그 박사학위 후보자는 자신의 논문에 인용문의 출처를 밝히기 위해 다음과 같은 각주 하나를 달았다.

"1981년 1월 18일 루스벨트 호텔에서 아더 링게만과 제롤드 그로스가 동석한 가운데 본 연구원에게 말했다."

이 인용문은 5명 중 적어도 4명 이상 시험관의 이목을 끌었다. 시험관 모두는 이런 표현이 문서 형식으로는 심히 부적합하고, 책이나 논문을 인용한 형식으로 대체해야 한다고 보았다. 한 교수는 "당신은 기자가 아니오. 학자로서의 태도를 취하시오"라고 지적했다. 아마도 그 후보자는, 자신이 루스벨트 호텔에서 들은 내용이 어떤 간행물에도 실린 적이 없음을 알았든지, 현장에 증인들이 있었기에 그들이 그 인용이 정확한지 증명해 줄 수 있으며, 어떤 생각을 전달하는 형식이 진실 여부와 무슨 상관이 있냐고 현장에서 열심히 자신을 변호했다. 그 후보자는 더 나아가 유창하게 자신의 논문에서 300개 이상 참고문헌을 인용했는데 시험관이 그 중의 어떤 것도 정확성을 문제삼지 않을 것 같다며, 마치 "문헌을 인용하는 경우에는 정확하다고 여기면서 말을 인용하는 경우는 왜 그렇지 않느냐?"는 질문을 하듯 변론했다.

그 후보자가 들은 답변은 이랬다.

"당신은 어떤 생각이 전달되는 형식이 그 생각의 진위 여부와 관계가 없다고 착각하는 실수를 저질렀습니다. 학계에서 간행물에 실린 글은 말보다 훨씬 높은 신뢰성과 확실성을 지닙니다. 또한 사람들은 글보다는 말이 더 우발적이라는 전제를 갖고 있습니다. 기록된 글은 저자가 숙고하고 수정해 왔으며, 권위자나 편집자가 검토해 왔다고 여깁니다. 기록된 글은 입증하거나 논박하기 용이하며, 개인적이지 않고 객관적인 성격을 지녔다고 여기는데, 이게 바로 당신이 논문에서 자신을 지칭할 때 이름 석자 대신 당연히 '연구자'로 언급한 이유가 됩니다. 말하자면 기록된 글은 본질적으로 개개인이 아닌 세계를 대상으로 발표하는 셈입니다. 기록된 글은 살아남아도 내뱉은 말이 자취를 감추는 까닭은, 말보다는 글이 진실에 더 가깝기 때문입니다. 나아가 우리는 당신이 합격했다고 단지 말로 남기기보다는, 이 위원회에서 문서로 남겨주길 원할 것이라고 확신합니다. 기록된 문서는 '진실'을 나타내겠지만, 구두 합의는 단지 풍문에 불과할 것입니다."

그 후보자는 현명하게도 더이상 이의를 제기하지 않았고, 위원회에서 지적한 그 어떤 수정사항도 받아들이겠으며, 자신이 '구두' 테스트에 합격한 사실을 보증할 수 있는 문서를 간곡하게 원한다고 말했다. 그는 합격했으며 때맞춰 그 사실을 적정한 문서로 남겼다.

인식론에 끼치는 매체의 영향을 드러내는 세 번째 사례는 위대한 철학자 소크라테스의 재판에서 얻을 수 있다. 소크라테스는 500명의 배심원들을 상대로 변론을 시작하면서, 변론을 제대로 준비하지 못했다고 사과했다. 소크라테스는 아테네 형제들에게 자신이 말을 더듬을 것인데, 이를 이유로 변론을 중단시키지 말아달라고 간청하고, 자신을 다른 도시에서 온 이방인처럼 여겨달라고 요청하면서, 어떠한 꾸밈이나 수사修辭 없이 진실만을 말하겠다고 약속했다. 이런 식으로 시작하는 것은 물론 소크라테스의 특징으로 그가 살던 시대의 특징은 아니었다. 소크라테스도 잘 알고 있었던 것처럼 아테네 사람들은 수사법(변론술)의 원칙과 진실의 표현이 무관하다고 여기지 않았기 때문이다. 우리와 같은 사람들은 수사법을 그저 언어의 장식물(대체로 허세 부리고, 피상적이며, 불필요한) 정도로 생각하는 데 익숙해져 있기에, 소크라테스의 탄원에서 대단한 호소력을 발견한다. 그러나 이를 창안한 사람과 기원전 5세기 그리스의 궤변가Sophists들과 그의 계승자에게, 수사법은 인상적인 연기演技를 위한 기회였을 뿐 아니라 증언과 증거를 조작하여 진실을 소통시키는 수단이기도 했다.[6]

수사법은 아테네 사람들에게 교육의 핵심요소일 뿐만 아니라 발군의 예술적 형식이었다. 또한 그리스 사람들에게 수사법은 일종의 말로 쓰는 글과 같은 형식이었다. 비록 수사법은 말하기 형태로 비쳤지만, 진실을 드러내는 힘은 논쟁을 질서정연하게 진전시켜 나타내는 글의 힘에 근거를 두고 있었다. 플라톤 자신은 이러한 진실의 개념에 이의를 제기했지만(소크라테스의 변론으로 추정해 볼 때), 그와 동시대 사람들은 수사법이야말로 이를 통해 '올바른 의견'을 발견하고 명료하게 표현할 수 있는 수단이라고 믿었다. 수사법의 원칙을 무시하거나 자신의 생각을 적당한 강조나 타당한 열정 없이 무작정 말하는 것은, 청중들의 지적 품위를 손상시키는 행위이자 자신의 말이 허위임을 시사하는 것으로 여겨졌다. 그러므로 당시 280명의 배심원 중 상당수는 수사법이 진실을 좌우한다고 인식하고 있었기에, 수사법을 쓰지 않는 소크라테스의 태도야말로 진실을 드러내는 형식과 일치하지 않았기에 유죄평결을 내렸다고 추측할 수 있다.

앞의 세 가지 사례를 통해 이끌고자 하는 핵심은 진실의 개념은 이를 표현하는 형식이 지닌 편향성에 긴밀하게 연관되어 있다는 점이다. 진실은 있는 그대로의 모습으로 나타나지 않고 그런 적도 없다. 진실은 반드시 적절한 옷을 입고 나타나며 그렇지 않으면 인정받지 못하는데, 이는 '진실'은 일종의 문화적 편견이라고 말하는 셈이다. 각 문화는 어떤 상징적 형태 중에서 가장 믿을 만하게 표현된 것을(다른 문화에서 하찮게 여기거나 부적절하게 취급할지라도) 진실이라고 여긴다. 실제로 아리스토텔레스 시대에 그리스 사람들은 이후 2,000년 동안 과학적 진실을 발견하여 드러내는 가장 좋은 방법은 일련의 자명한 전제(아리스토텔레스가 여자는 남자보다 이빨이 적다거나 북풍이 불 때 태어난 아기들이 더 건강하다고 믿었음을 밝혀주는)에서 출발하여 사물의 본성을 추론하는 것이라고 믿었다. 아리스토텔레스는 결혼을 두 번 했지만, 우리가 아는 한 어느 부인에게도 이빨이 몇 개인지 세어봐도 되냐고 물은 적이 없다. 또한 자신의 산부인과적 견해를 확인하기 위해 설문조사를 했거나 분만실의 커튼 뒤에 숨은 적도 없었다고 확신할 수 있다. 아리스토텔레스에게 그러한 행동은 사물의 진실을 규명하는 방법이 아니었기에, 품위 없고 불필요한 일로 여겼으리라. 언어를 이용한 논리적 추론이 늘 왕도였다.

아리스토텔레스의 편견을 서둘러 비웃어선 안 된다. 우리도 나름 대로의 편견을 얼마든지 갖고 있다. 예를 들면 우리 현대인들이 진실을 만들어낼 때 이용하는 방정식方程式과 계량화計量化를 보자. 여기에 내재된 선입견을 보면, 피타고라스를 위시한 그의 추종자들이 삶의 모든 것을 숫자의 지배 아래 예속시키려 했던 그들의 신비적 믿음과 놀랄 정도로 근접해 있다.

상당수의 심리학자, 사회학자, 경제학자, 그밖의 종말론적 유대신비주의 철학자들도 사실을 전달하기 위해 오직 숫자를 사용한다. 예를 들어, 현대 경제학자가 어떤 시를 낭송하여 우리 삶의 표준에 대한 사실을 명확히 밝히는 모습을 상상이나 할 수 있겠는가? 아니면 늦은 밤 동 세인트 루이스[1]East St. Louis를 산책하다 겪은 일을 이야기하면서 그렇게 할 수 있을까? 또는 부자와 낙타와 바늘 귀에 대한 이야기로 시작하며 우화나 금언을 들면서 그렇게 할 수 있을까? 첫 번째 이야기는 엉뚱하게, 두 번째는 그저 일화로, 마지막은 어린애 같은 태도로 여길 것이다. 그러나 물론 이러한 형태의 언어표현도 경제상의 관계뿐 아니라 여타 관계에 대한 사실을 표현할 수 있으며, 실제로 여러 사람들이 활용해 왔다. 하지만 다른 종류의 매체-메타포로 공명하는 근대적 사고를 지닌 사람들은, 숫자야말로 경제학적 사실을 가장 잘 드러내고 표현한다고 믿고 있다. 아마도 그럴 것이다. 그러나 이 문제

----

1. 일리노이 주 세인트 루이스에 속한 동쪽 지역. 미국에서 치안상태가 가장 나쁘기로 손가락 안에 꼽힌다.

로 논쟁을 하진 않겠다. 단지 주의를 기울여야 할 점은, 진실-말하기
Truth-telling가 이루어지는 형식 속에는 어느 정도의 독단성獨斷性이 존재
한다는 사실이다.

갈릴레오Galileo는 그저 자연을 표현하는 언어가 수학으로 쓰여 있
다고만 말했음을 기억해야 한다. 그는 모든 것이 수학으로 쓰여 있다
고 말하지 않았다. 그리고 자연에 대한 사실조차도 수학으로 표현될
필요는 없다. 대부분의 인간 역사에서 자연을 표현한 언어는 신화와
의식儀式이라는 언어였다. 누군가 덧붙이길, 신화와 의식이라는 형식
은 자연을 위협하지 않으면서도 인간이 자연의 일부라는 믿음을 고양
시키는 효력을 지녔다고 했다. 그러나 자연을 표현할 수 있는 확실한
방법을 찾았다고 스스로를 과도하게 칭송하느라 지구를 확대해 들여
다볼 태세인 사람들에게는, 신화의 의식은 전혀 어울리지 않는다.

이렇게 말한다고 인식론적 상대주의 사례를 조장하려는 것은 아
니다. 진실-말하기의 몇가지 방법은 그 외의 것들보다 뛰어나기에 이
를 받아들이는 문화에 더욱 건전한 영향력을 끼칠 수 있다. 사실, 내
가 당신을 설득시키고 싶은 것은, 활자기반 인식론의 쇠퇴와 맞물려
텔레비전 지배 인식론이 부상하면서 사람들이 시시각각으로 멍청해
지며 공공생활에 심상치 않은 결과가 도래했다는 점이다. 그리고 바
로 이 점이, 진실-말하기의 형식이 무엇이건 간에 그 형식에 대한 (활
용)비중이 결국 의사소통 매체의 영향력을 결정한다는 요점을 부각시
키고자 애써야 했던 이유다. "보면 믿는다"는 말은 인식론적 논리에
있어서 늘 독보적 지위를 누려왔으나 "말하면 믿는다" "읽으면 믿는

다" "세어보면 믿는다" "추론해 보면 믿는다" 그리고 "느끼면 믿는다" 및 그밖의 다른 논리는, 문화가 매체적 변화를 겪을 때마다 그 중요성 이 부침浮沈을 겪어왔다.

어떤 문화가 구두口頭에서 쓰기로, 그리고 인쇄를 거쳐 텔레비전으 로 옮겨갈 때마다 진실에 대한 사고思考도 함께 변화한다. 니체는, 모 든 철학은 삶의 단계에서의 철학이라고 했다. 이 말에 덧붙여 우리 식 으로, 모든 인식론은 매체 발전 단계에서의 인식론이라고 해도 무방 하리라. 결국 진실은, 시간 그 자체처럼 인간이 스스로 만들어낸 의사 소통 기술을 통해 자기 자신과 주고받은 대화의 산물일 뿐이다.

지성知性이란 주로 사물의 진실을 파악하는 능력으로 정의되지만, 정작 지성은 중요한 의사소통 형식의 특성에서 비롯되기에 결국 문화 가 의미하는 바를 추종할 뿐이다. 전적인 구두문화에서 지성은, 폭넓 게 활용 가능한 함축성 있는 말을 창안해 내는 능력, 즉 경구를 인용 하는 솜씨와 주로 관련이 있다. 우리가 첫손가락으로 꼽는 지혜의 왕 솔로몬은 3,000개의 잠언을 알고 있었다. 그러나 인쇄문화에서는 이 런 재능을 가진 사람을 기껏해야 색다르거나 오히려 잘난체하는 성가 신 사람으로 여긴다. 순수 구두문화처럼 문자가 없는 곳에서는 인간 의 두뇌가 이동도서관처럼 기능해야 하기에, 기억력에 항상 높은 가 치를 부여한다. 어떻게 말하고 행동했는가를 망각한다는 것은 이러한 공동체에선 하나의 위험이자 어리석음의 결정체이다. 반면 인쇄문화 에서는 시를 비롯한 메뉴나 법률이나 기타 무엇이든지 몽땅 암기해도 그저 눈길을 끄는 정도일 뿐이다. 암기력은 대체로 현실성 없는 기능으로 여길 뿐 뛰어난 지성의 증거로 삼지 않는다.

 이 책의 독자라면 누구나 인쇄시대 지성의 일반적인 특성을 잘 알겠지만, 이 책을 읽을 때 자신에게 요구되는 것이 무엇인지 단순히 생각해 보는 것만으로도 그 특성이 무엇인지 합리적으로 선명하게 접근할 수 있을 것이다. 무엇보다도 먼저, 독자 여러분은 상당한 시간 동안 대체로 움직이지 않고 있어야 한다. 만약 이렇게 할 수 없다면 우리 문화는 당신을 지적 결핍으로 고통받는, 이를테면 과잉행동장애를 지녔거나 교육이 부족한 사람으로 낙인 찍을 것이다. 인쇄기는 정신뿐 아니라 우리의 몸에게도 다소 가혹한 요구를 해댄다. 하지만 신체를 구속하는 것은 그저 최소한의 요건일 뿐이다. 또한 당신은 책장 위글자의 모양새에는 관심가질 필요가 없음도 익혔으리라. 말하자면 글자로 조합된 단어의 의미에 직접 다가가기 위해서는 겉모습을 꿰뚫어봐야 한다는 뜻이다. 당신이 글자 모양에 정신이 팔린다면, 참을성 없고 비효율적인 독서가 될 것이며 어리석게까지 보일 것이다.

 당신이 심미적審美的 혼란 없이 의미를 파악하는 법을 배웠다면, 다음에는 중립적이고 객관적인 태도를 갖추어야 한다. 이 태도는 버트런드 러셀Bertrand Russell이 "수사법에 대한 면역immunity to eloquence"이라고 부른, 글의 감각적인 즐거움, 매력적인 이끌림, 환심을 사려는 논조와 글에서 주장하는 논리를 분별해야 하는 수고를 포괄한다. 아울러 글의 논조를 통해 주제 및 독자에 대한 저자의 태도도 파악할 수 있어야한다. 바꿔 말하면, 당신은 농담과 주장의 차이를 알아야만 한다는 뜻이다. 그리고 논점의 수준을 판단하는 데 있어서 당신은 몇가지 일을 동시에 해내야 한다. 전체적인 논지가 끝날 때까지 판단을 유보하고, 언제 어디서 답변이 제시되는지 또는 과연 답변을 제시하기는 하는지 확인하기까지 의문을 되새기며, 아울러 본문과 관계있는 당신의 모든 관련 경험을 제시되는 주장에 대한 반론으로 가져와야 한다. 물론 당신의 지식이나 경험 중 실제 논지와 관련 없는 부분은 삼갈 수 있어야 하리라.

그리고 이 모든 것을 준비하는 데 있어서 글이 모든 것을 표현하는 마법과 같다는 믿음을 포기해야 하며, 무엇보다도 먼저 추상의 세계를 다루는 법을 익혀야 한다. 왜냐하면 앞으로 이 책에서는 구체적인 이미지를 불러일으킬 만한 구절이나 문장이 거의 없기 때문이다. 인쇄문화에서는 이해를 돕기 위해 그림을 그려주어야만 하는 사람들을 두고 비지성적이라고 일컫는 경향이 있다. 따라서 지성이란, 개념과 개괄의 영역에서 그림 없이도 편안히 수용할 수 있는 능력을 내포한다.

진실에 대한 개념이 활자를 중심으로 조직되는 문화에서는, 지성에 대한 주된 정의는 위에서 언급한 모든 것과 그 이상도 가능하다는 뜻과 다름없다. 다음 3장과 4장에서는, 18세기와 19세기에 미국이 그런 곳이었으며, 아마도 지금껏 존재했던 중 가장 인쇄중심의 문화였음을 보여주고자 한다. 5장에서는 20세기에 새로운 매체가 이전 것을 대체한 결과, 진리에 대한 개념과 지성에 대한 견해가 변화해 왔음을 드러내고자 한다.

그러나 이 문제를 필요 이상으로 지나치게 단순화하고 싶지는 않다. 그 중에서도 나는 세 가지 요점으로 결론을 맺고자 하는데, 아마도 이는 섬세한 독자라면 이미 품고 있을 몇몇 반박에 대한 방어가 될 수도 있겠다.

첫째로, 나는 어디에서도 매체의 변화가 사람들의 정신구조나 인지능력의 변화를 초래했다고 주장하지 않는다는 점이다. 이와 같은 주장을 했거나 근접한 사람이 있기는 하다.(예를 들면 제롬 브루너[1]Jerome Bruner, 잭 구디[2]Jack Goody, 월터 옹, 마샬 맥루한, 줄리언 제인스[3]Julian Jaynes, 에릭 하블로크[4]Eric Havelock 같은 사람들이다.)[7] 이들이 옳다는 생각이 들 때도 있지만, 내 관점에는 이들이 주장하는 바가 필요 없다. 그러므로 나는 어느 정도 피아제[5]Piagetian적 관점에서 볼 때, 구어시대 사람들이 문자시대 사람들보다 지적으로 덜 발달했다거나 또는 텔레비전 시대 사람들이 덜 발달했다는 가능성을 두고 논쟁하는 부담은 지지 않을 생각이다. 내가 주장하는 바는, 새로운 주류매체가 사람들의 지적 능력을 편중시키고, 지성과 지혜에 대한 특정한 정의를 선호하도록 하고, 특정한 종류의 내용만을 요구하도록 조장하여(한마디로 진실-말하기의 새로운 형식을 만들어내어) 공공담론을 변화시킨다는 사실에 한정되어 있다. 다시 한번 강조하지만, 나는 이러한 문제에 있어서 상대주의자가

---

1. 미국의 교육심리학자이나 교육자. 인지심리학의 선구자로 불린다.
2. 사회 속에서 글이 전달되어 온 모습을 연구한 영국의 인류학자이자 역사학자.
3. 프린스턴 대학 심리학과 교수였으며, 인간의식 문제에 관한 연구로 알려졌다.
4. 그리스의 고전학자. 월터 옹의 구술성과 문자성에 관한 아이디어에 절대적 영향을 끼쳤다.
5. 피아제(Jean Piaget) : 스위스의 심리학자로 어린이의 정신발달, 특히 논리적 사고 발달에 관한 연구를 통하여 인식론의 제반 문제를 연구했다.

아니며, 텔레비전이 창조한 인식론은 활자매체 기반의 인식론보다 저급할 뿐만 아니라 위험하고도 가장 불합리하다고 믿는다.

두 번째 요점은, 내가 넌지시 언급해 왔고 앞으로 상세히 설명할 인식론적 전환이 모든 사람과 모든 것들에 다 해당하지는 않는다는 사실이다. 일부 오래된 매체는 그러했으나 사실상 당시의 관습과 인지적 습관과 함께 사라져버린 반면, 말하기나 쓰기와 같은 의사소통 형식은 계속 살아남을 것이다. 그러므로 텔레비전과 같은 새로운 형식의 인식론도 아무런 도전 없이 영향력을 지속할 수는 없다.

그런 상황에 대해선 이런 식으로 생각해 보는 것이 유용하겠다. 상징환경의 변화는 자연환경의 변화와 유사한데, 둘 다 처음에는 천천히 조금씩 증가하지만 물리학자의 말처럼 어느 한순간 갑자기 임계점에 도달한다. 강은 천천히 오염되다가 갑자기 독성을 띠게 되어 대부분의 물고기가 폐사하고 수영하는 것조차도 위험한 지경이 된다. 그러나 그럴 때조차도 그 강은 동일한 강으로 보일 것이며 사람들은 강에서 여전히 보트놀이를 할 수도 있다. 바꿔 말하면, 생명력을 잃었을 때조차도 강은 사라지지 않고 그 용도도 여전하지만, 그 강의 가치는 심각하게 훼손되고 강의 저하된 여건은 도처에 해로운 결과를 초래할 것이다.

우리의 상징적 환경도 이런 식이다. 전자매체가 우리가 접하는 상징환경의 특성을 결정적이고 돌이킬 수 없을 정도로 변화시켰다는 점에서 우리는 중대한 변화의 시점에 도달했다고 본다. 우리는 지금 활자가 아닌 텔레비전이 제공하는 정보, 사고방식과 인식론이 조성하는 문화에 살고 있다. 물론, 여전히 독자가 존재하며 많은 책이 발간되지만, 인쇄의 활용과 독서가 예전 같지 않은데, 심지어 그 어떤 것도 인쇄에 대항하지 못할 것으로 여겨졌던 최후의 기관인 학교에서조차도 그렇다. 그런데도 사람들은 텔레비전과 인쇄가 공존(공존은 동등한 지위를 뜻한다)한다고 믿으며 스스로를 현혹시킨다. 그러나 동등함은 없다. 인쇄는 이제 그저 부차적인 인식론에 불과하며, 앞으로도 그렇게 계속 남을 것이며, 텔레비전 화면처럼 보이게끔 만들려는 컴퓨터나 신문이나 잡지로 인해 약간 연장될 뿐이다. 오염된 강에서 살아남은 물고기가 있고 그 위에서 노 젓는 사람이 있듯이, 우리 중에는 사물에 대한 감각이 더욱 오래되고 깨끗한 물에 예민한 사람이 여전히 존재한다.

세 번째 요점은, 위에서 비유한 강은 주로 소위 공공담론(정치적, 종교적, 지적, 상업적 의사소통의 형식)에 해당한다. 내가 주장하는 바는, 텔레비전을 바탕으로 하는 인식론이 공공 의사소통과 그 주변 여건을 오염시켰다는 뜻이지 모든 것을 다 오염시켰다는 의미는 아니다. 우선적으로 나는, 노인이나 몸이 약한 사람, 그리고 모텔 방에서 홀로 외로움을 느끼는 모든 사람들에게 즐거움과 안락함을 선사하는 텔레비전의 가치를 늘 떠올린다. 또한 대중을 위한 극장을 창조해 내는 텔레비전의 잠재력이 놀랍기도 하다(내 생각에 이 주제는 아직 사람들이 진지하게 받아들이지 않았다). 그리고 텔레비전은 이성적 담론을 약화시키는 능력만큼 감성적 영향력이 엄청나기 때문에 베트남 전쟁이나 가혹한 인종차별 행태에 대해 감정적 반감을 불러일으킬 수 있었다고 말하기도 한다. 이를 비롯한 그 외 텔레비전의 유익한 가능성 역시 가볍게 여길 수 없다.

총력을 다해 텔레비전에 맹공을 퍼붓는 사람으로 나를 이해해서는 안 되는 이유가 여전히 남아 있다. 누구든지 커뮤니케이션의 역사에 대해 조금이라도 친숙하다면 인간의 사고思考를 위한 모든 새로운 기술체계는 교환을 내포하고 있음을 알고 있다. 서로 똑같은 만큼은 아니지만, 주고는 빼앗아간다. 매체가 변화한다고 해서 균형상태로 귀결되지는 않는다. 매체는 때때로 파괴한 것보다 더 많은 것을 만들어내기도 한다. 기술의 미래가 우리를 놀래킬 수도 있기 때문에 칭찬하거나 비난하는 데 신중해야 한다. 인쇄기의 발명 그 자체가 전형적인 사례이다. 인쇄술은 개체성에 대한 근대적 관점을 촉진시켰지만, 공동체와 융화라는 중세적 감각을 파괴했다. 인쇄술은 산문양식을 만들어냈지만, 시를 유별나고 배타적인 표현양식으로 밀어내버렸다. 또한 인쇄술로 인해 현대과학의 발전이 가능했으나 종교적 감수성을 단순한 미신적 행위로 변질시켰다. 인쇄술은 국가와 지역의 성장에 이바지했으나 그렇게 함으로써 애국심을 (파괴적인 수준은 아닐지라도) 비열한 감정으로 만들어버렸다.

분명히 인쇄술이 누린 400년간의 제왕적 권세에는 폐해보다는 유익함이 훨씬 더 많았다고 본다. 지성을 사용하는 영역에 관한 근대적 개념도 활자로 인해 형성되었는데, 교육, 지식, 진실과 정보에 관한 개념도 그렇다. 나는 인쇄술이 우리 문화의 변방으로 밀려나고 텔레비전이 그 중심부를 장악하면서 공공담론의 진지함, 명료함, 무엇보다도 그 가치를 위험할 정도로 저하시킨다는 점을 드러내고자 애쓸 것이다. 다른 쪽으로부터는 무슨 이득을 볼 수 있을지 사람들은 마음의 문을 열어놓고 있어야 하리라.

03
인쇄시대의 미국

벤자민 프랭클린Benjamin Franklin의 자서전에 보면, 프랭클린의 오랜 지기이자 던커 파[1]派, Dunkers라는 기독교 종파의 설립자 중 하나였던 마이클 웰페어Michel Welfare의 저작으로 보이는 특이한 인용문 하나가 눈에 띈다. 인용문을 보면, 웰페어는 프랭클린에게 다른 종파의 열성신자들이 사실상 아무것도 모르면서 던커 파에 대해 헛소문을 퍼뜨리고, 이를 근거로 꺼림직한 교리라고 뒤집어씌운다고 불평했다고 한다. 프랭클린은 던커 파가 자신들의 신앙과 교리를 정리하여 기사로 발표하면 그런 오해는 사그라들지 않겠냐고 권했다. 이에 대해 웰페

---

1. 던커 파(the Dunkers) : 독일계 침례교도들이 미국으로 이주하여 설립한 기독교 종파. 유아세례를 인정하지 않는다.

어는, 이러한 대응방식에 대해 종파宗派 내 동료들과 논의를 해왔으나 결국 그만두기로 했다. 그리고는 그 이유를 다음과 같이 설명했다.

> 우리가 처음 공동체로 결성되자 하나님께서는 몇가지 가르침을 깨닫는 선에서 우리의 마음을 기꺼이 조명해 주셨는데, 우리가 한때 진리라고 여겼던 교리가 잘못되었으며, 잘못된 것이라고 여겼던 일부 교리가 참된 진리였다는 점이다. 그리고 때때로 하나님께서는 우리들에게 더 큰 지혜의 빛을 선뜻 베푸셨기에, 우리의 교리는 개선되어 왔으며 오류는 줄어왔다. 그러나 지금 우리가 이러한 진전의 종착역에 도달했는지, 영적 또는 신학적 지식의 완성에 이르렀는지는 확신할 수 없다. 또한 우리 스스로가 교리에 묶여 더이상의 개선을 거부하게 되나 않을지, 후에 우리의 후배들이 선배나 창시자가 정한 교리를 신성한 것으로 여겨 한 발짝도 벗어나지 못하게 될까봐 두렵기도 하다. [111]

프랭클린은 이 말을 인류역사상 한 종파가 내보인 겸양의 두드러진 실례로 내세웠다. 겸양은 확실히 이런 경우에 적절한 말이긴 하지만, 웰페어의 언급은 다른 이유로도 범상치 않다. 우리는 여기서 기록된 글의 인식론에 관한 플라톤 못지않은 비평을 마주하고 있다. 모세라 하더라도 수긍하긴 어려웠겠지만 관심은 끌렸을 것이다. 결국 던커 파 교도들은 종교적 담론에 관한 하나의 계율을 공식화한 셈이다. 즉, "너희는 교리를 글로 쓰지 말지어다. 더더욱 인쇄는 금할진대 그렇게 되면 늘 교리라는 덫에 갇히게 될 것이니라."

어쨌든 우리는 던커 파 교도들의 신중함이 기록으로 남지 않았음을 의미심장한 상실로 여겨야 하지 않을까 싶다. 이는 확실히 생각을 표현하는 형식이 이로 인해 드러날 사고방식에 영향을 끼친다는 이 책의 전제를 빛나게 해준다. 그러나 더욱 중요한 것은, 그들의 신중함은 식민지시대 미국에나 있음직한 인쇄된 글자를 불신한 색다른 사례였다는 점이다. 왜냐하면 프랭클린 시대의 미국인들은 그 어떤 사회 못지않게 인쇄된 글에 의존적이었기 때문이다. 뉴잉글랜드New England에 와서 정착한 이민자들에 대해 무슨 말을 하건 간에, 이들을 비롯한 후손들은 집중력 있고 능숙한 독서가였고 이들의 종교적 정서, 정치적 사고 그리고 공공생활이 인쇄매체에 둘러싸여 있었다는 점은 가장 중요한 사실이다.

우리도 알다시피 메이플라워 호Mayflower에는 몇 권의 책이 실려 있었는데, 가장 중요한 것은 성경책과 존 스미스Captain John Smith 선장이 쓴 『뉴잉글랜드 소개Description of New England』였다.(미지의 땅으로 향하는 이민자들이기에 성경책 못지않게 이 책에도 관심을 갖고 읽었으리라 추측할 수 있다.) 우리는 또한 식민지시대를 시작하는 첫날 목사들에게 10파운드씩 지급하여 종교도서관을 열 수 있도록 했다는 사실도 알고 있다. 그리고 문자 해득률解得率을 추정하는 것은 대단히 어렵지만 1640년부터 1700년 사이에, 매사추세츠와 코네티컷 남성의 문자 해득률이 89~95% 수준이었다는 명백한 증거(대개는 서명으로 유추한 것이다)가 있다. 아마도 그 당시 세계 어디에서도 찾아보기 힘들 정도로 글을 아는 남성이 가장 밀집된 지역이었을 것이다. [2](1681~1697년 사이에 위 두

지역의 여성 문자 해득률은 62%에 달한 것으로 추정된다.[3]

당시 사람들은 개신교 신자였고 인쇄술에 대해 "하나님이 주신 한 없는 은총의 표징이며, 그로써 복음사업이 추진된다"는 루터의 믿음을 공유했기에, 성경은 모든 가정에서 주된 독서 대상이었음을 이해할 수 있다. 물론 복음사업은 성경 이외의 다른 책을 통해서도 추진되었을 것이다. 예를 들면 미국 최초의 베스트셀러로 인정받는 1640년 출간된 『매사추세츠 시편 찬송가Bay Psalm Book』를 들 수 있다. 그러나 이렇다고 해서 당시 사람들의 독서습관이 종교적인 문제에만 한정되어 있었다고 짐작할 필요는 없다. 검인된 유언장의 기록에 따르면 1654년에서 1699년 사이 미들섹스 카운티Middlesex County에 있는 재산 소유자의 60%는 책을 재산에 포함시켰는데, 그 중 8%를 제외한 모두가 성경 이외의 책을 갖고 있었다.[4] 실제로 1682년에서 1685년 사이 보스턴의 주요 서적상은 영국인 중개상으로부터 3,421권에 달하는 책을 들여왔는데, 대부분이 비종교 서적이었다. 그런데 이 책이 당시 북부 식민지에 살고 있던 불과 7만5,000명의 사람들에게 판매할 계획이었다고 하니 그 의미가 다르다.[5] 이는 요즘 시대로 환산해 보면 1,000만 권에 달하는 분량으로 보인다.

청교도들이 글을 읽고 쓰는 능력을 중시했다는 사실 외에도 식민지시대 사람들이 책읽기에 몰두하게 된 세 가지 요인이 더 있다. 17세기 영국의 문자 해득률은 40%를 넘지 않았기에, 우선 뉴잉글랜드에 온 이주자들은 영국에서 문자 해득률이 높았던 지역이나 인구계층, 아니면 둘 다에 해당하는 출신이라고 가정할 수 있다.[6] 바꿔 말하면,

이들은 이미 독서가가 되어 신대륙에 왔으며, 전에 살던 세계와 마찬가지로 신대륙에서도 독서가 중요했다고 확실히 믿었다.

둘째로, 1650년 이래로 뉴잉글랜드 대부분 지역에서는 '읽기 및 쓰기' 학교 운영을 요구하는 법안을 통과시켰을 뿐 아니라, 규모가 큰 자치단체에는 초등학교 운영까지 요구했다.[7] 그러한 모든 법안에는 사탄Satan에 대한 언급이 있는데, 이로 보건대 교육을 통해 사탄의 술책을 어디서든 무력화할 수 있었다고 여긴 듯하다. 그러나 17세기에 유행했던 다음의 짧은 노랫말이 시사하듯 교육의 필요성에 대한 다른 이유도 있었다.

공립학교에서 모든 지식이
흘러나와,
백성들의 신성한 알 권리를
채워주네. [8]

달리 말하자면, 이 사람들은 사탄을 정복하는 것 이상을 염두에 두고 있었다. 16세기 초반에는 모든 종류의 지식을 책 속으로 옮기고 책을 통해 드러내는 인식론적 대전환이 일어났다. 루이스 멈포드는 이러한 전환을 두고 "그 어떤 도구보다도 책은 사람들을 시간과 장소의 구속에서 풀어주었다. … 책은 실제 사건보다 더 큰 감명을 주었고… 존재한다는 것은 글로 인쇄되어 있다는 것과 같았다. (인쇄된 글로 존재하지 않는) 세상의 나머지 부분은 점차 희미해질 태세였다. 배움은 책-배우기로

바뀌었다" [9]고 했다. 이로 보건대, 식민지시대 사람들은 어린이의 학교교육을 도덕적 의무뿐 아니라 지적 규범으로도 받아들였음을 짐작할 수 있다.(그들이 떠나온 영국은 학교로 가득찬 섬이었다. 1660년 무렵 영국에는 444개의 학교가 있었는데, 대략 20*km*마다 하나씩 있었던 셈이다. [10])

그리고 문자 해득률의 증가가 학교교육과 밀접하게 관련되었음은 분명하다. 학교교육이 의무적이지 않았던 곳(로드 아일랜드처럼)이나 학교관련 법규가 미약했던 곳(뉴 햄프셔처럼)에서는 문자 해득률이 다른 곳에 비해 완만하게 증가했다.

끝으로, 이주한 영국인들은 직접 책을 인쇄하거나 작가를 양성할 필요도 없었다. 이들은 높은 수준의 문학적 전통을 모국에서 고스란히 수입해 들여왔다. 1736년에는 서적판매상이 〈스펙테이터the Spectator〉지나 〈태틀러the Tatler〉지, 〈가디언Steele's Guardian〉지를 구해 볼 수 있다는 광고도 했다. 1738년 광고에는 존 로크의 『인간오성론Locke's Essay concerning human understand』, 알렉산더 포프Pope의 『호머 이야기Homer』, 스위프트Swift의 『통 이야기A tale of a tub』, 그리고 존 드라이든Dryden의 『우화집Fables』이 실렸다. [11] 예일 대학의 티모시 드와이트Timothy Dwight 총장은 미국의 상황을 아래와 같이 간결하게 묘사했다.

거의 모든 분야, 모든 종류의 책이 이미 우리 손에 들어왔다. 이 대목에서 우리가 겪는 상황은 유별나다. 우리는 대영제국 국민들과 같은 언어를 사용하고, 그 나라와 평화적인 관계를 유지해 왔기에, 정기적으로 교역을 통해 적지않은 분량의 책이 들어와 넘쳐나기 시작했다. 이제 모든 예술과 과학, 그리고 문학의 방향 속에서 우리의 지적 욕구를 끊임없이 채울 수 있을 정도로 필요한 모든 것을 얻는다. [12]

위의 글에서 엿볼 수 있는 중요한 암시 하나는, 식민지시대 미국에서는 문학적 귀족주의가 없었다는 사실이다. 독서를 두고 엘리트주의자들의 행위로 여기지도 않았고, 인쇄물은 각계각층의 사람들에게 골고루 퍼져나갔다. 이렇게 계층 구분 없는 독서문화는 다니엘 부어스틴[1]Daniel Boorstin이 다음과 같이 언급한 것처럼 무럭무럭 성장했다. "독서문화는 널리 확산되고 있었다. 어느 곳을 중심지라고 할 수 없을 정도로 모든 곳이 확산의 중심지였다. 사람들은 인쇄물과 가까이 있어 모든 내용을 알 수 있었다. 또한 모든 사람들은 같은 언어로 말할 수 있었다. 독서문화는 분주하고 활동적이며 공적인 사회의 산물이었다." [13] 1772년에 이르러 제이콥 뒤체[2]Jacon Duche는 이렇게까지 말할 수 있었다. "델라웨어의 바닷가에 사는 극빈 노동자조차도 종교나 정치문제에 대해 신사나 학자들 못지않게 자유로이 자신의 느낌을 전할 자격이 있다고 여겼다. … 그리고 이러한 태도야말로 거의 모든 사람들이 독서가이기에 온갖 종류의 책을 읽고 드러내는 일반적인 모습이었다." [14]

평범한 사람조차도 책에 대한 관심이 이처럼 열심이기에, 1776년

---

1. 세계적으로 영향력 있는 역사학자로 미국 의회도서관 명예관장을 지냈다. 문화사 연구로 유명한 『탐색자들』 『발견자들』 『창조자들』 등의 저서가 있다.
2. 독립직전 식민지 리더들의 모임인 첫 번째 대륙회의(First Continental Congress)를 개회하면서 드린 기도로 잘 알려진 인물. 당시 참석한 대표자들에게 깊은 영향을 끼쳤다.

1월 10일 출간된 토머스 페인[1]Thomas Paine의 『상식Common Sense』이 같은 해 3월까지 무려 10만 부 이상 팔린 것은 그리 놀랄 일도 아니었다. [15] 이는 1985년의 인구비율로 치면 책 한 권이 800만 부나, 그것도 두 달 만에 팔렸다는 계산이 나온다. 1776년 3월 이후에는 더욱 놀랄 만한 수치가 드러나는데, 하워드 패스트[2]Howard Fast의 말을 들어보자. "실제로 얼마나 많이 찍어냈는지 아무도 모른다. 가장 보수적으로는 30만 부를 상회하는 수치로 보고 있고, 다른 편에서는 50만 부를 살짝 밑도는 정도로 추산한다. 당시 300만 인구에 40만 부라는 계산으로 보면 요사이 출간된 책 한 권이 2,400만 부는 팔려야 할 것이다." [16] 오늘날 미국에서 이처럼 집중적인 조명을 받을 수 있는 대중적 이벤트는 수퍼볼Superbowl밖에 없다.

　여기서 잠시 토머스 페인에 대해 살펴보는 것도 유용할 듯하다. 이 사람은 당시의 수준 높고 폭넓은 문자 해독 수준이 어떠했는지 보여 주는 잣대와 같이 중요한 의미를 지니기 때문이다. 특히 페인이 보잘것없는 출신임에도 불구하고, 마치 셰익스피어에게 그러했던 것처럼 그의 이름으로 발표된 작품이 진짜인지 아닌지 어떤 의문도 제기되지 않았다는 사실에 주목해 보고자 한다. 물론 우리가 셰익스피어보다는 페인의 삶에 대해 더 많이 아는 것은 사실이지만(그의 어릴적 생활에 대

---

1. 영국의 혁명가이자 지식인. 『상식(Common Sense)』은 6개월 뒤 미국의 독섭선언문이 나오는 데 결정적인 역할을 했다.
2. 20세기 중엽 미국의 소설가. 토머스 페인을 모델로 한 소설 『시민 톰 페인(Citizen Tom Paine)』을 쓰기도 했다.

해선 그렇지도 않지만), 페인이 셰익스피어보다 정규교육을 덜 받았으며, 미국에 도착하기 전에는 최하층 노동자 출신이었음도 엄연한 사실이다. 이같이 불리한 여건에서도 페인은 볼테르Voltaire, 루소Rousseau 그리고 에드먼드 버크[1]Edmund Burke를 비롯한 당대의 영국 철학자들 못지않게 명석하고 활발하게 정치철학과 논쟁술에 관한 글을 썼다.

하지만 영국의 빈민층 출신인데다가 학교교육도 받지 못한 사람이 어떻게 그처럼 놀랄 만한 글을 썼는지는 아무도 묻지 않았다. 때때로 페인의 적대세력이 그의 학력을 비꼬았지만(자신도 이 결함 때문에 열등감을 느꼈다), 평범한 사람이 그토록 뛰어난 글을 썼다는 사실에 대해선 아무도 의심하지 않았다.

또 하나 거론할 만한 가치가 있는 사실은, 가장 인기를 끌었던 페인의 책 원제목이 『한 영국인이 쓴 상식Common Sense, Written by an Englishman』이었다는 점이다. 여기서 '영국인이 쓴'이라는 부분이 중요한데, 앞서 언급했지만 미국인들은 식민지시대에 그다지 많은 책을 쓰지 않았기 때문이다. 벤자민 프랭클린은 이를 두고 당시 미국인들은 다른 일에 너무 바빴기 때문이라고 설명하려 했다. 그럴 수도 있겠다. 그러나 미국인들이 인쇄기를 돌리지 못할 정도로 바쁘지는 않았으며, 더구나 자신이 쓴 책을 인쇄 못할 정도는 아니었다.

미국 최초의 인쇄소는 하버드 대학이 설립된 지 2년째 되던 해인 1638년에 이 학교 부속기관으로 설립되었다. [17] 그로부터 얼마 되지

---

1. 영국의 정치인, 사상가. 보수주의의 예언자로 일컫기도 한다.

않아 영국 여왕의 아무런 제지 없이 필라델피아와 보스톤에 인쇄소가 세워졌는데, 당시 리버풀과 버밍햄을 비롯한 다른 영국 도시에는 인쇄소 설립이 금지되어 있었기 때문에 이는 이상스런 일이었다. [18] 초창기에는 주로 뉴스레터를 찍어낼 때 인쇄소를 이용했는데, 대부분 싸구려 종이를 사용했다. 미국의 문학발전이 지체된 이유가 사람들이 너무 부지런해서거나 영국 문학을 손쉽게 접할 수 있어서라기보다는 질 좋은 종이가 희귀해서라는 설명이 더 그럴듯해 보인다. 얼마나 종이가 귀했던지 독립전쟁 말기에 조지 워싱턴은 장군에게 보내는 서한을 볼품없는 쪽지에 쓸 수밖에 없었으며, 공문서를 봉투에 봉하지도 않았다. [19]

그러나 17세기 후반에 이르러 책 못지않게 미국문화를 활자 중심으로 기울도록 한 일종의 토종 인쇄물이 태동하고 있었다. 다름아닌 신문이다. 1690년 보스턴에서 벤자민 해리스Benjamin Harris라는 사람이 〈국내외 주요소식Public Occurrences Both Foreign and Domestic〉이라는 세 쪽짜리 종이로 된 초판을 발간했는데, 이는 미국인이 자기 손으로 처음 시도한 인쇄물이었다.

해리스는 미국으로 오기 전에 개신교도를 학살하고 런던을 불지르겠다는 가톨릭 교도들의 있지도 않은 음모를 '폭로'하는 주동자로 활동한 적이 있었다. 그가 런던에서 발행한 신문 〈국내통신Domestic Intelligence〉을 통해 '가톨릭의 음모[1]'를 폭로하여 가톨릭 교도들로부터

---

1. 원문의 'popish'는 가톨릭교도를 경멸적으로 일컫는 말이다.

무척이나 괴롭힘을 받았었다.[20] 거짓말에 관한 한 일가견이 있는 해리스는 〈국내외 주요소식〉 창간사에서, 신문은 보스턴에 예전부터 지금까지 만연해 있는 거짓 정신과 싸울 필요가 있다고 지적했다. 그는 창간사를 다음 문장으로 끝맺고 있다. "아무도 이러한 제안을 싫어하지 않겠지만, 악랄한 범죄자들은 죄책감을 느낄 것이다." 해리는 누가 자신의 제안을 꺼림칙하게 여길지 제대로 알고 있었다. 이 신문은 두 번째 호號를 세상에 내보내지 못했다. 정부와 의회는, 해리스가 비현실적인 견해를 지면으로 밝혔다며 압력을 행사했는데,[21] 이는 자신들의 사악한 계획에 대한 어떤 방해도 허용하지 않겠다는 의도를 보인 셈이었다. 따라서 구세계에선 이미 한 세기 전에 시작된 정보공개의 자유를 위한 투쟁이 신세계에서도 시작되었다.

좌절되긴 했지만 해리스의 시도로 인해 다른 신문 발행 움직임이 고취되었다. 예를 들면, 1704년 〈보스턴 뉴스레터Boston News-Letter〉가 발행되었는데, 이는 지속적으로 간행된 미국 최초의 신문으로 본다. 뒤이어 〈보스턴 가제트Boston Gazette〉(1719년 창간)와 〈뉴잉글랜드 쿠랑New-England Courant〉(1721년 창간)이 발간되었는데, 편집인 제임스 프랭클린은 벤자민 프랭클린의 형이었다. 1730년에 이르러 4군데 식민지에선 정기적으로 7개의 신문이 발행되었으며, 1800년 무렵에는 180개 이상이 생겨났다. 1770년 〈뉴욕 가제트NewYork Gazette〉는 아래와 같이 신문을 경축하는 글을 내보냈다.

이는 진실이다.

신문은 지식의 샘이며,(그간 대학의 역할에는 경의를 표한다)

이 시대 모든 대화의,

방방곡곡 보편적 원천임이.[22]

　18세기 말 새뮤얼 밀러[1]Samuel Miller 목사는 인구는 영국의 절반밖에 안 되는 미국이, 발간하는 신문의 수는 영국의 3분의2를 넘었다고 자랑했다.[23] 1976년 프랭클린 루즈벨트는 미국인들이 신문과 소책자 Pamphlet를 읽느라 책 읽을 틈이 거의 없음을 깨달았다.(미국인들이 시간을 내어 읽은 유일한 책은 노아 웹스터Noah Webster의 『미국 철자법 교본American Spelling Book』이었는데, 이 책은 1783년에서 1843년 사이에 2,400만 부가 팔렸다.)[24] 선전용 소책자에 대한 프랭클린의 언급은 지나칠 수 없는 대목이다. 식민지 전역에서 신문이 확산됨과 동시에 소책자와 광고전단지도 빠르게 퍼져나갔다. 알렉시스 드 토크빌[2]Alexix de Tocqueville은, 1835년 출간된 자신의 저서 『미국의 민주주의Democracy in America』에서 이 사실을 두고 다음과 같이 논평했다. "미국에서 정당은 상대방과 논쟁을 벌일 때 책을 쓰기보다는 선전용 소책자를 만드는데, 이 소책자는 하루 동안 믿을 수 없을 정도로 빠르게 유포되고는 효력을 다해버린다."[25] 또한 그는 신문과 소책자 모두에 해당하는 관찰 결과를 이렇게 언급했다. "소총과

----

1. 목사이자 작가로 『18세기의 간략한 회고(A Brief Retrospect of the Eighteenth Century)』라는 책이 당시 큰 갈채를 받았다.
2. 프랑스의 정치학자·역사가·정치가. 19세기 초의 미국 정치·사회제도에 대한 예리한 분석서인 『미국의 민주주의(De la démocratie en Amerigue)』의 저자로 잘 알려져 있다. 존 스튜어트 밀에게 큰 영향을 주었다.

같은 개인화기의 발명은 전쟁터에서 귀족과 노예를 동등하게 만들었다. 인쇄술은 모든 계층의 마음속에서 동일한 관념을 끄집어냈다. 그리고 우편은 농가의 문간이나 저택의 대문을 가리지 않고 똑같이 지식을 전달했다."[26]

토크빌이 미국을 관찰하고 있었을 당시 인쇄술은 이미 나라 전역으로 퍼져 있었다. 남부는 북부에 비해 학교 설립뿐 아니라(거의 대부분은 공립이 아닌 사립학교였다) 인쇄기를 사용하는 데 있어서도 뒤처져 있었다. 버지니아에서는 1736년 〈버지니아 가제트Virginia Gazette〉가 최초로 발간되기 전까지 제대로 된 신문이 없을 정도였다. 그러나 18세기 말에 가면, 인쇄물을 통한 사고방식의 이동이 상대적으로 빨라지면서 전국적인 의사소통이라고 할 만한 것이 출현했다. 예를 들면, 알렉산더 해밀턴[1]Alexander Hamilton과 제임스 매디슨[2]James Madison이 쓴 85편의 에세이(실제로는 발행인의 이름으로 나간)를 내보낸 〈연방당원 뉴스 Federalist Papers〉는 1787년과 1788년에는 본래 뉴욕 지역의 한 신문으로 등장했지만, 북부뿐 아니라 남부 대부분 지역에서도 폭넓게 읽혔다.

19세기에 들어서면서 미국 전역에 완전한 인쇄기반 문화가 자리잡는다. 1825년에서 1850년 사이에 회원제 대출 도서관의 수는 세 배로 뛰었다.[27] 문자해득에 대한 열망으로, 노동자 계층을 위한 도서관

1. 미국의 법률가이자 정치인·재정가·정치사상가. 미국의 '건국의 아버지(Founding Fathers)' 중 한 명으로 뽑히며, 1787년 미국 헌법의 제정에 공헌했다.
2. 미국의 제4대(1809~1817년) 대통령을 지냈으며, 미국에서 가장 영향력 있는 건국의 아버지(Founding Fathers) 중 한 사람이다. 헌법의 주 저자이며 헌법의 아버지로 불린다.

인 이른바 '기능공과 도제를 위한 도서관' 또한 문을 열었다. 1829년 뉴욕도제도서관은 1만 권의 장서를 보유했으며, 1,600명의 견습공들이 책을 빌려봤다. 1857년에 이르러는 이 도서관 이용자 수가 75만 명을 헤아렸다. [28] 1851년에는 의회가 우편이용료를 내린 데 힘입어 신문, 정기간행물, 주일학교 소책자 그리고 값싼 장정의 책이 넘치게 쏟아져나왔다.

1836년과 1890년 사이에는 1억700만 부에 달하는『맥거피 리더' McGuffy Reader』가 학교에 배포되었다. [29] 그리고 소설 읽기를 바람직한 시간 활용으로 여기지는 않았지만 미국인들은 소설에 몰두했다. 1814년에서 1832년 사이에 출간된 월터 스콧[2]Walter Scott의 소설에 대해 새뮤얼 굿리치[3]Samuel Goodrich는 이렇게 기술했다. *"그의 펜 끝에서 새로운 소설이 나올 때마다 미국에서는 나폴레옹의 전투보다도 훨씬 더 큰 소동이 일어났다. … 모두가 그의 작품을 읽었다. 품위 있는 사람이나 평범한 사람이나."* [30] 출판업자들은 베스트셀러가 될 만한 책을 찾는 데 혈안이었기에, 때때로 입항하는 배에 전령을 급파하여 한나절 만에 불워[4]Bulwer나 디킨즈Dickens의 최신 소설을 조판에서 인쇄, 표지 제본까지 해치우기도 했다. [31] 당시에는 국제적인 저작권법이 없었기에 해적판

---

1. 당시 학생들을 대상으로 한 읽기·쓰기 교과서. 최근까지도 홈스쿨링 등 용도로 사용되고 있다.
2. 19세기 초 영국의 역사소설가.『최후의 음유 시인의 노래』『마미온』『호수의 여인』의 3대 서사시로 유명하다.
3. 작가이자 출판업자로 신문과 시작(詩作)에 큰 영향을 끼친 호손이나 롱펠로우 등의 미국초기 문학작품을 수록한『상징(The Token)』을 펴냈다.
4. 에드워드 불워 리턴(Edward Bulwer-Lytton). 19세기 영국의 문학가로『폼페이 최후의 날』로 잘 알려져 있다.

이 넘쳐났으며, 이를 삐딱하게 보는 작가들은 불만이 많았지만 일반 대중들은 별 말이 없었다.

1842년 찰스 디킨즈Charles Dickens가 미국을 찾았을 때, 그가 받은 환대는 요사이 텔레비전 스타나 미식축구 공격수 또는 마이클 잭슨에게 과도하게 열광하는 모습과 똑같았다. *"나에 대한 환영은 상상을 초월했다고밖에 자네에게 말할 수 없네."* 디킨즈는 한 친구에게 쓴 편지에서 이렇게 밝히고 있다. *"지구상에 그 어떤 왕이나 황제도 군중들에게 그토록 갈채와 추앙을 받지 못했을 걸세. 화려한 무도회와 저녁 만찬에 초대받았으며, 모든 종류의 공공기관에서 접대를 받았고… 내가 마차를 타고 나가면 군중들이 나를 에워싼 채 집까지 호위했으며, 극장에 가면 모든 관객이 일제히 기립하고 종이 다시 울렸네."* [32] 본토박이 여류작가인 해리엇 비처 스토Harriet Beecher Stowe는 디킨즈만큼 열광적인 갈채를 받지는 못했다.(물론, 남부에서는 군중들이 그녀가 탄 마차를 에워싸기는 했지만 집까지 호위해 주려는 의도는 아니었다.) 그녀의 『톰 아저씨의 오두막 Uncle Tom's Cabin』은 발간 첫 해에 30만5,000부가 팔렸는데, 요즘으로 치면 400만 부와 맞먹는 수치다.

미국인들이 인쇄물에 몰두하는 모습을 인상 깊게 느낀 외국인이 알렉시스 드 토크빌만은 아니었다. 19세기 내내 상당수의 영국인들이 식민지의 변화상을 직접 눈으로 확인하고자 미국을 찾았다. 그들은 모두 높은 수준의 교양과 특히 계층간 구분 없이 문자문화가 확산된 사실에 충격을 받았다. [33] 게다가 그들은 도처에 강당이 있다는 사실에 깜짝 놀랐는데, 거기서는 강연회와 같은 구연口演 활동을 통해 끊임없이 인쇄 전통의 약점을 보강하고 있었다. 이들 강당의 상당수는 성인교육의 일환으로 생긴 라이시엄 운동[1]Lyceum Movement의 결실이었다. 뉴잉글랜드 농부인 조시아 홀브룩Josiah Holbrook이 주도하고 힘쓴 라이시엄 운동은 지식의 확산, 공립학교의 설립 촉진, 도서관 신설, 그리고 특히 강당을 세우는 일에 목표를 두었다. 1835년에는 라이시엄(문화회관)이 15개 주에 걸쳐 3,000여 군데나 이를 정도였다. [34] 이들 대부분은 앨러게이니 산맥[2]Alleghenies의 동쪽 지역에 자리잡았지만, 1840년에 이르러는 아이오와나 미네소타와 같이 서쪽으로 멀리 떨어진, 개척지와 미개척지의 접경지역 끝에서도 볼 수 있었다.

미국 전역을 집중적으로 여행했던 영국인 알프레드 번[3]Alfred Bunn은 1853년에 *"사실상 모든 마을마다 강당이 있었다"* [35]고 기록했다. 또한 그는 이렇게 덧붙였다. *"놀랄 만한 일이다. … 젊은 노동자, 과로한 직공, 녹초가 된 여공들이 하루의 수고를 뒤로 하고 빽빽한 강당의 열기 속으로 달려 들어가는 현상을 목격하게 될 줄이야…"* [36] 당시에 알프레드 번의 고향친구인 J.F.W. 존스턴은 스미소니언 협회Smithsonian Institution에서 열린 강연에 참석하고서는, "강당이 1,200명 내지 1,500명의 청중들로 발 디딜 틈이 없었음을 깨달았다"[37]고 했다. 이러한 청중들이 만

---

1. 미국 북동부와 중서부에서 시작된 조직적인 성인교육의 한 형태. 아리스토텔레스가 고대 그리스의 젊은이들을 가르친 장소의 이름을 본땄다. 각 지역의 강당(문화회관)에서 당대 유명한 에머슨이나 호손과 같은 작가를 초청하여 강연을 듣기도 했다.
2. 미국 동쪽 아팔래치아 산맥의 일부로 동해안에 걸친 산맥을 가리킴.
3. 영국인으로 연극 극장을 운영했다. 글재주도 뛰어나 많은 희곡을 직접 번역하기도 했다.

날 수 있었던 강연자 중에는 헨리 워드 비처[1]Henry Ward Beecher, 호레이스 그릴리[2]Horace Greeley, 루이스 애거시즈[3]Louis Agassiz, 그리고 랄프 왈도 에머슨Ralph Waldo Emerson(그의 1회 강연료는 50달러였다)과 같은 당대 뛰어난 지식인, 작가, 해학가(이들은 또한 작가이기도 했다) 등이 있었다. [38]

마크 트웨인은 자신의 자서전에서 라이시엄의 순회강연에 강연자로 나섰던 경험을 기술하는 데 두 장章을 할애했다. "나는 1866년 캘리포니아 주와 네바다 주에서 강연자로 나서기 시작했다. 뉴욕에서는 한 번, 미시시피 밸리에선 몇 차례 했다. 1868년에는 서부 전역을 순회했으며, 두 번째나 세 번째 해에는 동부지역 순회를 여정에 추가했다." [39] 에머슨은 확실히 강연료를 적게 받은 셈이었는데, 마크 트웨인이 외곽지역에서는 250달러 정도를, 도시지역에서는 400달러 정도를 강연료로 받았다고 말한 것을 보면 그렇다.(이는 오늘날로 따지면 은퇴한 텔레비전 뉴스 진행자의 1회 강연료와 맞먹는 수준이다.)

이 모든 사례를 통해 이끌고자 하는 핵심은 이민자가 첫 발을 내딛기 시작한 때부터 19세기까지, 미국은 우리가 알고 있는 어느 사회 못지않게 인쇄된 글과 이에 바탕을 둔 수사법(글재주)이 지배하던 사회였다는 사실이다. 그리고 개신교 전통에 의한 영향은 일부에 불과했을 뿐이다.

---

1. 교파로부터 자유로운 집합교회의 성직자로 사회개혁 및 노예폐지론을 주장했으며 뛰어난 연설가였다.
2. 19세기 중반 미국에서 가장 영향력 있는 신문인 〈뉴욕 트리뷴〉을 창간해 편집인으로 활동했으며, 공화당의 대통령 후보로도 나선 적이 있다.
3. 화석 어류, 인종 유형학 연구에서 큰 공적을 남겼던 스위스 출신의 생물학자.

리처드 호프스타터[1]Richard Hofstadter가 일깨워주었듯이 미국이란 나라는 지성인들에 의해 세워졌는데, 이는 근대국가의 역사에선 좀처럼 볼 수 없는 현상이었다. 그는 이렇게 기술했다. *"건국의 아버지들은 현인, 과학자, 그리고 폭넓은 교양을 지닌 사람들이었으며, 그들 중 상당수는 고전적인 가르침에 익숙해 있었기에 역사와 정치 그리고 법률에 관한 폭넓은 독서경험으로 당시의 긴급한 문제들을 처리해 나갔다."* [40] 이러한 사람들에 의해 형성된 사회는 쉽게 거꾸로 가지 않는다. 나아가 미국은 지성인들에 의해 세워졌으나, 이를 원상태(비지성적 상태)로 되돌리는 데 그로부터 200년이라는 시간과 한 차례의 의사소통 혁명(TV)이 필요했다고 말할 수도 있다. 호프스타터는 '원상태'로 가려는 우리의 노력, 말하자면 미국인의 공공생활 속의 반지성적 경향에 대해 설득력 있게 주장해 왔지만, 자신의 논점이 전체적인 모습을 왜곡시킨다는 사실도 인정했다. 이는 마치 미국 기업활동의 역사를 다룬다면서 파산의 역사를 집중적으로 기록한다는 것과 다름없었다. [41]

공공담론의 현장마다 인쇄된 글의 영향력은 집요하고도 강력했다. 이는 인쇄물의 양이 많아서라기보다는 의사소통의 수단으로서 인쇄문화가 독점적이었기 때문이었다. 이러한 관점은 비중있게 다뤄지지 못했는데, 그때와 지금의 매체환경 사이에 엄청난 차이가 있다는 점을 인정하기 꺼리는 사람들에게는 특히 그렇다. 예를 들면, 사람들은

---

1. 미국의 역사가로 콜럼비아 대학교 교수를 지냈다. 20세기 중반 당대의 뛰어난 지성으로 인정받았으며, 주요 저서로 『미국의 정치전통(The American Political Tradition)』과 『개혁의 시대(The Age of Reform)』가 있다.

예전보다 접할 수 있는 인쇄물이 더 많아졌다는 소리를 곧잘 하는데, 이는 물론 의심할 바 없는 사실이다. 그러나 17세기에서 19세기 말까지는 인쇄물이란 것이 사실상 사람들이 접할 수 있는 매체의 전부였다. 당시에는 볼 영화도, 들을 라디오도, 바라볼 사진전도, 틀어볼 음반도 없었다. 텔레비전도 물론 없었다.

공적인 사업활동은 인쇄라는 경로를 통해서만 드러났기에, 인쇄는 모든 담론의 모델이자 메타포와 표준이 되었다. 특히, 인쇄된 설명문 조의 글에서 느낄 수 있는, 전후관계가 분명한 논리적 사고를 유발시키는 공명은 어디서든지 감지할 수 있었다. 예를 들면, 사람들이 말하는 방법에서도 알아챌 수 있었다. 토크빌은 이 점에 관해 그의 저서 『미국의 민주주의』에서 이렇게 언급했다. "미국인은 대화는 못해도 토론은 잘 하는데, 이들의 발언은 결국 논설로 끝난다. 이들은 마치 회의에서 발언하듯 상대방에게 말한다. 그리고 토론이 달아올랐다 싶으면 말하고 있는 상대방을 향해 '신사양반' 하고 말할 것이다." [42]

이 특이한 관행은 한 미국인의 완고한 모습이라기보다는 이들의 대화형식이 인쇄된 글의 구조를 따르고 있음을 드러낸다. 인쇄된 글은 사적이지도 않고 보이지 않는 대상에게 전달되기에, 토크빌이 여기서 설명하고 있는 것은 일종의 인쇄된 구어口語로, 이러한 현상은 말로 주고받는 담론oral discourse의 여러 형태를 보면 확인할 수 있다. 예를 들면, 단 위에서의 설교는 연설문의 형태로 "창조주와 창조주의 섭리를 통해 인간에게 드러난 신적 속성을 대체로 감흥 있게 차분히 하나하나 짚어가면서" [43] 객관적인 어조로 장엄하게 전달한다. 심지어 대각성운동[1]The Great Awakening(감정을 배제하고 이성으로 파헤치는 이신론[2]理神論, Deism에 도전했던 부흥운동)이 도래했던 때에도, 그 운동을 이끄는 매우 감정적인 설교자들조차 쉽게 지면에 옮길 수 있는 표현방식을 사용했다. 이들 중 지도자로서 가장 매력있는 인물은 조지 휫필드George Whitefield 목사였는데, 그는 1739년부터 미국 전역을 돌며 수많은 군중을 상대로 설교했다. 필라델피아에서 그는 1만 명의 청중들을 상대로 설교했는데, 예수 그리스도를 받아들이기를 거절한다면 영원한 지옥불에 떨어질 것임을 확신시켜 청중들을 각성시켰다. 벤자민 프랭클린은 휫필드의 집회 모습을 목격한 후 그의 설교를 출판하겠다고 제안했다. 머지 않아 휫필드의 글과 설교는 필라델피아에 있는 벤자민 프랭클린이 맡아 출판하게 되었다.[44]

하지만 분명히 말하자면, 인쇄가 그저 공공담론의 형태에만 영향을 끼쳤다는 의미는 아니다. 매체의 형식이 내용물content의 본질을 규정한다는 발전된 개념에 연관시키지 못한다면 별 소용이 없다. 이러한 견해를 두고 자신이 보기에 지나치게 '맥루한 적'이라고 확신할지도 모르는 독자들을 위해, 칼 막스Karl Marx의 『독일 이념German Ideology』을 제시하겠다. 그는 이러한 수사적인 질문을 던졌다. "호머의 일리아드가 가능했을까? 당시에 인쇄술과 나아가 인쇄기가 있었다면? 인쇄술의

1. 1720~1740년대 일어난 기독교 신앙부흥운동으로, 무미건조한 이성주의와 예배의식에 집착한 형식주의에 도전한 기독교 복음의 회복운동을 말한다.
2. 또는 자연신론이라고도 한다. 당시 인간의 이성이 이 세상을 살아가는 데 있어서 최고의 능력이자 권위라고 인정하는 가치관에 따라, 하나님의 존재에 대해서도 성경의 계시를 따라 설명하는 것이 아니라 인간의 이성을 가지고 설명하려 한 이론.

등장과 함께 노래와 이야기와 명상은 그칠 수밖에 없지 않은가? 이는 서사시가 존재할 수 있는 터전이 사라져버리는 것이 아닌가?" [45] 그는 인쇄술이 단지 기계가 아니라, 특정한 종류의 내용을 배재하거나 강요하고, 이로 인해 당연히 특정한 종류의 수용자까지 그렇게 만드는, 담론이 소통되는 구조라고 이해했다. 그러나 그는 스스로 이 문제를 전적으로 파고들지 않았으며, 다른 사람이 그 의무를 떠맡았다. 나 또한 나름의 방식으로 이 문제(진지하고 이성적인 공적 의사소통을 만들어내는 데 인쇄술이 어떻게 메타포와 인식론으로 작용했는지, 그리고 우리가 지금 그곳으로부터 얼마나 극적으로 떨어져 있는지를 탐구하는 일)에 매진해야 하리라.

04
인쇄문화, 인쇄정신

1858년 8월 21일 일리노이 주 오타와에선 에이브러햄 링컨과 스테판 더글러스[1] Stephen A. Douglas가 벌였던 유명한 일곱 차례 토론회 중 첫 토론이 있었다. 더글러스가 먼저 1시간 동안 연설한 뒤 링컨이 1시간 반 동안 반론하고 이어서 다시 더글러스가 30분간 반론하기로 합의했다. 이 토론회는 전에 두 사람이 익히 해왔던 토론에 비하면 상당이 짧은 편이었다. 두 사람은 전에도 몇차례 맞붙은 적이 있는데, 그때마다 교전交戰은 훨씬 길고 진이 빠질 정도였다. 예를 들면, 1854년 1월 16일 일리노이 주 페오리아Peoria에서는 더글러스가 3시간 동안 의견

---

1. 링컨의 정치적 라이벌로 일리노이 주 상원의원을 지냈으며, 자신은 노예를 한 번도 거느리지 않았으나 다른 사람과 다른 주의 노예를 인정하여 남북간의 경쟁을 유발시켜 철도건설을 추진한 팽창주의자.

을 밝히고 나서 링컨이 반론하기로 합의했었다. 링컨 차례가 되자 그는 청중들에게 벌써 오후 5시가 다 되었는데 자신도 더글러스만큼 말할 시간이 필요할 뿐 아니라 그 후에 더글러스의 반론까지 남아 있다고 일깨워주었다. 그래서 링컨은 청중들에게 집에 가서 저녁을 먹고 잠시 휴식을 취한 뒤에, 다시 와서 4시간 동안 토론을 지켜보는 게 어떻겠냐고 제안했다.[11] 청중들은 흔쾌히 동의했으며 상황은 링컨의 생각대로 진행되었다.

도대체 이런 청중들은 어떤 사람들일까? 무려 7시간 동안 이어지는 토론에도 순순히 응할 수 있는 사람들이 어디 있을까? 내친 김에 확실히 할 게 있는데, 당시 링컨과 더글러스는 대통령 후보도 아니었고 페오리아에서 맞닥뜨렸을 때에도 두 사람 모두 연방 상원의원 후보조차도 아니었다는 사실이다. 그러나 청중들은 두 사람의 공적 지위에 그다지 개의치 않았다. 당시 사람들은 정치토론에 참석하는 것이야말로 기본적인 정치적 소양이라 여겼고 사회생활의 일부로 받아들였으며 장시간의 연설이나 토론에 매우 익숙했었다.

보통 주州나 지방의 순회강연에는 여러 명의 연사가 등장하는데, 대부분 연사마다 3시간 정도 발표시간을 할애받는 것이 전형적인 일정이었다. 그리고 발표자는 답변하지 않고는 퇴장할 수 없는 관례가 있었기에 상대방에게도 똑같은 시간이 배정되었다.(발표자가 항상 남성은 아니었다고 한다. 스프링필드에서 며칠간 계속된 한 행사에서는 "매일 저녁 한 여성이 법정에서 '이 시대 위대한 진보적 운동에 있어서 여성의 역할'에 대해 강의했었다."[12])

더구나 이들은 청중을 끌어모으기 위한 바자회나 특별한 행사 때문에 모여든 것도 아니었다. '그루터기' 정치연설의 관행은 일상과 다름없이 이어져왔는데, 특히 서부지역에서 그러했다. 베어버린 나무 그루터기나 그와 비슷하게 트인 공간에서 청중들을 모은 후, 연설자가 "그루터기에 앉으세요" 하고는 두세 시간 연설을 진행한다. 청중들은 대체로 예의 바르게 귀를 기울이기는 했어도, 그렇다고 말이 없거나 무감각하지는 않았다. 예를 들면, 링컨과 더글러스의 토론 내내 사람들은 연사를 격려하는 소리를 지르거나("말해, 에이브!") 비웃는 말을 내뱉었다("답해봐, 할 수 있으면"). 익살맞거나 멋진 말을 할 때 그리고 정곡을 찌를 때는 갈채도 몇 번이고 터져나왔다. 오타와에서 있었던 첫 번째 토론에서 더글러스는 청중들이 긴 박수갈채를 보내자 비범하고 의미심장한 한마디를 던졌다. "*여러분, 제게는 이러한 문제를 토론하는 데 박수갈채보다는 침묵이 바람직할 것입니다. 저는 여러분의 판단, 여러분의 이해 그리고 여러분의 양심에 호소하고자 하는 것이지, 여러분의 열정이나 열광에는 아닙니다.*" [3] 당시 청중들의 양심이나 판단력에 대해서는 제대로 언급하기 어렵다. 그러나 당시 청중들의 이해력에 대해서라면, 상당했으리라고 짐작하고도 남는다.

그 중 한 가지는, 당시 청중들의 집중력은 지금의 기준으로 볼 때 확실히 비상할 정도로 뛰어났다는 사실이다. 오늘날 미국에서 7시간 동안 토론을 견딜 만한 청중들이 어디 있겠는가? 5시간, 아니 3시간만이라도 가능하겠는가? 게다가 아무런 그림이나 볼거리도 없는 상태에서? 두 번째로, 이 청중들은 길고 복잡한 문장을 듣고 이해할 만한 비범한 능력을 지녔음이 분명하다. 오타와에서 더글러스는 1시간 동안 연설할 때, 노예제도 폐지에 관해 장문의 법률 용어로 쓰여진 결의문을 3개씩이나 읽었다. 답변에서 링컨은 전에 유사한 경우에 뽑아둔 연설기록에서 인용한 훨씬 더 긴 문장을 읽었다. 링컨은 간소한 생활태도로 유명했지만, 토론회에서 그의 문장구조는 복잡하고 미묘했으며 더글러스도 매한가지였다. 일리노이 주 프리포트Freeport에서 열린 두 번째 토론회에서, 링컨은 일어나서 더글러스에게 다음의 말로 답변했다.

더글러스 판사처럼 유능하신 분께서 한 시간 반 동안 말씀하신 내용을, 제가 30분 만에는 모두 다루지 못하는 일이 얼마든지 있을 것입니다. 따라서 더글러스 판사께서 언급하신 것 중에서, 저로부터 무엇인가 듣기를 기대하셨는데 제가 빠뜨린 부분이 있다면, 제가 그분의 모든 견해를 다루기는 불가능하다는 점을 염두에 두시기 바랍니다. [4]

오늘날 백악관의 주인이 비슷한 상황에서 이런 식의 말을 생각해 낼 수 있으리라고는 상상하기 어렵다. 그렇게 한다면 청중들의 이해나 집중력에 부담을 주는 위험을 자초해야 할 터이다. 텔레비전 문화에 익숙한 사람들은 청각적으로나 시각적으로 '평이한 언어'를 필요로 하는데, 심지어 어떤 상황에서는 이를 법적 규제로까지 요구할 것이다. 아마도 1985년의 청중들은 링컨의 게티스버그 연설을 거의 이해하지 못했으리라.

링컨-더글러스 토론회의 청중들은 복잡한 정치적 사안이나 역사적 사건에 관한 지식이나 쟁점을 제대로 파악하고 있었음이 분명하다. 오타와 토론회에서 더글러스는 링컨에게 7가지 질의를 던졌는데, 이 모두는 청중들이 드레드 스콧 판결[1]Dred Scott Dicision, 더글러스와 부캐넌 대통령과의 불화, 일부 민주당원들의 이반, 노예 폐지론자의 입장, 쿠퍼 유니온Cooper Union에서 행한 링컨의 유명한 '분열된 집[2]House Divided' 연설에 관해 정통하지 않았다면 질문 자체가 무의미했었다. 나아가 링컨은 뒤이은 토론에서 더글러스의 질문에 답하며, 자신이 정치적으로 신봉하는 가치와 지지하기로 '공약'했는지 여부에 미묘한 차이를 두고 언급했는데, 이는 청중들이 논쟁의 핵심을 파악하고 있으리라고 전제하지 않는 이상, 링컨이 감히 시도할 수 없었을 표현이었다. 끝으로, 두 사람 모두 소박한 토론식 언어(이름 부르기나 지나친 일반화)를 논쟁무기로 활용하는 동안에도 더욱 복잡한 언어적 기교(풍자, 반어법, 역설, 정교한 비유, 선명한 구분과 모순 드러내기)를 시종일관 남발했는데, 청중들이 이러한 표현방식에 정통해 있지 않았다면 그 어떤 것도 각각의 논점보다 앞세울 수 없었을 것이다.

그러나 이런 1858년의 청중들을 지성인의 모범이라고 느끼는 것

---

1. 당시 북쪽은 노예제를 금지한 자유주, 남쪽은 노예제를 허용하는 노예주로 나뉘어 있는 상황에서, 자유주에서 12년간 살다가 노예주로 들어온 드레드 스콧이라는 흑인이 법원을 상대로 자유인 신분을 요구하는 소송을 제기한 데 대해 법원이 흑인은 미국시민이 아니기 때문에 소송을 제기할 자격이 없다는 패소판결을 내린 사건을 뜻한다. 이 판결은 미국역사상 가장 수치스런 판결로 남았으며, 남북전쟁의 불씨가 되었다.
2. 링컨이 상원위원 선거에 나서서 분열된 집은 살아남을 수 없다는 취지로 당시 노예제도로 대립하던 미국인들의 단합을 호소했던 연설.

은 옳지 않을 듯하다. 링컨과 더글러스의 토론은 모두 축제와 같은 분위기에서 열렸다. 밴드가 연주되었고(토론중에는 그쳤지만), 행상은 물건을 팔고 다녔으며, 아이들이 까불었고, 술도 마실 수 있었다. 이같은 모습도 토론이나 연설 못지않은 중요한 사회적 행사였으나, 그렇다고 이로 인해 토론이 가벼워지지는 않았다. 앞에서 지적했듯이, 이들 청중들이야말로 지적 삶과 공적 관심사를 자신들의 사회적 세계에 완벽하게 통합시킨 사람들이었다. 윈드롭 허드슨Winthrop Hudson이 꼬집었듯이, 감리교도들은 야외 전도집회조차도 소풍을 겸해 정치토론을 들을 수 있는 기회로 엮어냈다.[5] 본래 종교적인 감화를 불러일으키기 위해 세운 대부분의 야외집회장(뉴욕 주의 셔토쿠어[1]Chautauqua, 뉴저지 주의 오션 그로브[2]Ocean Grove, 미시건 주의 베이뷰[3]Bayview, 노스캐롤라이나 주의 쥬날루스카[4]Junaluska)은 마침내 전문적인 행사장으로 바뀌어, 교육적이고 지적 (학습)기능을 제공하게 되었다. 바꿔 말하면, 언어를 이용해 복잡한 논쟁을 하는 일은 중요할 뿐만 아니라 유쾌하면서도 거의 모든 공적 활동에 있어서 공통적인 담론형식이었다.

링컨과 더글러스의 흔치 않은 언어표현을 들어준 청중들을 이해하려면, 이들이 계몽주의(미국판)의 자손이었음을 잊지 말아야 한다.

---

1. 뉴욕 주 남서부에 위치한 셔토쿠어 호숫가 마을을 뜻하나, 여기서 시작되어 대중적인 성인 교육운동으로 발전한 시민교육 집회인 셔토쿠어 운동(Chautauqua Movement)을 뜻하기도 한다.
2. 남북전쟁 이후 뉴저지 해변에서 여름 전도집회가 대규모로 열리면서 많은 인구가 몰려들어 대중적인 장소로 성장하기 시작했으며, 지금도 복음 전도집회 장소로 남아 있다.
3. 셔토쿠어 운동의 일환으로 형성된 지역이며, 미시건 주의 종교적인 휴양마을을 가리킨다.
4. 세계 감리교 본부가 위치한 곳으로 Lake Junaluska 지역을 뜻하며, 매년 이곳에서 종교집회와 행사가 열린다.

그들은 헨리 스틸 코메이저[1]Henry Steele Comager가 '이성의 제국'이라고 부른, 18세기 미국의 계승자인 프랭클린, 제퍼슨, 매디슨과 톰 페인의 후예였다. 물론 이들 중에는 개척민도 있었고, 몇몇은 겨우 글을 읽고 쓸 줄 알았을 뿐이고 영어에 익숙하지 못했던 점도 사실이다. 게다가 1985년 무렵에는 사진과 전신이 이성의 제국의 종말을 재촉할 수도 있는 새로운 인식론의 정찰대로 등장하기도 했다. 그러나 이 새로운 인식론은 20세기 들어서기까지는 분명하게 드러나지 않았다. 링컨-더글러스의 토론 당시 미국은 최고의 문학작품이 쏟아져나와 최고조에 달해 있을 때였다. 1858년 당시 에드윈 마크햄Edwin Markham은 6세, 마크 트웨인Mark Twain은 23세, 에밀리 디킨슨Emily Dickonson은 28세였으며, 휘트먼Whitman과 제임스 러셀 로웰James Russell Lowell은 39세였다. 소로우Thoreau는 41세, 멜빌Melville은 45세, 휘티어Whitter와 롱펠로우Longfellow는 51세였으며, 호손Hawthorne과 에머슨Emerson은 각각 54세와 55세였고, 포우Poe는 9년 전 세상을 떠났다.

링컨-더글러스 논쟁을 이 장의 출발점으로 삼은 이유는, 이들이 19세기 중반 정치담론의 걸출한 사례였을 뿐 아니라 그러한 담론 형식을 좌우하는 인쇄문화의 힘을 눈으로 보듯 설명해 주기 때문이기도 하다. 연사와 청중들 모두 마치 글로 묘사하듯 연설하는 방식에 익숙해 있었다. 행사장은 와자지껄하고 이웃과의 친분을 나누는 분위

---

1. 미국의 저명한 역사가이자 미 헌법의 수호자로 평가받는 인물. 40권으로 된 미국역사(The Rise of the American Nation) 시리즈를 출간했다.

기로 가득차 있었어도, 연사는 언어 외에는 내놓을 게 마땅히 없었고, 청중들도 언어 외에는 기대할 게 거의 없었다. 그리고 그 언어는 쓰여진 말과 같은 형태로 깔끔하게 다듬어 전달되었다. 링컨과 더글러스의 연설내용을 읽어본 사람이라면 이런 점을 명백하게 알 수 있다. 실제로 토론은 더글러스의 다음과 같은 인사말로 시작하는데, 이는 뒤이을 연설의 전반적인 특징을 잘 나타내고 있다.

> 신사 숙녀 여러분, 저는 최근 세간의 이목을 집중시키는 주요 정치적 사안에 대해 토의할 목적으로 여러분 앞에 나섰습니다. 저는 링컨 씨와 합의한 바에 따라, 주와 연방의 두 위대한 정당을 대표해서 두 정당간에 쟁점이 되고 있는 원칙에 관해 합동토론회를 갖기 위해 오늘 이 자리에 참석했습니다. 아울러 이처럼 엄청난 군중이 모였다는 사실은 우리를 갈라놓고 있는 문제에 관하여 대중 속에 널리 퍼져 있는 깊은 관심사를 보여주고 있습니다.[6]

이건 말이 아니라 순전히 인쇄된 글이다. 큰소리로 말해야 하는 경우라 할지라도 눈에 띄지 않을 수 없을 정도다. 그리고 청중들이 귀를 통해 이를 알아들을 수 있었다는 점은 단지 인쇄된 글만으로는 더이상 공명共鳴하지 않는 (요즘과 같은) 문화권의 사람들에게는 놀라울 따름이다. 링컨과 더글러스는 모든 연설내용을 사전에 글로 써서 준비했을 뿐 아니라 예상 반론도 미리 글로 작성해 두었다. 심지어 서로 우발적인 대화를 주고받을 때조차도 이들은 글쓰는 형식을 본딴 문장

구조, 길이, 기교를 이용해 의사를 표현했다.

물론, 두 사람의 토론에서 구어소통의 요소를 발견할 수 있기는 하다. 즉, 두 연사 중 누구도 청중들의 정서에 무관심하지는 않았다. 그럼에도 불구하고 인쇄문화로 인한 공명은 항상 존재했다. 논증과 반증, 주장과 반박이 있었으며, 관련 주제에 대해 상대방이 전에 말한 문장을 두고 조목조목 짚어내는 비평도 상존했다. 간단히 말해, 링컨-더글러스 토론은 인쇄된 페이지에서 고스란히 따다 옮긴 설명문과 같다고 평할 수도 있다. 더글러스가 청중들을 향해 질책한 의미도 바로 그것이었다. 그는 자신의 호소는 이해의 대상이지 흥분의 방편은 아니라고 주장했는데, 이는 마치 청중들은 침묵속에서 깊은 생각에 잠기는 독서가이며, 자신의 연설은 곰곰이 생각하며 읽어야 할 문장이라고 하는 듯하다.

이를 통해 우리는 몇가지 질문을 끌어낼 수 있다. 글로 쓰여지거나 인쇄된 메타포를 통해 드러난 공공담론이 함축하는 것은 과연 무엇인가? 드러난 그 내용은 어떤 특성을 갖는가? 또 대중들에게는 무엇을 요구하는가? 사람들로 하여금 어떤 식의 사고思考 활동을 선호하게 만드는가?

쓰여진 글이든 연설이든 '내용content'을 근거로 하고 있는데, 이 '내용'이란 것은 의미를 내포하고 있고, 바꿔 말할 수도 있으며, 옮길 수도 있다는 명백한 사실을 짚어가면서 하나씩 시작해 보도록 하자. 이 말이 이상하게 들릴지 모르겠지만, 나는 곧이어 오늘날 대부분의 담론이 극히 제한적인 내용만을 담고 있다는 사실을 충분히 논증할 예정이기에 여기에서 그 점을 강조할 필요가 있다. 언어가 주된 의사소통 매체인 때 (특히 인쇄의 엄격함이 언어를 통제하는 시기에는) 어떤 사상, 사실, 주장 등은 (인쇄의 엄격함으로 인한) 논리적으로 필연적인 결과일 뿐이다. 사상은 진부하고 사실은 현실성이 없으며 주장은 허위지만, (인쇄된) 언어가 사람의 생각을 유도하는 도구이기에 탈출구가 없다. 때때로 어떤 사람은 이에 도달하기도 하지만, 영어로 쓰여진 문장을 사용하면서도 아무 말도 전하지 않기란 매우 힘들다. 이럴진대 '설명'이라는 게 과연 쓸 데가 있겠는가? 글은 의미를 전달하는 기능 외에는 별 쓰임새가 없다. 글자 모양도 특별히 흥미를 갖고 볼 만한 게 없다. 심지어 문장을 읽는 소리조차도, 놀라운 시적 재능을 가진 사람이 지은 경우 외에는 거의 주의를 끌지 못한다. 만약 문장이 어떤 사실이나 요청, 질문, 주장, 설명 등을 외부에 드러내지 않는다면, 이는 무의미하고 그저 문법적인 껍데기에 불과할 뿐이다. 결론적으로, 18세기와 19세기 미국의 특징이었던 언어중심의 담론은 내용이 무거워지며 심각해지는 경향이 있었는데, 담론이 인쇄된 글의 형식을 띠었을 때에는 더욱 심했다.

　글이 전달하는 의미는 반드시 이해되어야 하기 때문에 이같은 경향은 예삿일이 아니다. 기록된 글은 저자가 무엇인가를 말하도록 종용하며, 독자에게는 그 의미를 이해하라고 요구한다. 그리고 작가와 독자가 단어의 의미상 본뜻을 두고 고심할 때는, 둘 다 가장 심각한 지적 도전에 직면하는 셈이다. 특히 우리가 독서할 때 이런 경우를 많이 겪는데, '저자'라는 인간을 항상 신뢰할 수는 없는 탓이다. 이들은 거짓말을 하기도 하고, 헷갈리기도 하며, 과도하게 일반화하고, 논리를 남용하며 때로는 상식까지도 악용한다. 따라서 독자는 지적 무장을 단단히 한 뒤 진지한 태도로 마주해야 한다. 그렇지만 이 또한 쉽지 않다. 결국 독자는 홀로 본문과 맞닥뜨려야 하는 탓이다. 독서할 때 독자의 반응이란 결국 자기 혼자만 경험하는 것일 뿐이고, 또 의지할 데라고는 자신의 지적 능력밖에 없다. 인쇄된 문장을 냉정하고 추상적인 태도로 마주한다는 것은, 멋진 문구나 비유와 같은 표현이 배제된 벌거벗은 언어를 바라보는 셈이다. 물론 이 또한 본질적으로 이성적인 행위이긴 하다.

16세기 에라스무스Erasmus로부터 20세기 엘리자베스 아이젠슈타인[1] Elizabeth Eisenstein에 이르기까지, 독서가 마음의 습성에 어떤 양향을 끼칠까 하는 문제를 붙들고 씨름한 거의 모든 학자들은, 독서는 이성을 고무시키는 과정이라고 결론지었다. 즉, 인쇄된 글이 갖는 순차적이고 옮기기 쉬운 특성이, 월터 옹이 말한 '지식의 분석적 처리'를 조장한다는 뜻한다. 글에 몰두한다는 것은 사고의 흐름을 좇아가는 것을 뜻하며, 이는 상당한 수준의 분류·추론·판단 능력을 필요로 한다. 이는 허위, 혼동, 과도한 일반화를 들춰내고, 논리와 상식의 남용을 간파해 내는 것을 뜻한다. 또한 주장을 비교 및 대비시키고 일반화시킨 한 가지를 다른 것에도 연계시켜 보는 식으로, 사고력에 무게를 두는 행

---

1. 인쇄문화가 인간과 사회에 미친 영향을 주로 연구한 역사학자이며 미디어 연구가. 저서로 『근대유럽의 인쇄미디어 혁명(The Printing Revolution in Early Modern Europe)』이 있다.

위를 의미한다. 이를 위해서는 글 자체로부터 일정한 거리를 둘 수 있어야 하는데, 실상 홀로 객관적인 문장을 마주하는 것 자체가 이를 가능하게 한다. 바로 이 점이 솜씨 있는 문장이라고 환호하지도 감동적인 구절이라고 멈춰서 칭찬하지 않는 훌륭한 독서가의 요건이기도 하다. 하지만 분석적인 사고로는 그렇게 하기에 너무 여유가 없고 또 너무 초연해진다.

글이 존재하기 전에는 분석적 사고가 불가능했다고 주장하려는 의미는 아니다. 여기서 언급하는 것은 개개인 차원의 잠재력이 아니라 문화적 사고방식의 성향이다. 인쇄문화 지배하에서 공공담론은 사실과 이해를 논리정연하고 질서있게 전개시키는 특성을 갖는다. 이를 수용하는 대중들도 대체적으로 그러한 담론을 다룰 역량이 충분하다. 인쇄문화에서 작가들은 거짓말할 때, 모순에 빠질 때, 일반화를 입증하지 못할 때, 비논리적인 연계를 억지로 시도할 때 실수를 범한다. 반면, 독자들은 인쇄문화에서 작가 실수를 알아채지 못했거나 더욱 나쁜 것은 이를 개의치 않을 때, 실수를 범하는 셈이다.

18세기와 19세기에는 인쇄문화로 인해 지성에 대한 하나의 정의(지력知力을 객관적이고 이성적으로 사용하는 데 우선권을 부여하는)가 생겨났으며, 이울러 진지하며 논리적으로 질서정연한 내용을 전달하는 공공담론 형식이 촉진되었다. 이성의 시대the age of reason가 유럽과 미국에서 차례로 인쇄문화의 성장과 함께 공존한 것은 우연이 아니었다. 인쇄술의 확산은 적어도 인류와 사회의 갖가지 불확실성을 이해 · 예측 · 통제할 수 있으리라는 기대에 불을 지폈다. 지식을 분석적으로 다루는 두드러진 사례라고 할 수 있는 과학이 세계를 개조하기 시작한 때도 18세기였다. 자본주의가 합리적이고 자유로운 경제체제임이 증명된 때도, 종교적 맹신이 맹렬한 비난을 받게 된 때도, 왕의 신성한 권위가 편견에 지나지 않았음이 드러난 때도, 부단한 진보사상이 확립된 때도, 문자해득을 위한 만인교육의 필요성이 뚜렷해진 때도 18세기였다.

인쇄술이 함축하고 있는 바를 가장 낙관적으로 표현한 것은 아마도 존 스튜어드 밀의 자서전에 나오는 다음의 내용일 것이다.

> 아버지는, 사람이 어디서 읽고 쓰는 능력을 습득했든 간에 이로 인한 영향력을 절대적으로 신뢰했기 때문에, 만약 모든 사람들이 글 읽기를 배우고, 온갖 종류의 의견을 말과 글로 사람들에게 알릴 수 있고, 자신들과 같은 견해를 가진 사람을 국회의원 후보로 추천할 수 있다면, 마치 모든 것이 다 이루어질 것이라고 느꼈다.[7]

물론, 이러한 희망은 결코 실현되지 않았다. 영국이나 미국 (그밖의 어떤 곳에서도) 역사상 어느 시점에서도 인쇄술이 이루어줄 것이라고 밀의 아버지가 상상하듯 완벽하게 이성이 지배한 적은 없었다. 그럼에도 불구하고, 18세기와 19세기에 활자의 편향성에 뿌리를 내리고 있는 미국의 공공담론은 진지하고 이성적인 논쟁으로 흐르는 경향이 있었으며, 따라서 의미있는 내용content을 만들어냈다.

이에 관한 실례로 종교적 담론을 살펴보도록 하자. 18세기의 신앙인들은 그 누구보다도 이성주의 전통에 크게 영향을 받았다. 신세계는 모든 사람에게 종교의 자유를 부여했는데, 이는 이성만이 불신자에게 빛(신앙)을 가져다 줄 수 있는 유일한 원동력임을 함축하고 있는 셈이었다. 에즈라 스타일스[1]Ezra Stiles는 1783년 그의 유명한 설교 중 어디선가 이렇게 일갈했다. "이제 이신론理神論이 완전한 기회를 잡게 될 것이다. (하나님의 능력이) 어떠한 무기(이론)도 무너뜨린다고 불평하는 자유사상가[2]Libertine는 더이상 필요치 않다. 그보다는 논증과 진리로 무장한 점잖고 힘있는 사람이 필요하다." [8]

종교적 자유사상가는 제쳐놓더라도 확실히 이신론자에게 완벽한 기회가 주어졌다는 사실은 모두 알고 있다. 그리고 거의 확실한 사실인데, 미 합중국 초기 4명의 대통령은 모두 이신론자였다. 제퍼슨Jefferson은 명백히 예수 그리스도의 신성을 믿지 않았으며, 그가 대통령으로 있을 때에는 성경의 4복음서를 새로 썼는데, 예수의 윤리적 가르침에 관한 내용만 남겨두고 '기적과 같은' 사건에 관한 언급은 모조리 삭제해 버렸다. 제퍼슨이 대통령에 당선되자 할머니들이 자신의 성경책을 감추고 눈물을 흘렸다는 말이 전설처럼 전해 내려온다. 만약에 톰 페인이 대통령이 되었거나 고위직에 진출했더라면 과연 어떤 일이 일어났을지 상상조차 하기 어렵다. 그의 책『이성의 시대The age of Reason』에서 페인은 성경과 이에 따른 모든 기독교 신학을 공격했

---

1. 미국 조합교회의 목사이자 신학자로 1778~1795년 예일대 총장을 지냈다.
2. 경험 또는 이성을 내세워 성서의 계시적 진리를 의심하고, 사상의 자유라는 구실 아래 종교적 관용을 요구하는 사상적 태도를 지닌 사람. 에즈라 스타일즈의 언급은 성서의 고린도후서 10장 4절을 인용한 표현임.

다. 페인은 예수에 관해, 그가 고결하고 호감이 가는 인물임은 인정하지만 예수의 신성에 관한 이야기는 어처구니없고 불경스럽다고 비난하면서, 이성주의자의 방식대로 성경을 조목조목 파헤쳐 그 점을 입증하고자 했다. 그는 이렇게도 썼다. *"유대교나 기독교나 동방정교나 상관없이 전국에 있는 모든 교회가 내게는 사람들을 협박해서 노예로 삼고 권력과 이익을 독점하기 위해 세운 인간의 발명품 정도로밖에는 보이지 않는다."* [9]

페인은 『이성의 시대』 때문에 미 건국의 아버지 반열에 오를 수 있는 기회를 잃었다(지금까지도 그는 미국 역사교과서에 모호하게 취급되고 있다). 하지만, 에즈라 스타일즈가 언급한 핵심은 종교적 자유주의자와 이신론자들이 호응을 받으리라는 게 아니고, 단지 사람들이 이성을 재판관으로 삼아 공개된 법정에서 발언권을 얻게 될 것이라는 의미였다. 실제로 그러했다. 프랑스혁명에서 촉발된 첫 열정에 힘입어 이신론자들은 교회를 진보의 적으로, 종교적 맹신을 합리성의 적으로 공격하여 대중운동으로 발전시켰다. [10] 물론 교회도 반격했으나, 이신론 측에서 별 관심을 보이지 않자 그 다음엔 자기들끼리 싸웠다. 18세기 중반에 들어서면서, 테오도어 프레링귀젠Theodore Frelinghuysen과 윌리엄 테넌트William Tennent가 장로교의 신앙부흥운동을 이끌었다. 이들에 뒤이어 미국의 신앙적 대각성운동과 관련된 세 명의 위대한 인물(조나단 에드워즈[1]Jonathan Edwards, 조지 횟필드George Whitefield, 19세기 찰스 피니

----

1. 미국의 신학자. 칼뱅주의 신앙부흥운동인 '대각성운동(Great Awakening)'을 주도, 칼뱅주의에 수정을

¹Charles Finney)이 등장한다.

청중을 사로잡는 대단한 설교자인 이들의 호소는 이성의 지배영역을 초월하여 자의식의 깊은 곳까지 도달했다. 횟필드가 그저 "메소포타미아"²라고 던진 한 마디만으로도 청중의 눈물을 자아냈다고 한다. 아마도 이 때문에 1839년에 헨리 코스웰Henry Coswell이 "종교적 집착이 미국을 지배하는 정신이상 현상으로 회자되고 있다"[11]고까지 말한 듯하다. 그러나 기본적으로 염두에 두어야 할 사실은, 18~19세기의 신앙부흥운동과 이에 격렬히 반대하는 기존 교회 간의 교리논쟁은 대부분 이성적이고 논리정연한 언어를 이용한 소책자와 저술을 통해서였다는 점이다. 그렇다고 빌리 그래함이나 텔레비전 부흥사들을 근대의 조나단 에드워즈나 찰스 피니와 같이 여기는 것은 가당치도 않은 일이다.

에드워즈는 미국이 낳은 가장 탁월하고 독창적인 사고의 소유자 가운데 한 명이었다. 미학 이론에 끼친 그의 공로는 신학에 미친 기여 못지않게 중요하다. 그의 관심사는 대부분 학구적이었으며, 날마다 많은 시간을 연구활동에 바쳤다. 그는 청중들에게 즉흥적으로 설교하지 않았다. 그는 자신의 설교를 읽었는데, 치밀하게 짜낸 그의 설교는 신학적 교리를 하나하나 짚어가면서 논리적으로 해설한 것이었다.[12]

가하여 미국철학에 완벽한 사상과 감정 체계를 확립하였다. 목사였으나 정치, 사회, 예술 등에 걸친 방대한 저서를 남긴 미국역사상 가장 심오한 사상가이자 프로테스탄티즘의 정수로 평가받는 인물.

1. 법률가에서 설교자로 변신, 제2의 대각성운동을 주도한 목사로 영적 감화와 호소력있는 집회를 이끌었다.
2. 성서에서 이 지역은 영적인 혼란, 세속주의, 타락한 세상과 같은 의미로 표현된다. 따라서 횟필드의 이 말은 타락한 시대 속에 있는 청중들을 향한 엄숙한 경고의 메시지와 같은 뜻을 지닌다.

에드워즈의 말로 인해 청중들의 마음이 움직이기도 했겠지만, 청중들은 우선 그의 설교를 이해해야만 했다. 사실 에드워즈의 명성은 주로 1737년에 출간된 저서 『노샘프턴의 수백 명의 영혼을 회심시킨 하나님의 놀랄 만한 은총에 관한 이야기Faithful Narrative of the Surprising Work of God in the Conversion of Many Hundred Souls in Northampton』로 인해 비롯되었다. 이후에 나온 책인, 1746년 출간된 『영적 감정에 관한 소고A Treatise Concerning Religious Affections』는 미국의 심리학 분야에서 이루어진 가장 획기적인 연구 가운데 하나로 인정받고 있다.

20세기판 '위대한 대각성'의 주요 인물들(오럴 로버츠[1]Oral Roberts, 제리 폴웰Jerry Falwell, 지미 스웨가트Jimmy Swaggart 등)과는 달리 지난날 미국 신앙부흥운동의 리더들은 박학했고, 이성적인 신앙의 소유자였으며, 풍부한 해설능력을 갖추고 있었다. 종교적 제도에 관한 그들의 논쟁은 종교적 영감에 관한 것 못지않게 신학과 자의식의 본질에 관한 것이기도 했다. 예를 들면, 찰스 피니는 그와 교리를 달리하는 자들이 이따금 매도한 식의 '시골뜨기'가 아니었다.[13] 변호사 훈련을 받은 적이 있는 그는, 체계적 신학에 관한 중요한 저술을 남기기도 했으며, 오벌린 대학Overlin College의 교수와 총장으로 생애 마지막 이력을 장식했다.

종교인들은 18세기에는 신중하게 도출한 논리적 설명을 통해 교리

---

1. 세 사람 모두 1980년대 유명했던 텔레비전 부흥전도 목사로 당시 많은 사회적, 정치적 논란을 불러일으키기도 했다.

논쟁을 벌이기도 했으나, 19세기에 와선 경쟁적으로 대학을 설립하는 별난 방식으로 굳어져 버렸다. 교회가 미국 고등교육 체계의 초석을 놓았다는 사실은 종종 잊혀지는 경향이 있다. 하버드 대학만 하더라도 조합교회에 유능한 목사를 공급하기 위한 목적으로 일찌감치 (1636년) 설립되었다. 그리고 6년 후에 조합교회 신자간에 교리를 둘러싼 반목이 일었을 때, 하버드 대학의 방종한 영향을 바로잡기 위해 예일 대학을 설립했다(지금도 예일대가 동일한 책무를 떠맡고 있다고 주장한다).

이와 같이 조합교회 신도들이 지성의 전당을 두고 애쓰는 모습에 자극 받아, 다른 교파도 경쟁적으로 대학을 시작하고자 하는 열성을 보였다. 장로교회 측은 1874년에 테네시 대학, 1802년에 워싱턴 대학과 제퍼슨 대학, 1826년에 라피엣 대학 등 여러 학교를 설립했다. 침례교 측은 콜게이트 대학(1817), 조지워싱턴 대학(1821), 퍼먼 대학(1826), 데니슨 대학(1832) 그리고 웨이크포리스트 대학(1834)을 비롯한 여러 대학을 세웠다. 성공회 측은 호버트 대학(1822), 트리니티 대학(1823) 그리고 캐니언 대학(1824)을 세웠으며, 감리교회 측은 1830년에서 1851년 사이에 웨슬리언 대학, 에모리 대학, 디포 대학을 비롯한 8개의 대학을 설립했다. 조합교회 측은 하버드와 예일 대학에 이어 윌리엄스 대학(1793), 미들베리 대학(1800), 앰허스트 대학(1821), 오벌린 대학(1833)을 추가로 설립했다.

만약 문자와 배움에 대한 이같은 선취경쟁을 코스웰이 미국의 종교적 삶을 두고 일갈한 '광적인 형태'로 여긴다면, 더 보여줄 게 있다. 18~19세기 당시 미국의 종교적 사고와 제도를 지배하고 있던 것은,

오늘날의 종교적 삶에서는 거의 찾아보기 힘든, 엄격하고 학구적이며 지적인 담론형식이었다. 그리고 예전과 지금의 담론형식 차이를 확인하기 위해선, 조나단 에드워즈의 신학적 주장과 제리 폴웰, 빌리 그래함, 오럴 로버츠와 같은 텔레비전 복음 전도자들의 말을 대조해 보는 것만큼 명확한 사례는 없으리라 생각한다. 에드워즈의 신학이 담고 있는 방대한 내용은 지성의 개입을 불가피하게 한다. 반면, 텔레비전 복음 전도자들의 신학에도 그러한 만큼의 내용이 있는지는 모르겠지만, 아직까지 드러난 바가 없다.

인쇄문화에 바탕을 둔 담론과 텔레비전 문화에 근거한 담론의 특징적 차이는 법률체계를 한번만 들여다봐도 확연히 드러난다. 인쇄기반 문화에서 법률가는 대체로 훌륭한 교육을 받았으며, 매우 이성적이었고, 감명 깊은 주장을 펼 수 있는 능력을 갖추고 있었다. 미국 역사에서 흔히 지나쳐버리는 경향이 있지만, 18~19세기에 법률직은 토크빌이 지적했듯이 *"지식인 계급 중에서도 특권층의 한 부류를"* 대표했다. 당시 대중스타는 주로 법률가 중에서 나왔으며, 앨라배마 주의 서전트 프렌티스~Sergeant Prentiss~, 일리노이 주의 '정직한' 링컨과 같은 사람들이 그러한 부류에 속했다. 이들은 배심원들을 다루는 솜씨가 아주 연극적이었는데, 오늘날 텔레비전에서 볼 수 있는 법정 변호사와 별반 다르지 않았다.

그러나 미국 법조계의 위대한 인물들(존 마샬[1]~John Marshall~, 조셉 스토

---

1. 미국의 법학자이자 정치가. 체계적으로 통일된 헌법학설을 수립했으며 제4대 연방 대법원장을 역임함.

리[1]Joseph Story, 제임스 켄트[2]James Kent, 데이비드 호프먼David Hoffman, 윌리엄 위트[3]William Wirt, 대니얼 웹스터[4]Daniel Webster)은 지적 품위의 본보기이자 합리성과 높은 학식에 전념한 사람들이었다. 이들은 민주주의란 것이, 뚜렷한 장점에도 불구하고 미숙한 개인주의를 드러낼 위험성을 내포하고 있다고 확신했다. 이들의 포부는 '합리적인 법체계를 만들어내어' 미국의 문명을 구하는 것이었다. [14] 이들은 이와 같이 숭고한 이상을 목적으로 삼았기에 법률직이란 것은 단지 학습을 통해 익힌 직업에 그쳐선 안 되는, 폭넓은 시야와 교양을 갖춘 직업이 되어야 한다고 확신했다.

저명한 법학교수 잡 타이슨[5]Job Tyson은 법률가라면 세네카Seneca와 키케로Cicero 그리고 플라톤에 대해 잘 알아야 한다고 주장할 정도였다. [15] 조지 샤우드[6]George Sharswood는 아마도 20세기에 법률교육이 저하될 것을 예견했던지 1854년 이에 대해 언급하기를, "*법을 배타적으로 읽으면 법 정신을 손상시킬 뿐 아니라 지나치게 익숙해진 전문적 사항에 법을 속박시키게 되며, 심지어 해당 법의 적용범위에 속하는 사안에 대해서조차도 확장하거나 포괄적인 관점을 취할 수 없게끔 된다*" [16]라고 했다.

---

1. 존 마샬의 친구이자 동료로 연방 대법관을 지냈다.
2. 판사이자 미국의 법학자를 지냈다.
3. 작가이자 정치인으로 미국의 법무장관을 지냈다.
4. 걸출한 미국의 정치가·법률가로 상원의원을 지냈으며, 미 역사상 가장 걸출한 연설가 중 한 사람으로 평가된다. 세 차례 대선에 입후보했으나 뜻을 이루지 못했다.
5. 펜실베니아 하원의원을 지냈다.
6. 펜실베니아 재판관, 대법원장을 지냈다.

미국은, 계통을 따라 체계적으로 발전된(부속 조항까지 기록된) 성문법을 가진 국가라는 사실로 인해, 법 정신은 진보적이고 합리적이며 명료해야 한다는 주장이 힘을 얻어왔다. 법률가는 매우 탁월한 수준의 읽고 쓰는 능력을 갖추어야 했는데, 이는 법률적 문제를 결정하는 데 있어서 이성이 으뜸가는 권위를 지니고 있었기 때문이다. 물론 존 마샬Joh Marshall은 미국적 이상理想의 생생한 상징인 내티 범포[1] Natty Bumppo 못지않은 이성理性의 전형과 같은 인물이었다.[17] 그는 객관적·분석적·논리적이며, 모순을 용납하지 않는, 인쇄시대 사람의 두드러진 사례였다. 그는 자신의 주장을 논리적으로 뒷받침하는 주된 수단으로 추론을 절대 사용하지 않았다고 한다. 더욱이 그는 결론을 지을 때 "인정된 바에 따르면…"이라는 구절로 시작하기에, 전에 한 번이라도 그의 전제를 인정했던 사람들은 통상 그의 결론을 받아들이지 않을 수 없었다.

초창기 미국인은 오늘날 우리가 상상하기 어려울 정도로 당시의 중요한 법적 논란거리는 물론, 유명한 변호사가 자신들의 견해를 주장하는 데 흔히 쓰던 언어에 대해서까지 정통했다. 대니얼 웹스터의 경우가 특히 그랬는데, 스티븐 빈센트 베네[2] Stephen Vincent Benét가 자신의 유명한 단편소설에서 악마와 논쟁하는 상대로 대니얼 웹스터를 선택

---

1. 미국의 소설가 제임스 쿠퍼의 『모히칸족의 최후』 등 가죽각반 연작소설에 나오는 주인공의 이름으로, 미국인의 이상적 인물인 변경개척민(frontiersman)의 전형을 상징한다.
2. 미국의 서사시인이자 소설가로 단편소설 『악마와 대니얼 웹스터(The Devil and Daniel Webster)』 『바빌론 강가에서』로 1929년 퓰리처상을 받았다. 위에서 언급되는 소설은 전자를 뜻한다.

할 수밖에 없었던 것은 지극히 당연한 일이었다. 악마라 할지라도 조셉 스토리 대법관이 묘사한 바 아래와 같은 특유의 언어를 사용하는 사람을 어떻게 당해내겠는가?

> … 그가 사용하는 명료하고 철저하게 간결한 언어, 논제에 대한 엄청난 이해력, 실제적인 자료에서 도출한 풍부한 사례, 날카로운 분석과 이의 제기, 복잡하게 얽힌 안건을 풀어내어 일반인도 이해할 수 있도록 알기 쉽게 하나하나 설명하는 능력, 자신의 주장을 상대방에게 납득시키기 위해 온 힘을 다 쏟아 굳세게 설득하는 모습, 지킬 수 없는 입장에 열을 내거나 쓸모없는 데 자신의 능력을 낭비하는 식으로 스스로를 기만하지 않도록 경계하고 주의하는 태도. [18]

이렇듯 한 자도 빠짐없이 인용한 까닭은, 내가 아는 한 위의 언급이 활자문화 속에서 형성된 가치관을 가진 사람에게서 볼 수 있는 담론의 특징을 19세기에 가장 잘 묘사한 사례이기 때문이다. 또한 이 언급은 바로 제임스 밀[1] James Mill이 인쇄술의 경이로움에 대해 예견하면서 염두에 두었던 이상이자 모범이었다. 그러한 모범에는 도달하기 어렵겠지만, 그럼에도 불구하고 이는 모든 변호사들이 꿈꾸는 이상으로 남아 있었다.

이러한 이상은 법률가나 목회자뿐 아니라 전혀 다른 영역에도 영

---

1. 존 스튜어트 밀의 아버지.

향을 끼쳤다. 심지어 일상적인 상업계에서도 인쇄시대의 담론인 이성의 공명을 확인할 수 있었다. 광고를 상업계의 목소리로 본다면, 18~19세기의 상업광고가 소비자를 대니얼 웹스터와 별반 다르지 않게 여겼음을 광고의 역사를 통해 아주 명쾌하게 볼 수 있다. 이들은 잠재적 소비자가 글에 익숙하고, 이성적이며 분석적이라고 전제하고 있었다. 실제로 미국에서 신문광고의 역사는, 그것만으로도 이성으로 시작해 오락으로 마감된 인쇄정신의 내리막길을 보여주는 메타포로 여겨도 무방하다.

프랭크 프레스브리[1]Frank Presbrey의 탁월한 저술 『광고의 역사와 발전The history and Development of Advertising』을 보면, 그는 인쇄술의 퇴조를 언급하면서 1860년대 말과 1870년대 초에 사실상 종말을 고했다고 추정하고 있다. 또한 그는 그 이전의 시기를 두고 인쇄술을 이용한 표현이 지배했던 '암흑시대'라고 언급하고 있다.[19] 그의 말에 따르면 암흑시대는 1704년부터 시작되는데, 이는 〈보스턴 뉴스레터Boston News-Letter〉라는 한 미국 신문에 유료광고가 처음으로 등장한 해였다. 광고는 모두 3개였는데, 각각 1단 크기로 합쳐서 $10cm$ 정도였다. 첫 번째는 도둑을 잡아주면 보상을 하겠다는 것이고, 두 번째도 누군가는 모르겠지만 집어간 모루를 돌려주면 사례를 하겠다는 내용이었다. 마지막 광고는 실제로 무엇인가 팔 것을 제안했는데, 이는 아래와 같이 오늘

---

1. 미국의 역사가이자 작가로 『광고의 역사와 발전』 이라는 광고사에 기념비적인 책으로 유명하다. 초창기 호텔, 증기선, 여행업 관련 규모 큰 광고경험을 쌓았고, 후에 생명보험회사 등의 광고 에이전트로 직접 관여했으며, 미국광고대행사협회 설립을 창안하기도 했다.

날 〈뉴욕 타임즈〉에서 볼 수 있는 부동산 광고와 다를 바 없었다.

> 뉴욕 시 롱아일랜드의 오이스터베이 인근. 상급 모직물 축융[1]Fulling-Mill
> 공장 임대 또는 매각, 농장과 대형 신축 벽돌집, 부엌과 작업실로 사용
> 가능한 별채, 창고와 마구간 등, 시작한 지 얼마 안 된 과수원과 2만5,000
> 평 규모의 유휴지 포함. 공장은 농장과 분리임대 가능. 더 상세한 내용은
> 윌리엄 브래드포드 인쇄소로 문의바람. [20]

그 후 150년이 넘도록 광고는 기껏해야 약간의 변형이 있었을 뿐
같은 형태를 유지해 왔다. 예를 들면, 브래드포드가 오이스터베이의
부동산 광고를 낸 지 64년 뒤에 전설적인 폴 리비어[2]Paul Revere는 〈보스
턴 가제트Boston Gazette〉에 다음과 같은 광고를 실었다.

> 많은 사람들이 불행하게도 사고 등으로 앞니를 잃어, 외관상은 물론 공
> 적·사적으로 말하는 데도 손해가 여간 크지 않습니다. 이 광고는 이러한
> 모든 분들에게, 본래의 이처럼 감쪽같이 다친 이를 의치로 갈아 끼울 수
> 있으며, 의도한 대로 말도 끝까지 제대로 발음할 수 있음을 알려드리고자
> 합니다. 은세공업자 폴 리비어, 보스턴 시 클라크 박사의 부두 앞 근처. [21]

---

1. 모직물을 비누 따위의 용액에 적서 온도를 높이면서 강하게 압축, 마찰시켜 조직을 조밀하게 만드는 가
   공법.
2. 미국 독립혁명의 시발점이 된 보스턴 차 사건에 참여한 국민적 영웅으로 은세공업자로 출발해 수술도
   구, 의치 제작 등 다방면의 제조업자로 성공했으며, 장인과 지식인을 이어주는 중요한 역할을 했다.

리비어는 나아가 다른 구절에서, 존 베이커에게 의치를 해넣은 사람들 중 느슨해져 제자리를 잡지 못하는 어려움을 겪는 사람들도 자신에게 오면 단단히 조일 수 있다고 설명한다. 그러면서 자신이 존 베이커에게서 그 방법을 배웠음을 적시했다.

리비어의 광고가 등장하고 이후 100년 가까이 지난 뒤에야 광고주들은 그간 신문 발행인들이 요구해 왔던 선형적이고 활자 중심의 광고형식을 넘어서고자 진지하게 애쓰기 시작했다.[122] 그리고 광고가 근대적 담론 양식으로 완전히 바뀐 때도 19세기 말에 들어서였다. 1890년대까지도 광고란 글로 표현되어야 한다고 알고 있었으며, 제안하는 형태로 정보를 전달하거나 주장을 펴는 데 목적을 둔, 본질적으로 진지하고 이성적인 사업으로 여겼다. 광고는, 마치 스테판 더글러스가 앞의 링컨과의 토론에서 했듯이, 감정에 호소하기보다는 이해를 구하려는 의도였다. 그렇다고 해서 인쇄 표현이 주도했던 시기 내내 제기된 주장이 모두 진실이었다는 뜻은 아니다. 당연히 낱말 다발이 그 내용의 진실 여부를 보장할 수는 없는 법이다. 이보다는 글에 표현된 내용을 두고 참과 거짓 여부를 묻는 것이 의미를 갖는지 생각해 보도록 하는 상황과 같다고 할 수 있다.

1890년대에 접어들자 먼저 삽화와 사진이 대량으로 유입되었으며, 그러고 난 후에 언어를 '비서술적'으로 사용하기 시작하면서 이러

---

1. 글만으로 광고를 표현할 때는 서술적인 설명 형태를 띠었지만, 사진과 삽화를 함께 이용하면서부터는 광고문구가 감성을 자극하는 표어나 슬로건과 같은 비서술적 형태로 바뀌었다는 의미.

한 정황은 흐트러졌다. 예를 들면, 1890년대부터 광고주들은 슬로건을 이용하는 광고기법을 도입했다. 프레스브리는 근대광고의 시작은 2개의 슬로건("버튼만 누르십시오, 나머지는 저희가 알아서 하겠습니다" "아직도 안 써보셨나요?")을 사용하면서 비롯되었다고 주장한다. 거의 동시에 듣기 좋은 음률이나 운韻을 반복하는 기법이 등장했는데, 1892년에 프록터앤갬블사는 아이보리 비누 광고에서 사람들이 각운이 있는 광고 문구를 따라하도록 유도했다. 1896년에는 H-O라는 업체가 사상 최초로 그림을 이용했는데, 유아용 의자 위에 앉은 아기가 시리얼이 담긴 그릇을 앞에 놓고 한 손에 수저를 들고 황홀한 표정을 짓고 있는 모습이었다. 세기가 바뀌면서 광고주들은 잠재고객을 더이상 이성적인 존재로 여기지 않았다. 광고는 한편으로는 심오한 심리학으로, 다른 한편으로는 미학이론으로 바뀌었다. 이제 이성은 다른 활동무대로 옮겨가야만 했다.

초창기 미국에서 지성과 진실, 그리고 공공담론의 본질이 특정한 형태로 드러나게끔 이끈 인쇄된 글의 역할을 이해하려면, 18~19세기의 독서행위는 오늘날과 달리 전혀 다른 속성을 지녔다는 사실을 먼저 염두에 두어야 한다. 먼저, 전에 언급했듯이 인쇄된 글은 당시 사람들의 관심과 지성을 독점했으며, 구어전통을 제외하고는 공공지식에 접근할 수 있는 다른 방편이 존재하지 않았다. 공적 인물은 주로 자신의 글을 통해 유명해졌지, 외모는 물론이고 연설능력은 더욱 아니었다. 아마도 미 합중국의 15대 대통령까지는 길거리에서 마주쳤더라도 일반시민들이 알아보지 못하고 지나쳐버렸을 가능성이 크다. 유명한 변호사나 목사, 과학자나 그밖의 유명인도 마찬가지였을 것이다. 그러한 사람들에 대해서 생각한다는 것은 그들이 쓴 글에 대해서 생각하고 그들의 공적 지위나 그들의 주장, 그리고 글로 체계화된 그들의 지식을 판단한다는 의미였다.

최근의 대통령이나 목사, 변호사, 과학자나 그 외 유명인사를 생각해 보면, 지금 우리가 유명인사에 대해 인식하는 방식과 얼마나 동떨어져 있는지 감지할 수 있을 것이다. 리처드 닉슨Richard Nixon이나 지미 카터Jimmy Carter, 빌리 그래함Billy Graham, 나아가 앨버트 아인슈타인Albert Einstein에 대해 생각해 보면 텔레비전 화면에 비친 얼굴 모습이 이미지로 떠오르기 십상일 것이다. 반면, 이들이 쓴 글에 대해서는 아무것도 떠오르지 않을 것이다. 바로 이 점이 문자 중심 문화에서 생각한다는 것과 이미지 중심 문화에서 생각한다는 것의 차이이다.

이는 또한 여가의 기회가 거의 없는 문화에서의 삶과 풍성한 여가 활동을 즐길 수 있는 문화에서 살아가는 방식의 차이이기도 하다. 한 손에 책을 든 채로 쟁기를 뒤따라가는 농촌소년, 일요일 오후 가족에게 큰소리로 책을 읽어주는 어머니, 최신 전지가위가 도착했다는 소식을 읽어주는 상인… 이들은 오늘날과는 전혀 다른 종류의 독자였다. 당시에는 독서할 수 있는 시간이 충분치 않았기에 별 생각 없이 가볍게 읽는 식의 독서는 있을 수 없었다. 독서는 그 자체로서 신성한 요소를 지니고 있었고, 그렇지 않다 해도 적어도 특별한 의미를 부여할 만큼 매일 또는 주간단위로 행해지는 의식과 같았다.

당시에는 전기가 없었다는 사실을 떠올려 보면 이유를 알 수 있다.

촛불이나 가스등에 의지해서 독서하기가 쉽지 않았을 것이다. 의심할 바 없이 대부분 동틀 무렵부터 하루 일과 시작 전에 책을 읽었다. 따라서 독서를 한다는 것은 진지하고 열성적이며 확고한 목적을 지닌 행위였다. 책 읽는 사람의 '이해력'를 측정한다는 근대적 사고방식은 마치 이해와 독서행위를 별개로 구분하는 것 같기에, 1970년이나 1830년 혹은 1860년 당시라면 어처구니없게 보였을 것이다.

우리가 아는 한 당시에는 학교에 다닐 수 없었던 사람을 제외하고는 '읽기 장애'와 같은 것은 존재하지 않았다. 학교에 다닌다는 것은 읽기를 배우는 것과 다름없었으며, 읽기 능력이 없으면 당시의 문화적 의사소통에 참여할 수 없었다. 하지만 대부분의 사람들은 읽을 수 있었으며 참여했다. 이들에게 있어서 독서란 세상과의 연결고리이자 세상에 대한 표준이었다. 인쇄된 지면은 세상을 한 줄 한 줄 정확하게 진지하고 일관성 있는 곳으로 보여주었고, 또한 이성으로 다룰 수 있으며 논리적이며 합당한 비판을 통해 개선시킬 수 있는 곳으로 드러내주었다.

18~19세기에는 어디를 보더라도 활자의 공명을 발견할 수 있는데, 무엇보다도 인쇄 글이 모든 공적 표현 형식과 얽히고설킨 관계를 맺고 있는 점이 특징적이었다. 찰스 비어드[1] Charles Beard는 미합중국 헌법의 제정자들을 움직인 근본적인 동기는 자신들의 경제적 이권에 대

---

1. 미국의 가장 영향력 있는 역사가 중의 한 명. 역사와 정치과학에 관한 수많은 저작을 남겼으며, 특히 미국 건국의 아버지들이 그들의 철학적 근본보다는 경제적 업적으로 선정되었다며 이들에 대한 급진적인 재평가작업으로 인해 널리 알려졌다.

한 보호라고 했는데, 아마도 사실로 보인다. 그러나 이들이 공직 생활에 참여하기 위해선 글을 다룰 수 있는 능력을 갖추어야 했던 점 또한 사실이다. 성숙한 시민으로서 교양 있게 글을 읽고 쓰는 능력을 갖추지 못했다는 것은 그들로서는 상상할 수조차 없었으며, 바로 이 점이 대부분의 주에서 선거 가능연령을 21세로 정한 이유이며, 제퍼슨 대통령이 보편적 교육 속에서 미국의 가장 큰 희망을 본 이유이기도 하다. 이는 또한 앨런 네빈스[1]'Allan Nevins와 헨리 스틸 코메이저가 지적했듯이, 재산이 없는 사람에 대해 투표권을 제한하는 것은 눈감아주었지만 읽지 못하는 사람에 대해선 투표권을 제한한 이유이기도 하다.

프레드릭 잭슨 터너[2]Frederick Jackson Turner는 미국인의 마음에 불을 지핀 것은 개척지가 끊임없이 확장되는 실상 때문이라 했는데, 이는 사실로 보인다. 그러나 "농촌 소년이 쟁기를 잡고 한 손에 든 책이 셰익스피어나 에머슨이나 소로우일지도 모른다고 말하는 것이 비유적 표현만은 아니다"[23]'라는 폴 앤더슨[3]Paul Anderson의 말 역시 사실이다. 왜냐하면 캔자스 주가 학교에서 여성에게 투표권을 최초로 부여하도록 하고, 와이오밍 주가 남녀 차별 없이 동등하게 참정권을 최초로 인정하도록 이끈 동인은 개척자 정신만이 아니었기 때문이다. 아마도 여성들이 남성들보다 더 뛰어난 독자였으리라 생각되며, 변두리에 위치한 주

---

1. 미국의 언론인·역사가·전기작가. 일리노이 대학교 영문학 강사. 〈이브닝 포스트〉 지 논설위원을 지냈으며 1932년 퓰리처상을 수상하기도 했다.
2. 찰스 비어드와 함께 미국의 가장 영향력 있는 역사가. 개척시대 미 역사에 대한 저작으로 유명하다.
3. 미국의 사진작가이자 역사가로 고대 로마에 관한 역사소설을 썼다.

에서는 공공담론의 주된 수단이 인쇄된 글을 통해 이루어졌으니 읽을 줄 알았던 사람들은 필연적으로 의사소통의 대상자로 편입되었다.

미국인의 종교적 열정이 대단한 활력을 불러일으켰다는 페리 밀러[1]Perry Miller의 주장도, 미국의 황금시대가 도래했다는 믿음이 건국의 원동력이 되었다고 말한 초창기 역사가들의 언급도 사실이기도 하다. 이러한 견해를 두고 논쟁하지는 않겠다. 여기서 지적하고자 하는 점은, 이 사람들이 나름대로 설명하고자 했던 미국이 인쇄물 형식과 같은 공공담론의 지배하에 있었다는 사실이다. 두 세기에 걸쳐 미국은 흰 종이 위에 검정색 글씨로 자신의 의도를 천명했으며, 이념을 표현했고, 법을 제정했으며, 상품을 팔았고, 문학을 창조했으며, 자신의 신성을 드러냈다. 이 나라는 인쇄기로 대화를 나누었고, 그 상징환경의 주요 특성을 바탕으로 세계 문명 속에서 걸출하게 떠올랐다.

미국인의 정신이 인쇄기의 통치 아래 스스로 복종했던 시기를 두고 나는 '설명의 시대the Age of Exposition'라고 명명했다. 설명은 사고의 형태이며 배움의 방법이자 표현의 수단이다. 우리가 사려 깊은 담론과 관련지어 생각할 수 있는 모든 것들은, 설명하고 해설하는 편향성을 지닌 인쇄술에 의해 확장된 것이다. 아울러 설명은, 생각을 개념적·연역적·순차적으로 할 수 있는 수준 높은 능력이며, 이성과 질서에 높은 가치를 부여하고, 모순을 혐오하며, 초연하고 객관적인 관점을

---

1. 미국 지성사(知性史)에 정통한 역사가로 하버드대 교수를 지냈다. 청교도주의에 관한 권위자이며, 미국 지성역사의 거장으로 불리기도 한다.(1905~1963년)

유지할 수 있는 용량을 키우며, 응답을 지체해도 관대하다. 19세기 말에 이르자 나처럼 무엇이든지 설명하고자 애쓰는 그 태도가 빌미가 되어 설명의 시대는 저물고 이를 대체하는 초기 징후가 뚜렷이 보이기 시작했다. 바로 '쇼비즈니스 시대the Age of Show Business'였다.

05
삐까부 세상

19세기 중반에 들어서자 두 가지 관념이 일제히 등장하더니, 이 둘이 융합하면서 20세기 미국의 공공담론을 드러내는 새로운 메타포가 형성되었다. 그리고 두 관념이 짝을 이루어 설명의 시대를 무너뜨리고 쇼비즈니스 시대로 들어서는 토대를 놓았다. 둘 중 하나는 전혀 새로운 것인 반면, 다른 하나는 알타미라 동굴의 벽화만큼 오래된 것이었다. 오래된 관념에 대해선 나중에 살펴보도록 하자. 새로운 관념이란 운송運送과 통신이 서로 묶일 필요가 없으며 물리적 공간이 더이상 정보를 실어 나르는 데 불가피한 제약사항이 아니라는 사실이었다.

1800년대의 미국은 물리적 공간을 '정복하는' 문제에 상당한 관심을 기울이고 있었다. 19세기 중반에 이르자 접경지역이 태평양까지 확장되었고, 1930년대에 처음으로 등장한 초보적인 철도운송체계가 대륙을 가로질러 사람과 상품을 실어 나르기 시작했다. 하지만 1840 년대까지 정보는 사람이 운반할 수 있는 속도 이상으로는 움직일 수 없었는데, 정확하게는 기껏해야 기차가 달리는 속도인 시속 56km 정도였다. 이러한 제약으로 인해 미국이 전국적인 공동체로 발전하는 시기도 지체되었다. 1840년대의 미국은 여전히 지역의 복합체에 불과했기에, 각 지역마다 독자적인 방식으로 관계를 맺고 자기만의 이익을 앞세우고 있었다. 전 대륙에 걸친 의사소통은 어림도 없었다.

이러한 문제의 해법은, 초등학생도 알다시피 전기였다. 지금은 아무도 놀랄 일이 아니지만, 어떤 미국인이 전기를 통신 서비스에 연계시키는 실용적인 방법을 발견했고, 그렇게 해서 공간의 제약을 단번에 날려버렸다. 물론 이 사람은 미국 최초의 진정한 '우주인'spaceman' 인 새뮤얼 핀리 브리스 모르스Samuel Finley Breese Morse다. 모르스가 발명한 전신은 주 경계선을 허물고, 지역을 와해시켰으며, 대륙을 한 가닥 정보 배전망으로 휘감아 미국의 담론이 일체화될 여지를 남겼다.

그러나 상당한 대가도 있었다. 전신으로 인해 "온 나라가 이웃"과 같이 될 것이라 예측했던 모르스조차도 깨닫지 못한 무엇인가가 진행되었기 때문이다. 전신은 정보에 대한 일반적인 정의를 깨뜨렸으며, 그렇게 함으로써 공공담론에 새로운 의미를 부여했다. 헨리 데이빗 소로우Henry David Thoreau는 이러한 결과를 알아챈 몇 안 되는 사람들 중

---

1. 여기서는 무선통신을 발명한 모르스가 최초로 공간(space)적 제약을 넘어선 사람(man)이라는 '공간 정복자'의 의미임. 저자의 기지가 넘치는 표현 중의 하나이다.

한 명이었는데, 그는 『월든Walden』에서 이렇게 말했다.

"우리는 메인 주에서 텍사스 주까지 자기磁氣 전신기를 가설하기 위해 엄청나게 서두르고 있다. 그러나 메인 주와 텍사스 주 간에는 전신으로 주고받아야 할 만큼 중요한 게 없을 것이다. … 우리는 대서양 바다 밑을 뚫어 구세계(유럽)의 소식을 몇 주 빨리 신세계로 가져오려고 안달이 나 있다. 하지만 거기서 흘러나와 토끼처럼 쫑긋 세운 미국인의 귀로 들어갈 첫 번째 뉴스는 애덜레이드 공주가 백일해百日咳에 걸렸다는 소식에 불과할 것이다."[11]

소로우가 옳았음이 밝혀졌다. 그는 전신이 담론에 대한 자기 나름대로의 정의를 만들어낸다는 사실을 간파했다. 즉, 전신은 메인 주와 텍사스 주끼리 의사소통을 허용하는 수준을 넘어 강요하게 될 것이며, 문자시대 사람들에겐 생소한 다른 종류의 대화거리content를 요구하게 될 것이라는 의미였다.

전신은 대규모의 불합리와 무기력, 모순이라는 세 갈래 창 끝으로 위협하며 인쇄시대 담론의 정의를 공격했다. 이러한 담론의 적대세력이 출현한 이유는 전신이 탈 상황적 정보의 개념에 대해 합법적 형식을 부여했기 때문이다. 이 개념이란 정보의 가치를 판단할 때 정치·사회적 의사결정이나 실행에 도움이 될 만한 목적과 상관없이 단순히 신기함, 흥미로움, 호기심을 유발할 가능성만을 필요로 하는 것을 뜻한다. 전신으로 인해 정보는 하나의 상품, 즉 용도나 가치에 상관없이 사고팔 수 있는 어떤 '것'으로 바뀌어버렸다.

하지만 전신 하나만으로 그렇게 된 것은 아니었다. 정보를 상품으로 바꾸는 전신의 잠재력은, 언론과의 협력 없이는 현실화되지 못했을 것이다. 전신기의 발명에 조금 앞서 1830년에 등장한 페니 신문[1] penny newspaper은, 현실성 없는 내용을 뉴스의 지위로 격상시키는 작업에 이미 들어가 있었다. 벤자민 데이의 〈뉴욕 선Benjamin Day's New York Sun〉과 제임스 베넷James Bennett의 〈뉴욕 헤럴드James Bennett's New York Herald〉 같은 신문은 합당한(편파적이라 할지라도) 정치 견해나 긴급한 상업광고와 같은 전통적인 뉴스에서 벗어나 주로 범죄나 성과 관련된 선정적인 사건기사로 지면을 채워 넣었다. 그러한 '흥밋거리 뉴스'는 독자들이 의사결정을 하거나 행동하는 데 아무런 역할도 하지 못한 반면, 적어도 지역적인 특성으로 인해 항상 시의성을 띠지는 않았다. 결국 이러한 신문에 '인간적 흥밋거리'가 기사로 자리잡은 이유는, 내용의 시의성 때문이라기보다는 시간에 구애받지 않는 특징인 초월성 때문이었다. 그렇다고 모든 신문이 이러한 기사에만 정신 팔려 있지는 않았다. 대체적으로 이들이 제공하는 정보는 지역적일 뿐 아니라 꽤 실용적이었는데, 독자들이 개인이나 지역사회의 일을 처리하는 데 있어서 맞닥뜨려야 할 문제나 결정사항과 연관이 있었기 때문이다.

전신은 순식간에 모든 것을 바꿔버렸다. 모르스가 첫 시연을 한 뒤 몇개월 지나지 않아 지엽적이고 시의성을 벗어난 뉴스는, 전신의 현란한 속도와 광역성에 가리워 신문에서 중심적 지위를 잃어버렸다.

---

1. 1페니로 사 볼 수 있는 대중신문을 뜻함. 최초의 페니페이퍼인 〈선(The Sun)〉은 새로운 취재방식으로 인간적 흥미를 당길 수 있는 일이나 흥미진진한 범죄사건 등을 기사로 싣기 시작했으며, 후에 여성, 유색인종, 노예 폐지론자, 심지어는 스포츠팬을 위한 신문들이 등장했다.

실제로 모르스가 전신기의 기능에 대해 역사적인 시연을 한 바로 다음날, 신문사에서 처음으로 전신을 이용했다. 모르스가 가설했던 워싱턴-볼티모어 회선을 이용하여 〈볼티모어 패이트리엇Baltimore Patriot〉이 독자들에게 오리건 문제'Oregon Issue에 관한 하원의 결정 소식을 전했다. 신문은 다음과 같은 문구로 기사를 결론지었다. "… *따라서 우리는 독자 여러분께 워싱턴 소식을 2시까지 제공할 수 있게 되었다. 정말 이것이야말로 공간의 소멸이다.*" [2]

한동안 현실적인 문제(전신 회선의 부족)로 인해 유용한 정보를 제공한다는 뉴스의 본뜻이 어느 정도 유지되긴 했었다. 그러나 앞을 내다본 출판업자들은 어디에 미래가 있는지 재빨리 알아채고는, 전국에 전신망을 가설하는 데 온 힘을 쏟았다. 〈필라델피아 퍼블릭 레저Philadelphia Public Ledger〉의 소유주 윌리엄 스웨인William Swain은 최초의 상업 전신회사인 '마그네틱 전신회사Magnetic Telegraph Company'에 대규모로 투자했을 뿐 아니라, 1850년에는 그 회사의 사장으로 나서기까지 했다. 신문의 성패가 뉴스의 유용성이나 질이 아닌, 대량전송과 신속성으로 판가름난 지는 그리 오래되지 않았다. 〈뉴욕 헤럴드〉의 제임스 베넷은 1848년 첫 주에 자기 신문에 7만9,000자나 되는 전신 내용을 수록했다고 자랑했는데,[3] 그 내용이 독자와 무슨 상관인지에 대해서는 한 마디도 없었다.

모르스가 1844년 5월 24일 최초로 전신 회선을 개통한 지 불과 4

---

1. 미국·캐나다 역사에서 스페인·러시아·미국·영국 사이에 태평양 북서부의 소유권을 둘러싸고 벌어진 분쟁.

년 후에 AP통신이 설립되었으며, 어디서 와서 누구에게 가는지도 알 수 없는 뉴스가 전국을 종횡무진 누비기 시작했다. 이제 전쟁, 범죄, 사고, 홍수(이들 대부분은 정치·사회적 관점에서는 애덜레이드 공주의 백일해 소식과 차이가 없다)와 같은 것들이 이른바 '오늘의 뉴스'로 등장했다.

소로우가 암시했듯이, 전신은 관련 있는 것들을 관련 없는 것으로 만들어버렸다. 도처에 흘러넘치는 정보는 이를 접하는 사람과는 거의 또는 전혀 관련이 없다. 즉, 사람들의 생활과 밀착된 사회적, 지적 상황과는 무관한 정보라는 뜻이다. 도처에 널려 있지만 마실 물은 한 방울도 없다는 콜리지¹ᶜᵒˡᵉʳⁱᵈᵍᵉ의 유명한 글이 탈상황적 정보환경에 대한 메타포로 유용할 듯싶은데, 사실 정보의 바다에서 쓸 만한 것은 거의 없다. 메인 주에 있는 사람과 텍사스 주에 있는 사람이 전신으로 대화한다 치더라도, 한쪽 편만 알고 있거나 고민하는 내용을 뉴스처럼 주고받을 수는 없었다. 전신으로 전국이 '하나의 이웃'으로 바뀐 듯하지만, 실은 서로에 대해 피상적인 사실밖에 모르는 낯선 사람들로 이루어진 괴상한 이웃이었다.

오늘날 우리가 이러한 이웃(요즈음은 지구촌이라 불린다) 속에서 살고 있기에, 다음과 같은 질문을 스스로에게 던져보면, 탈상황적 정보가 과연 무엇을 의미하는지 알아챌 수 있을 것이다.

아침에 TV뉴스나 라디오 또는 조간신문을 통해 접한 정보로 인해

---

1. 영국의 서정시인·비평가·철학자.

하루의 계획을 바꾸거나, 아니면 하지 않았을 일을 저질렀다거나, 무엇인가 해결해야 할 문제에 대한 통찰력을 얻은 적이 얼마나 자주 있는가? 대부분의 사람들에게는 일기예보가 종종 이와 같이 유용할 것이며, 주식투자자에게는 증권뉴스가 그러할 것이고, 우연히 당신의 거주지역이나 지인과 관련된 범죄가 발생한다면 범죄에 관한 보도도 쓸모 있을 것이다. 그러나 일상적인 뉴스는 대부분 그저 이야깃거리에 불과한 쓸모없는 정보의 집합체일 뿐 의미있는 행동으로 연결되지 않는다. 바로 이러한 점이 전신의 으뜸가는 유산이다. 즉, 전신으로 인해 삶과 무관한 정보가 도처에 흘러 넘쳐 '정보 대비 행동비율'이 극적으로 낮아져버렸다.

구두문화나 인쇄문화에서 정보의 중요성은 행동으로 옮길 수 있는 수준에 달려 있다. 물론, 어떤 의사소통 환경에서든 투입량(사람들이 접하는 정보)이 산출량(정보에 근거한 행동)보다는 항상 많게 마련이다. 그러나 전신이 빚어낸 잇따른 기술체계가 악화시킨 상황으로 인해 정보와 행동의 관계는 분리되어 버렸다. 인류 역사상 처음으로 사람들은 정보과잉의 문제에 직면했는데, 이는 동시에 사회 및 정치적 권위가 약화되는 문제에 직면했다는 의미이기도 했다.

이 말이 뜻하는 바를 이해하기 위해 각자에게 다음과 같은 일련의 질문을 던져보도록 하자. 중동 지역의 분쟁을 완화하기 위해 당신은 어떤 조치를 구상하고 있는가? 물가상승률이나 범죄율, 실업률을 줄이기 위해서는? 환경을 보존하거나 핵전쟁의 위험을 줄이기 위한 계획은 무엇인가? NATO, OPEC, CIA, 소수민족 우대정책, 그리고 이란의 바하이[1] 교도들이 처참하게 살해된 상황에 대해선 어떤 방책이 있는가? 자, 여러분 대신 내가 대답해 보겠다.

당신에겐 아무런 실행계획도 없다. 물론 당신은 어떤 구상을 갖고 있을 뿐 아니라 실행에 옮길 능력이 있다고 주장하는 누군가에게 투표권을 행사할 수 있다. 그러나 이러한 경우도 기껏해야 2년이나 4년에 한 번, 길어야 1시간 남짓 주어질 뿐인데, 당신이 품고 있는 폭넓은 의견을 표현하기에는 턱없이 불만족스럽다. 심지어, 투표란 정치적으로 무기력한 자들의 마지막에서 두 번째 피난처라고 할 수 있다. 물론 최후의 피난처는 여론조사원에게 의견을 전해주는 것이다. 조사원은 메마른 질문으로 의견을 묻고는, 유사한 의견과 무더기로 묶어 또다른 토막 뉴스(이밖에 쓸 데가 있겠는가?)로 개조할 것이다. 여기서 우리 모두는 무기력의 심각한 악순환을 마주한다. 즉, 뉴스는 우리가 아무런 행동도 취할 수 없는 사건이나 상황에 대해 다양한 의견을 끌어가지만, 우리들은 그러한 상황에 관한 뉴스거리를 추가로 제공하는 것 외에는 할 수 있는 일이 없다.

전신의 시대에 들어서기 전에는 사람들이 접하는 정보는 대체로 특정한 행동을 결정하는 데 밀접한 관계가 있었기에 대부분의 사람들은 일상 속에서 우발적인 사건이 일어나도 나름대로 통제할 수 있다

---

1. 모든 종교는 하나님에 의해 현시된 분파에 지나지 않으며, 실제로는 하나의 종교와 마찬가지라는 교리를 좇는 집단. 1817년 바하올라라는 사람에 의해 시작된 종교이다. 위 내용은 이슬람 혁명 직후인 1981년 이후 약 7년 동안, 이란 당국이 이슬람과 배치되는 바하이교 지도자들을 무차별적으로 체포, 구금하여 처참하게 살해를 일삼은 사건을 가리킨다.

는 느낌을 가졌다. 즉 행동-가치action-value의 의미를 알고 있었다. 그러나 전신이 빚어낸 정보세계로 인해 온 세계가 뉴스를 위한 배경으로 전락하자 사람들은 일말의 통제감마저 상실해 버렸다. 세상만사가 모든 사람들의 관심거리가 되고 말았다. 이제 역사상 최초로, 질문과 무관하게 답하고 때로는 응답할 권리조차 허용하지 않는 정보를 접하게 되었다.

공공담론에 있어서 전신이 기여한 것은 허상을 위장하고 무기력을 증폭시켰을 뿐이라고 말할 수 있다. 하지만 이게 다가 아니다. 전신으로 인해 공공담론은 본질적으로 산산조각나 버렸다. 루이스 멈포드의 표현을 빌자면, 전신으로 인해 시간이 단절되고 주의력이 결핍된 새로운 세계가 조성되었다. 전신의 주된 능력은 정보의 운송량이지 정보를 수집하고 설명하고 분석하는 것이 아니었다. 이러한 점에서 전신은 인쇄술의 정 반대편에 있었다. 잘 알다시피 책은 정보나 생각 따위를 쌓아서, 천천히 살피고, 분석하고 조직화할 수 있는 저장용기와 같다. 책을 쓰거나 읽을 때는 꽤 시간을 요하는데, 내용을 검토하고 표현방식을 비롯한 장단점을 따져보는 등의 시간을 필요로 한다는 뜻이다. 책을 쓴다는 것은 사고활동을 지속시키고자 애쓰는 활동이며, 과거의 저자들이 지휘하는 위대한 대화에 뛰어들어 자신의 견해를 펼치고자 노력하는 과정이기도 하다. 그렇기에 어느 사회를 막론하고 문명인이라면 책을 불태운다는 것을 몸서리치는 반 지성적 행위로 여겼다. 그러나 전신은 우리로 하여금 전신이 실어나르는 내용을 불태워버리도록 몰아가고 있다. 영원성이나 연속성 또는 일관성의 관점에서 본다면 전신은 아무 쓸모가 없다. 전신은 그저 재빠르게 최신 소식으로 제각기 바뀌는 뉴스속보에나 적합할 뿐이다. 사실이 또 다른 사실을 우리의 의식속에 순식간에 밀어넣거나 밖으로 밀어내기 때문에, 사실에 대한 평가란 허용되지도 않고 요구할 수도 없다.

전신으로 인해 깜짝 놀랄 만한 공적 의사소통 형식이 새롭게 등장했다. 바로 선정적이고, 개인적 삶과 무관한, 조각난 소식으로 이루어진 '헤드라인 뉴스'라는 신종 언어였다. 이제 뉴스는 마치 광고문구 같아서, 자극으로 관심을 끌다가는 급속히 잊혀졌다. 이러한 뉴스 언어 속에 연속성이라고는 찾아볼 수 없었다. 어떤 메시지와 그 앞뒤로 잇따른 메시지와는 아무 관련성이 없었다. 각각의 헤드라인 뉴스는 독자적으로 존재할 뿐이었다. 뉴스를 접하는 사람들은 가급적 스스로 의미를 부여해야 했다. 물론, 뉴스를 보내는 입장에서는 그럴 의무가 없었다. 이 모든 이유로 인해 전신이 생생하게 그려내는 세계는 다루기 힘들 뿐 아니라 심지어 판독할 수조차 없게 다가서기 시작했다. 이제 정확하며 순차적이고 연속적인 인쇄형식은, 지식을 얻고 세계를 이해하는 길이었던 (그동안 누려왔던) 메타포로서의 공명을 서서히 상실하기 시작했다. 사실을 '안다는 것'이 이제는 그 속에 숨은 함의나 배경, 연관성까지 이해한다는 뜻이 아니기에 이전과는 다른 의미를 지니게 되었다. 전신을 통해 형성되는 담론 속에서는, 역사적 조망을 할 만한 여유도 허용되지 않았고, 중요하다고 해서 우선권이 주어지지도 않았다. 전신의 시대에는 지성이란 '많은 것을 아는 것'을 뜻하지 '많은 것에 대해 아는 것'을 의미하지 않는다.

따라서 모르스가 제기했던 경건한 질문(하나님께서 전신을 통해 무슨 일을 하셨는가?)에 대한 헷갈리는 답변 하나가 되돌아왔다. 즉, 낯선 사람들끼리 모인 의미없이 북적대는 이웃과, 모든 것이 조각난 단절된 세상을 만드셨다는 것이다. 물론 하나님은 이런 사실과 아무 상관이 없다. 그리고 전신의 이 모든 위력에도 불구하고, 아직까지는 새로운 담론을 형성하는 메타포로서는 유일했기에, 인쇄문화가 전신의 맹공을 잘 견뎌내고 있었고 적어도 자신의 기반은 지키고 있었던 듯싶다.

공교롭게도 모르스가 정보의 의미에 대해서 다시 골몰하고 있던 비슷한 시기에, 루이 다게르[1]Louis Daguerre는 자연의 의미, 나아가 실재 자체의 의미에 대해 새롭게 고민하고 있었다. 1838년에 다게르는 투자자를 유치하기 위해 쓴 안내문에 이렇게 표현했다. *"다게르의 은판 사진술은 단순히 자연을 그려내는 도구가 아닙니다…. (이 기술은) 자연이 스스로를 재생할 수 있도록 능력을 부여합니다."* [4]

물론 자연을 그려내려 애쓸 때에는, 자연을 재생하는 것뿐 아니라 알기 쉽고 통제 가능하도록 개조한다는 의미가 항상 내재되어 있었다. 초창기 동굴벽화는 아직 이루지 못한 사냥에 대한 시각적 투사였거나 원시적인 자연지배의 소망성취였을 가능성이 크다. 달리 말하면, 자연을 재생한다는 것은 태고적 관념이다. 하지만 다게르는 이러한 의미의 '재생'을 염두에 두지 않았다. 사진술만 이용하면 언제 어디서든 누구나 자연을 복제할 수 있다고 널리 알리고자 했었다. 위에

---

1. 프랑스의 화가·화학자·무대장치 설계사. 1837년 최초로 은판 사진술을 개발했다.

서 다게르가 한 말의 본뜻은, 인쇄기가 기록된 글을 복제하는 장치이 듯 자신이 세계 최초로 시각적 경험을 복제하는 장치를 발명했다는 의미였다.

그런데 실제 은판 사진술로는 복제물을 일관되게 얻을 수 없었 다. 영국의 수학자이자 언어학자인 윌리엄 헨리 폭스 탈봇William Henry Fox Talbot이 음화陰畫(사진의 원판)를 제조하는 과정을 발명한 후에야 제 대로 된 복제가 가능했으며, 그로부터 얼마든지 양화陽畫를 만들어낼 수 있기에 대량으로 사진을 인쇄하거나 출판할 수도 있었다.[5] '사진 술Photography'이라는 명칭은 유명한 천문학자인 존 F. W. 허셜John F. W. Herschel 경이 이러한 과정을 감안해 붙인 이름이었다. 문자적으로 '빛 으로 쓴다'는 뜻을 지닌 색다른 명칭이었다. 사진술과 글쓰기(어떤 형 태의 언어든 간에)가 동일한 담론의 세계에 자리잡지 못하리라는 것은 처음부터 분명했기에, 아마도 허셜은 이 이름이 반어적으로 받아들여 지기를 기대한 듯하다.

그럼에도 불구하고 '빛으로 쓴다'는 의미 때문인지는 모르겠으나, 사진술을 일종의 '언어'로 보는 것이 관례가 되었다. 그러나 사진이라 는 메타포는 두 가지 의사소통 양식(보는 것과 읽는 것)간 근본적 차이 점을 흐리는 경향이 있기에 위험부담이 있었다. 먼저, 사진술은 오직 개별적인 것만을 드러내는 언어이며, 사진 이미지의 표현형식은 구체 적인 묘사에만 한정되어 있다. 글이나 문장과는 달리 사진은 세계에 대한 어떤 사고나 개념을 제시하지 않는다. 우리가 그 이미지를 개념 으로 전환하기 위해 언어를 사용하는 경우를 제외하고는 말이다. 사진만으로는 보이지 않는 것, 접근하기 어려운 것, 내적인 것, 추상적인 것은 다룰 수 없다. 사진은 '인간'이 아닌 '그저 어떤 사람'에 관해 말할 뿐이고, '나무'가 아닌 '그저 어떤 나무'에 관해 드러낼 뿐이다. 어느 누구도 '자연'을 사진으로 만들어낼 수 없으며 '바다'의 사진은 말할 것도 없다. 사람들은 다만 이곳 저곳의 부분적인 단편(특정한 노출 조건하에서 어떤 지역의 절벽 한 켠, 일정한 관점에서 바라본 어떤 순간의 물결)만을 찍을 수 있을 뿐이다. '자연'과 '바다'를 사진에 담을 수 없듯이 진실, 경의, 사랑, 거짓 등과 같이 더 추상성이 높은 개념은 사진의 어휘목록만으로는 표현할 길이 없다. '…을 보여주는 것'과 '…에 대해 말하는 것'은 전혀 다른 종류의 과정이기 때문이다.

가브리엘 살로몬'Gavriel Salomon은 "그림은 인식의 대상이고 글은 이해의 대상이다"라고 했다.[6] 즉, 사진은 세계를 대상(오브제)으로 제시하는 반면 언어는 세계를 생각으로 나타낸다는 뜻이다. 심지어 어떤 사물에 이름을 붙이는 가장 단순한 행동조차도 일종의 사고행위(하나를 다른 것과 비교하고, 공통점을 찾아내고, 차이점은 무시하여, 가상의 범주를 만드는 식으로)가 아닌가? 자연 속에는 '인간'이나 '나무'와 같은 본질 단위는 존재하지 않는다. 우주 속에서는 이런 식의 범주나 단순화가 있을 수 없으며, 단지 유동적이고 무한한 다양성이 존재할 뿐이다. 사진 기록은 이러한 무한한 다양성 중에서 특정한 것만 드러내 보여주

---

1. 이스라엘의 교육심리학자. 미디어의 상징체계를 이용한 인식효과를 연구했으며 테크놀로지를 이용한 교육환경과 인식도구를 고안하기도 했다.

는 것에 불과하다. 반면 언어는 사물의 본질과 다양성을 이해할 수 있도록 돕는다.

사진에는 또한 문장론이 있을 수 없으므로, 세계(주변)와 논쟁을 주고받을 수도 없다. 사진은 특정 시공간 속의 '객체客體, objectives' 조각에 불과하기에, 누군가 있었다거나 무엇인가 일어났었다는 것만을 확증할 뿐이다. 증명하는 힘은 강하지만, 사진은 아무런 의견("그래야만 했다" 또는 "그럴 수도 있었다")도 제시하지 않는다. 사진술은 사실의 세계를 탁월하게 드러낼 뿐이지, 사실에 관해서나 이로부터 이끌어낸 결론에 대해 논쟁하는 세계와는 거리가 멀다. 그렇다고 해서 사진술에 인식론적 편향성이 없다는 뜻은 아니다. 수전 손택[1]Susan Sontag이 통찰했듯이, 사진은 *"만약 사진기가 기록한 세계를 그대로 받아들인다면, 우리는 세계를 다 아는 셈이 된다"* [7]는 사실을 함축하고 있다. 또한 손택의 관찰대로 제대로 된 해석은 우리가 세계를 보이는 대로 받아들이지 않는 데서 출발한다.

물론 언어는 눈앞에 보이는 것과 겉으로 드러난 것에 도전하고 논박하며 파고들기 위해 사용하는 매체이다. '참'과 '거짓'이라는 말은 언어의 영역에서나 나오는 것이지 다른 데서는 있을 수 없다. 사진을 두고 "이게 사실입니까?" 하는 질문은 "실제 시공간 한 조각을 재생한 것입니까?"라는 의미에 지나지 않는다. 만약 "예"라는 대답이 나오면,

---

1. 미국의 작가이자 예술평론가로 시작하여 영화감독, 문화비평가, 사회운동가로 활동했으며, '대중문화의 퍼스트레이디' '새로운 감수성의 사제' '뉴욕 지성계의 여왕'이라는 숱한 별명과 명성을 얻었다. 주요 저서로 『해석에 반대한다(Against Interpretation)』 『사진에 관하여(On Photography)』 등이 있다.

조작하지도 않은 사진을 두고 문제 삼는 것과 같기에 더이상의 논쟁이 무의미해진다. 사진 그 자체는 의심스러운 주장을 펴지도 않으며, 집중적이고 명료한 논평을 내놓지도 않는다. 사진은 주장하지도 부인하지도 않는다. 그래서 논박할 수도 없다.

사진으로 경험을 기록하는 방식은 언어와도 다르다. 언어는 순차적인 서술방식으로 표현할 경우에만 뜻이 통한다. 어떤 낱말이나 문장이 문맥을 벗어나면, 즉 읽거나 듣는 사람이 앞뒤에 읽은 것을 잊어버리면 의미가 왜곡되게 마련이다. 그러나 사진의 경우에는 전후 관계를 필요로 하지 않기에, 언어와는 달리 맥락을 벗어나는 일이 없다. 사실 사진술의 요체는, 이미지를 다른 방식으로 보이게끔 하기 위해 그것을 둘러싼 정황을 제거해 버리는 데 있다. 사진 이미지의 세계에 대해 수전 손택은 이런 식으로 썼다. *"모든 경계[1]는… 인위적인 듯하다. 어떤 것이라도 그 외의 다른 것들과 분리되고 단절될 수 있다. 필요한 것은 대상물을 다르게 틀 지우는 것뿐이다."* [8] 손택의 이 말은, 사진이 할 수 있는 일이란 실체를 독특하게 분할하여 순간에서 정황을 제거하여 뒤틀고는, 서로 논리적·역사적 연관성이 없는 사건이나 사물을 나란히 늘어놓는 것뿐이라는 의미이다. 전신기와 마찬가지로, 사진술도 일련의 특이한 사건으로 가득 채워 세계를 재창조한다. 사진의 세계에는 시작과 과정, 종착점이 존재하지 않는다. 물론 전신이 내포하는 세계 역시 마찬가지다. 그 세계는 원자 단위로 조각나 있다. 사진

---

1. 사진으로 찍힌 이미지의 가장자리(경계)를 뜻함.

의 세계에는 오직 현재만 있기에 세간의 입에 오르내릴 만한 이야기의 한 터럭조차 차지할 필요가 없다.

이미지와 말이 다른 기능을 하며, 다른 관념의 수준에서 작동하고, 다른 응답양식을 필요로 한다는 사실이, 누구에게나 새로운 생각으로 다가오지는 않을 것이다. 그림은 글에 비해 적어도 세 곱절 넘게 오래 되었으며, 의사소통 기술에 있어서 형상의 역할은 19세기에도 곧잘 수용되었다. 19세기 중엽에 새로웠던 사실은, 사진을 비롯한 여타 도해圖解(그림이나 이미지 등을 통해 상징적으로 표현하는 기법)가 상징환경 속으로 급격하게 대량 유입되었다는 점이다. 이 사건이 바로, 대니얼 부어스틴이 그의 선구자적인 책『이미지와 환상The Images』에서 일컬은 '그래픽 혁명graphic revolution'이다. 이 말에 담긴 의미는, 언어에 대해 격렬한 맹공을 퍼부으며, 아무런 제재 없이 미국문화 전반에 퍼지고 있는 기계적으로 재생산된 이미지 형식(사진, 도표, 인쇄물, 포스터, 그림, 광고)에 대해 주의를 환기시키고자 했던 것이다. 부어스틴이 말한 '그래픽 혁명'이 내포하고 있는 핵심을 드러내기 위해 앞에서 '맹공'이란 단어를 의도적으로 사용했다. 이제, 사진을 필두로 한 새로운 이미지 형식은 단순히 언어의 보조수단으로 머물지 않고, 현실을 해석하고 검증하기 위한 유력한 수단으로 언어를 대치하고자 했다.

부어스틴이 그래픽 혁명에 대해 넌지시 내비친 것을 여기서 확실하게 짚어보도록 하자. 이미지로 무게중심이 옮겨가자 정보와 뉴스, 그리고 현실 자체의 범위에 대한 전통적 정의가 힘을 잃었다. 먼저 게시판, 포스터, 광고에서 나중에는 〈라이프Life〉〈룩Look〉〈뉴욕 데일리

미러New York Daily Mirror〉〈데일리 뉴스Daily News〉에서 그림은 설명을 뒷전으로 몰아냈으며, 어떤 경우에는 모조리 몰아내기까지 했다. 19세기 말에 이르자 광고주와 신문인들은 한 장의 그림이 천 마디 말보다도 쓸모 있을 뿐 아니라 판매에 있어선 더 월등하다는 사실을 알아챘다. 이제 수많은 미국인에게 믿음의 기초는 읽는 것이 아니라 보는 것이 되어버렸다.

전신電信이 얼굴도 모르는 사람들과 낯선 곳으로부터 날아드는 사실facts로 가득찬 바다 속에 사람들을 밀어넣으려 했다면, 사진은 특유의 방식으로 사방에서 전신을 통해 홍수처럼 밀려드는 이러한 뉴스거리에 제대로 된 날개를 달아준 격이었다. 왜냐하면 사진으로 인해 시의성時宜性과 무관한 뉴스거리에도 생생한 현실성이 부여되었으며, 뉴스에 비치는 이름도 모르는 사람들의 얼굴사진까지 곁들일 수 있었기 때문이었다. 이와 같이 사진은 '뉴스기사'가 적어도 사람의 지각知覺 경험 속 무엇인가와 관련이 있다는 착각을 불러일으켰다. 사진은 '오늘의 뉴스'가 필요로 하는 외관상의 배경을 만들었으며, 역으로 '오늘의 뉴스'는 사진이 필요로 하는 정황을 만들어냈다.

하지만, 사진과 헤드라인 뉴스가 손잡고 만들어낸 정황에 대한 사람들의 그럴싸한 느낌은 물론 완전한 착각이었다. 여기서 말하고자 하는 의미를 제대로 파악하기 위해 예를 하나 들어보자. 어떤 낯선 사람이 일릭스illyx라는 식물에 대해, 2년마다 꽃을 피우고 관절로 이어진 잎을 가진 연충식물의 하부종이며 서식처가 앨도넌제스Aldononjes 섬이라고 알려준다고 상상해 보자. 그리고 당신이 의아해 하며 "그래요,

하지만 그게 무슨 상관이죠?" 하고 물었을 때, 상대방이 "하지만 여기 사진 한번 보세요" 하며 당신 손에 '앨도넌제스 섬의 일릭스'라는 이름표가 붙은 사진을 건넸다고 하자. 그러면 당신은 "아 그렇군요, 이제 알겠네요" 하고 투덜거리며 답할 것이다. 여기서 분명히 그 사진은 당신이 들은 문장에 필요한 정황을 제공하고 있으며, 문장은 당신이 본 사진에 필요한 정황을 부여하고 있다. 그리고 더 나아가 당신은 하루 정도 무엇인가 배웠다는 느낌이 들지도 모른다. 하지만, 만약 이 경험이 당신이 간직한 지식이나 미래의 계획과는 무관한 일이라면, 그리고 그 낯선 사람과의 만남이 처음이자 마지막이라면, 앞에서와 같이 이미지와 문장의 결합으로 만들어낸 외관상의 정황은 실체가 없는 착각에 불과하며 어떤 의미가 곁들여 있다는 느낌 또한 다를 바 없다. 사실 아무것도 '배우지' 않은 셈이며, (사진을 든 낯선 사람은 피하는 게 상책이라는 사실 외에는) 일릭스라는 식물은 애초에 있지도 않았던 것처럼 기억 저편으로 사라져버릴 것이다. 기껏해야 칵테일 파티에서 잡담하거나 낱말맞추기 퍼즐을 할 때 말고는 쓸모 없는 하찮은 흥밋거리로만 남지 않겠는가?

흥미로운 사실이 하나 있다. 낱말맞추기 퍼즐이 기분전환 거리로 미국에서 인기를 끌게 된 시기와, 전신과 사진으로 인해 뉴스가 기능적 정보에서 탈상황적 정보로 변질된 시기가 정확히 맞아떨어진다는 점이다. 이러한 현상은 새로운 기술체계로 인해 정보에 관한 오래된 고민거리가 표면화되기 시작했음을 나타낸다. 즉, 한때 삶의 실제 상황을 다루기 위해 정보를 구하려 애썼던 곳에서, 이제는 그 외의 경우에는 쓸모 없을 정보를 가지고 어느 정도 외견상 용도가 있게끔 상황을 애써 만들어내야만 했다. 낱말맞추기 퍼즐이 그러한 의사擬似-상황pseudo-context의 일종이다. 칵테일 파티나 1930년대의 라디오 퀴즈쇼, 1940년대의 텔레비전 게임쇼도 마찬가지다. 그리고 궁극적으로는 이러한 '하찮음의 추구'가 터무니없는 성공을 거두게 될 것이다. 형식이 어떻든 간에 위의 경우에 제기되는 질문은 하나로 귀결된다. 즉, "단절되어 조각난 이 모든 (개개의) 사실들을 갖고 무엇을 해야 하나?" 물론 어떤 경우에도 대답은 동일하다. 즉, 왜 이런 걸 기분전환에 이용하지 않는가? 오락은 어떻고? 게임을 하며 혼자 즐길 수 있지도 않은가?

부어스틴은 그의 책 『이미지와 환상』에서 그래픽 혁명의 주된 작품을 일컬어 의사-사건pseudo-event이라 했는데, 이는 기자회견같이 보도될 목적으로 구체적으로 각색된 사건을 의미한다. 하지만 이보다는 전신과 사진이 만들어낸 좀더 의미심장한 유산은 의사-상황pseudo-context이 될 듯하다. 의사-상황이란 단편적이고 무의미한 정보를 쓸모 있는 것처럼 보이도록 하기 위해 꾸며낸 구조의 일종이다. 그러나 의사-상황의 목적은 행동이나 문제해결이나 변화가 아니다. 우리의 실제적 삶과는 무관한 용도에 불과할 뿐이다. 물론 즐기기 위해서다. 다시 말하면 의사-상황은 불합리, 모순, 무기력이 압도하는 문화의 마지막 도피처인 셈이다.

그렇다고 사진과 전신으로 인해 방대한 문자문화 체계가 한방에 무너지지는 않았다. 설명하고자 하는 관습은 오랜 역사를 지녔고, 19

세기에서 20세기로 넘어서는 시기에도 미국인들의 정신을 강력하게 지배하고 있었다. 실제로 봇물 터지듯 쏟아져나온 찬란한 언어와 문학작품이 20세기 초반을 장식했다. 〈아메리칸 머큐리American Mercury〉나 〈더 뉴요커The New Yorker〉와 같은 잡지, 포크너Faulkner · 피츠제럴드Fitzgerald · 스타인벡Steinbeck · 헤밍웨이Hemingway의 소설들, 심지어 〈헤럴드 트리뷴Herald Tribune〉이나 〈타임즈Times〉와 같은 거대 신문까지도 칼럼에 산문작품을 실어 강렬한 반향과 함께 사람들을 감동시켰다. 그러나 이는 설명의 시대가 부른, 죽음의 순간에 임박해 가장 아름답고 감미롭게 불러대는 나이팅게일의 노래¹였다. 설명의 시대가 새롭게 시작되는 것이 아니라 종말을 고하는 순간이었다. 죽음의 곡조 저편에서 새로운 선율이 들려오고 있었다. 그리고 사진술과 전신기는 음조를 맞추어 연주했다. 사진과 전신은 상호 연관성을 배척하고, 상황에 아랑곳없이 내지르며, 역사성을 외면하고, 아무것도 설명하지 않으면서, 나아가 복잡성과 일관성의 장소인 문자문화에 황홀한 추파를 던졌다. 이미지와 즉각성의 이중주였으며, 모두가 화음을 맞추어 미국의 새로운 공공담론을 연주했다.

19세기 말과 20세기 초에는 매체마다 전자식 의사소통에 뛰어들어 전신과 사진이 이끄는 대로 추종하며 편향성을 증폭시켰다. 영화와 같은 일부 매체는 애초부터 그러한 쪽으로 기울었다. 그러나 라디

---

1. 안데르센의 동화 『나이팅게일』의 내용을 비유함. 황제가 죽음의 순간에 임박해서야 나이팅게일의 노래가 세상에서 가장 아름답고 감미롭다는 사실을 깨닫는 내용.

오와 같이 이성적인 담화를 증폭시키는 쪽에 치중해 있던 매체도, 새로운 인식론의 급습에 압도당해 종국에는 그쪽을 지원하게 되었다. 결국 이같은 전자기술이 총체적으로 함께 어우러져 하나의 새로운 세상(어떤 사건이 눈앞에 순간적으로 나타났다가는 곧바로 사라져버리곤 하는 삐까부 세상peek-a-boo world)을 출현시켰다. 이는 일관성과 판단력이 결여된 세계이며, 우리에게 아무것도 요구하지 않는 (실제로는 우리가 아무것도 할 수 없도록 가로막는) 세계이며, 숨어있다가 '까꿍' 하고 아이들을 놀래주는 삐까부 장난처럼 완전히 따로 노는 세계였다. 그러나 한편으로는 어린애들의 삐까부 놀이와 마찬가지로 끝없이 즐기는 오락이기도 했다.

물론 삐까부 놀이가 문제될 건 없으며 오락을 즐긴다고 잘못된 것도 아니다. 어떤 정신의학자가 전에 말했듯이, 우리 모두는 허공에 성城을 쌓는다. 문제는 우리가 그 성에서 살고자 할 때 생긴다. 전신기와 사진술을 주축으로 한 19세기 말과 20세기 초의 의사소통 매체로 인해 삐까부 세상peek-a-boo world이 출현했지만, 우리가 그 속에서 살게 된 때는 텔레비전이 등장하고 나서였다. 텔레비전으로 인해 이미지와 즉각성의 상호작용이 위험하리 만치 절묘하게 어우러지면서 전신과 사진의 인식론적 편향성이 최대한 강력하게 드러나게 되었다. 게다가 텔레비전으로 인해 그러한 편향성은 가정에까지 파고들었다.

이제는 텔레비전이 최초의 친구이자 가장 가까운 선생이었고, 가장 믿을 만한 친구이자 동료였던, 그 어린이들의 자녀세대가 되었다. 있는 그대로 말하자면, 텔레비전은 새로운 인식론의 지휘소인 셈이다. 텔레비전을 볼 수 없을 정도로 어린 시청자란 있을 수 없다. 텔레비전 없이 지내야 할 정도로 열악한 빈곤도 존재하지 않는다. 텔레비전의 영향을 받고 변질되지 않은 수준높은 교육도 찾아볼 수 없다. 그리고 무엇보다도 가장 중요한 사실은, 공적 관심사에 관한 진지한 논제(정치, 뉴스, 교육, 종교, 과학, 스포츠)는 텔레비전의 소통과정에서 배제되어 더이상 찾아볼 수 없다는 점이다. 즉, 이러한 논제에 대한 모든 공적 식별은 이미 텔레비전의 편향성으로 말미암아 변형되었다는 뜻이다.

게다가 텔레비전은 또한 좀더 미묘한 방식으로도 지휘소 역할을 하고 있다. 예를 들면, 우리가 다른 매체를 이용할 때도 대체로 텔레비전의 영향을 받는다. 텔레비전을 통해 우리는 어떤 전화회사를 이용해야 할지, 어떤 영화를 볼지, 어떤 책을 음반을 잡지를 사야 할지, 어떤 라디오 프로그램을 들어야 할지를 배운다. 텔레비전은 그 어떤 여타 매체도 해낼 수 없는 방식으로 우리의 의사소통 환경을 조성한다.

이러한 점에서 작지만 얄궂은 사례 하나를 살펴보기로 하자. 지난 십 수년간 우리 모두는 컴퓨터가 미래의 과학기술이라고 배워왔다. 그리고 만약 우리 자녀들이 '컴맹'을 벗어나지 못하면 학업의 어려움은 물론 삶에서도 뒤처질 것이라고 내내 들어왔다. 또한 컴퓨터가 없이는 일도 제대로 할 수 없고, 쇼핑목록을 작성할 수도, 나아가 수표책조차도 제대로 정리할 수 없다는 말을 들었다. 이 중의 일부는 사실일지도 모른다. 그러나 컴퓨터와 또 이것이 우리 삶에서 지니는 의미에 관해 가장 중요한 사실은, 우리 모두는 이 모든 내용을 텔레비전을 통해서 배운다는 점이다. 이제 텔레비전은 지식을 알려주는 것은 물론 어떻게 배워야 하는지에 관한 방법론까지 지시하는, 초超매체meta-media적 지위에까지 올랐다.

이와 동시에 텔레비전은 언어학자 롤랑 바르뜨가 정의한 '신화myth'의 지위에도 올랐다. 여기서 신화란 세계를 이해하는 하나의 방식으로, 의심할 여지 없이, 충분히 의식하지 않으면서도 당연시하는 통념을 뜻한다. 또한 신화는 우리의 의식세계 깊숙이 내재해 있는 사고방식이라 보이지도 않는다. 이제 텔레비전의 의사전달 방식이 이러한 신화가 된 셈이다. 우리는 더이상 그 기계장치에 매료되거나 어쩔 줄 몰라하지 않는다. 또한 텔레비전의 경이로움에 대해 언급하지 않으며, 텔레비전 수상기를 특별한 공간에만 한정시키지도 않는다. 우리 모두는 카메라가 잡은 제한된 각도에 대해서는 잘 알지도 못하면서, 브라운관에 비치는 사실을 의심하지 않는다. 심지어 텔레비전이 우리에게 어떤 식으로 영향을 미치는가에 대한 문제제기도 뒷전으로 밀려나버렸다. 마치 눈과 귀가 우리에게 어떤 영향을 끼치냐고 묻듯이, 그러한 질문 자체를 이상하게 여길 것이다.

1960년대에만 하더라도 "과연 텔레비전이 문화를 형성하는가 아니면 반영만 할 뿐인가?"라는 질문이 적지않은 철학자들이나 사회비평가들의 중요한 관심사였다. 그러나 텔레비전이 점차 우리의 문화로 대치되면서 이러한 질문은 자취를 감췄다. 이 사실은 이제 무엇보다도, 우리는 텔레비전에 관해서는 거의 이야기하지 않고 단지 텔레비전에서 본 것(TV의 내용물)에 대해서만 이야기한다는 뜻이다. 이제

TV의 생태학(TV의 물리적 특성과 상징코드뿐 아니라 우리가 습관적으로 TV에 집중하는 상황을 포괄하여)은 의심할 여지없이 자연스럽게 받아들여지고 있다.

텔레비전은 이른바 100년 전의 전자 빅뱅 후 지적·사회적 우주에 잔존하여 눈에 보이지 않는 배경 방사선[1]과 같이 되어버렸다. 그리고 TV는 미국문화에 너무나 익숙하고 철저하게 얽혀 있어서 이제는 더 이상 배후에서 나오는 희미한 소리를 들을 수도 없고 깜박거리는 회색 불빛도 보지 못한다. 달리 말하면, 텔레비전의 인식론이 눈에 띄지 않아 지나쳐버리게 되었다는 뜻이다. 그리고 TV가 구축해 온 삐까부 세상도 이제는 더이상 낯설어 보이지 않는다.

그래픽과 전자혁명으로 유발된 가장 큰 골칫거리는, 텔레비전을 통해 전달된 세계가 우리에게 낯설기보다는 자연스럽게 보인다는 점이다. 낯설게 느끼는 감각을 상실했다는 것은 길들여졌다는 신호이며 길들여져 온 만큼 우리가 변해왔다는 것이기 때문이다. 우리의 문화는 이제 텔레비전의 인식론에 거의 다 길들여졌다. 즉, 우리는 텔레비전을 통해 규정되는 진실, 지식, 사실을 너무도 철저하게 받아들이기에 쓸모 없는 것들이 중요한 것인 양, 그리고 모순된 것들이 대단히 합리적인 양 우리 안에 가득 들어앉게 되었다는 뜻이다. 그리고 사회적 관습이나 제도 중 일부가 시대적 규범과 잘 맞지 않는다고 느껴

---

1. 우주대폭발(빅뱅) 후 지금까지 미세하게 잔존하여 영향을 끼치는 우주배경복사 에너지를 텔레비전의 사회적 영향력에 비유하여 설명함.

지면, 이제는 시대적 규범을 문제삼기보다는 본래의 관습이나 제도가 이상하거나 잘못되었다고 여긴다.

이 책의 나머지 부분에서는 텔레비전의 인식론을 가시적으로 한 번 더 드러내고자 한다. 구체적인 사례를 통해 다음의 몇가지 사실을 증명해 보이겠다.

- 텔레비전을 통한 지각방식은 인쇄를 통한 지각방식에 철저하게 적대적이다.
- 텔레비전을 통한 의사소통은 모순과 하찮음을 조장한다.
- '진지한 텔레비전'이라는 말은 언어도단이다.
- 텔레비전은 오직 한가지 소리(오락의 소리)만을 고집한다.

더 나아가 인기 좋은 텔레비전의 의사소통 방식에 뛰어들기 위해 미국의 문화제도가 줄지어 텔레비전과 같은 방식으로 말하는 법을 배우고 있다는 사실을 드러내 보이고자 한다. 달리 말해서 텔레비전은 문화를 쇼비즈니스를 위한 거대한 무대로 바꿔버리고 있다. 물론 종국에는 우리들도 그것이 즐겁다고 알게 되고 또 그것을 수용하기로 결정하리란 것도 분명하다. 70여 년 전 올더스 헉슬리가 언젠가 닥쳐올까 봐 두려워하던 상황이 바로 이것이었다.

제2부

06
쇼비즈니스 시대

개인적으로 잘 아는 어느 대학원생이 겪은 일이다. 이 친구가 다음 날 중요한 시험을 앞두고 밤늦게 숙소에 와 보니 그만 하나뿐인 전구가 나가 있었다. 잠시 당황했지만 이내 침착하게 학점을 유지할 방도를 찾아냈다. 텔레비전을 켜고는 소리를 끈 채로 화면 불빛을 이용해 책을 읽기 시작했다. 인쇄물을 읽기 위한 조명기구로 텔레비전을 이용하는 방법이다.

하지만 텔레비전은 조명기구 이상의 쓰임새도 있다. TV화면은 부드럽고 평평해서 글자를 표시해도 무방해 보인다. 호텔에 있는 TV를 켜면 안내채널에서 그날의 행사내용을 끊임없이 자막으로 내보낸다. 전자 게시판으로 텔레비전을 이용하는 또다른 방법이다.

텔레비전은 대체로 크고 튼튼해서 웬만한 책더미 정도는 충분히 지탱한다. 구형 RCA TV는 30권 정도는 거뜬히 버틴다. 개인적으로 잘 아는 한 여성은 21인치 웨스팅하우스 TV 위에 디킨스와 플로베르, 뚜르게네프 전집을 정리하기도 했다. 이번에는 책장으로 텔레비전을 이용하는 또다른 방법이다.

앞에서 텔레비전을 이용하는 엉뚱한 방법을 든 이유는, 혹시라도 텔레비전이 문자문화를 뒷받침할 수도 있지 않겠냐고 기대하는 일부 사람들을 웃음거리로 만들기 위해서다. 그러한 기대는 바로 마샬 맥루한이 지칭한 '백미러식 관념rear-view mirror thinking'과 같다. 즉, 새로운 매체는 이전 매체의 확장이나 확대일 뿐이라고 전제하는 것인데, 예컨대 자동차는 빨리 달리는 말馬일 뿐이며 전구는 강력한 촛불이라는 식이다. 이러한 오류를 쉽사리 저지른 이유는 텔레비전이 담론의 의미를 어떻게 재정의하는지 완전히 잘못 짚은 탓이다. 텔레비전은 문자문화를 확대하거나 확장하지 않는다. 오히려 문자문화를 공격한다. 설사 텔레비전이 무엇인가의 확장이라 하더라도, 19세기 중반 비롯된 전신과 사진술의 확장이지 15세기에 발명된 인쇄기의 확장은 아니다.

과연 텔레비전이 무엇일까? 텔레비전으로는 어떤 식의 의사소통이 가능할까? 텔레비전은 어떤 지적 성향을 부추길까? 그리고 텔레비전이 잉태하여 낳는 문화는 어떤 모습일까?

이 책의 나머지 부분에서 이와 같은 질문을 다루어보겠다. 그리고 혼란을 최소화하기 위해 테크놀로지technology와 매체media의 차이점을 확실히 구분하고 시작함이 좋겠다. 테크놀로지와 매체의 관계는 두뇌와 정신의 관계와 같다고 할 수 있다. 두뇌처럼 테크놀로지는 일종의 물리적 기관과 같다. 그리고 정신과 같이 매체는 물리적 기관의 사용과 관계가 있다. 하나의 테크놀로지가 특정한 상징부호를 사용할 때나 사회적 위상을 차지할 때, 그리고 경제적·사회적 정황 속에 슬그머니 자리잡을 때, 그 테크놀로지는 하나의 매체로 변모한다. 달리 말하면 테크놀로지는 그저 하나의 기계장치에 불과하지만, 매체는 기계장치로 인해 생성되는 사회적·지적 환경과 같다는 뜻이다.

물론, 뇌처럼 모든 테크놀로지는 나름대로 태생적인 편향성을 갖는다. 바로 이 때문에 경우에 따라 테크놀로지가 쉽게 접목되기도 하며 충돌이 생기기도 한다. 따라서 과학기술이 중립적이라고 받아들이는 사람은 테크놀로지의 역사에 대해 전혀 알지 못하는 사람뿐이다. 이같이 순진한 생각을 조롱하는 우스갯소리가 하나 있다. 토머스 에디슨이 전구를 켤 때마다 "여보세요? 여보세요?" 하지 않았다면, 전구를 발명한 사실이 훨씬 더 빨리 세상에 알려졌을 것이라고 한다.

에디슨이 그랬을 리야 없겠지만 테크놀로지마다 제 나름대로의 어젠다Agenda를 내포하고 있는데, 이는 마치 툭 튀어나올 채비를 하고 있는 일종의 메타포와 같다.

예를 들어 인쇄기는 언어를 표현해 내는 매체로 이용할 때 그 편향성이 분명하게 드러난다. 물론 오로지 그림만을 인쇄하는 용도로도 생각해 볼 수 있음직하다. 만약 그렇게 했더라면 16세기에 로마 가톨릭 교회가 인쇄기 사용을 거절하지 않았을 것이며, 따라서 모든 가정에서도 성경책을 접할 수 있었기에, 더이상 교황이 성경을 해석해 줄 필요도 없었고, 결국 루터의 종교개혁도 일어나지 않았을 것이라고 상상해 볼 수 있다. 그러나 인쇄술을 성상聖像을 복제하거나 하는 용도로 사용한 일은 결코 일어나지 않았다. 15세기 초 이래로 인쇄술은 기록된 글을 나타내고 대량으로 공급하는 특별한 지위를 누려왔으며, 인쇄술의 모든 기술적 응용도 그러한 방향으로 촉진되었다. 심지어 애당초 이러한 목적으로 인쇄술을 발명했을 것이라고 말하는 사람도 있다.

물론 텔레비전을 만들어낸 테크놀로지도 편향성을 지니고 있다. 텔레비전을 전등, 게시판, 책장, 심지어 라디오로 이용하는 것도 생각해 볼 수는 있다. 하지만 지금까지 그런 식으로 사용된 적 없으며 앞으로도 그러할 것이다. 그러므로 텔레비전이 과연 무엇인가? 하는 질문에 답하기 전에, 여기서는 텔레비전을 테크놀로지가 아닌 일종의 매체로서 거론하고 있다는 점을 우선적으로 이해하기 바란다.

모든 텔레비전의 기술체계는 똑같지만, 사람들의 상식과는 달리 텔레비전이 미국과는 전혀 다른 매체로 기능하는 곳이 지구상에 꽤 많다. 이를테면 극소수 외에는 텔레비전이 보급되지 않은 나라, 방송국이 하나뿐인 나라, 24시간 종일 방송을 하지 않는 나라, 정부의 정책과 이념을 선전하기 위한 프로그램만 방영하는 나라, 상업광고가 없으며 (북한처럼) 화면에 앵커의 얼굴만 비치는 나라, 텔레비전을 라디오처럼 주로 듣기만 하는 나라 등. 이런 곳에서는 텔레비전이 미국에서와 달리 별 의미도 영향력도 없을 것이다. 말하자면 테크놀로지를 제한적으로 사용하면, 잠재력이 봉쇄되어 기술의 확산이나 사회적 여파를 최소한으로 유지할 수 있다는 뜻이다.

그러나 미국에서는 상황이 달랐다. 자유민주주의와 자유시장경제라는 최적의 기후조건에서 텔레비전은 모든 잠재력을 영상기술로 끌어낼 수 있었다. 전세계에서 미국의 텔레비전 프로그램을 원하게 된 것도 이로 인한 결과 중의 하나라고 하겠다. 1986년 현재 미국 텔레비전 프로그램의 총 수출규모는 10만 내지 20만 시간으로 추정되는데, 중남미와 아시아 및 유럽의 규모가 반반씩이다.[11] 〈건스모크Gunsmoke〉 〈보난자Bonanza〉 〈미션 임파서블Mission : impossible〉 〈스타트렉Star Trek〉 〈코작Kojak〉 〈다이내스티Dynasty〉와 〈댈러스Dallas〉와 같은 프로그램이 영국, 일본, 이스라엘, 노르웨이에서 오마하나 네브라스카 못지않게 일년 내내 인기를 끌었다. 몇해 전에는 스웨덴의 유목민족인 라프족Lapps이 연례 이주여행까지 며칠 미루었다고 들었는데(확인하지는 못했지만), 누가 J.R.(댈러스의 남자주인공)을 쏘았는지 궁금해서였다고 한다. 이 모든 현상은 전세계적으로 미국의 도덕적, 정치적 권위가 쇠퇴하면서 일어나고 있다. 미국의 텔레비전 프로그램이 인기를 끄는 것은 미국이 좋아서가 아니라 그저 방송 프로그램이 좋아서 원할 뿐이다.

왜 그런지 알기 위해 오래 고민할 필요도 없다. 밤에 브로드웨이 42번가에서 휘황찬란하게 번쩍이는 네온사인을 브라운관에서 처음 보고 조지 버나드 쇼[1]George Bernard Shaw가 내뱉은 말이 떠오른다. "뭔지

---

1. 아일랜드의 극작가, 소설가이자 비평가. 주로 고급 희극을 통해 종교적 자각을 탐구했고 사회와 사회악의 결탁을 파헤쳤다. 1925년에는 잔다르크에 대한 역사극 『성녀 조앤』으로 노벨문학상을 수상했으며, 1938년에는 희곡 『피그말리온』을 각색한 영화 〈마이 페어 레이디〉로 아카데미 각본상을 수상하기도 했다.

는 모르겠지만 아름답기는 하군." 실제로 미국의 TV방송이란 매일같이 수천 개 이미지를 쏟아부어 만드는 멋진 구경거리나 시각적 환희와 다를 바 없다. 방송화면에서 한 장면이 머무는 평균시간이 3.5초에 불과하기에, 우리 눈은 쉴새 없이 새로운 볼거리를 접하게 된다. 더욱이 시청자는 텔레비전에서 온갖 볼거리를 접하기 때문에, 이해하는 데 어려움이 없도록 감정적인 만족을 목표로 하게 된다. 심지어 일부에선 골칫거리 정도로 여기는 광고조차도 신나는 음악과 함께 시각적 즐거움을 줄 수 있도록 정교하게 구성한다. 따라서 현재 텔레비전 상업광고에 나오는 장면이 세계 최고의 사진작품이라는 데에는 아무도 이의가 없다. 미국의 TV방송은 시청자에게 즐길거리를 쏟아붓기 위해 목숨을 걸고 있다.

물론 텔레비전이 오락적이라는 것은 흔해빠진 말이다. 이런 사실만으로는 문화에 위협도 되지 못할 뿐더러 책을 쓸 만한 가치도 없다. 흔히 말하듯이, 인생은 꽃으로 뒤덮인 탄탄대로가 아니기에 즐거움을 누릴 만한 이유도 있다. 우리의 인생길 곳곳에서 꽃조차 볼 수 없다면 삶은 시시하여 견딜 수 없을 것이다. 라프족 사람들은 분명히 그렇게 생각했다. 매일 밤 텔레비전 앞에 몰려드는 미국인들도 그런 식으로 생각하리라 추측할 수 있다. 그러나 여기서의 논점은 텔레비전이 오락적이라는 것이 아니라, 텔레비전으로 인해 모든 경험적 표현이 자연스럽게 오락적 형태를 띠게 되었다는 점이다. 사람들은 텔레비전을 통해 온 세상과 교감을 유지하지만, 이는 인격이 사라진 무표정한 방식일 뿐이다. 문제는 텔레비전이 오락물을 전달한다는 점이 아니라 모든 전달되는 내용이 오락적 형태를 띤다는 것이다. 전적으로 별개의 쟁점이다.

달리 말하면, 텔레비전 세계에서 오락은 모든 담론을 압도하는 지배이념과 같다. 무엇을 묘사하든, 어떤 관점에서 전달하든, 가장 중요한 전제는 즐겁고 재미있어야 한다는 점이다. 바로 이 '재미' 때문에 매일같이 뉴스에서 재난이나 잔혹한 장면을 접하면서도, 뉴스진행자가 하는 한마디 "내일 다시 뵙겠습니다"에 걸려들고 만다. 왜냐고? 아마 TV에서 몇 분 정도 살인이나 무차별적 상해사건을 보면 1개월 정도는 잠을 못 이룰 것이라 생각할지도 모르겠다. 하지만 사람들은 '뉴스'를 심각하게 받아들이기보다는 재미삼아 보게 될 것임을 잘 알기에 뉴스진행자의 초대에 기꺼이 응한다. 뉴스쇼에서 온통 우리가 보고 듣는, 잘 생기고 상냥한 뉴스진행자, 유쾌한 재담, 자극적인 타이틀 음악, 생생한 현장 장면, 그리고 매혹적인 광고… 이 모든 것들이 방금 본 장면을 슬퍼할 필요가 없음을 암시한다.

솔직하게 말하자면 뉴스쇼는 오락적 구성 형식일 뿐 교육적이지도 않고 성찰하거나 정서를 함양하는 형식도 아니다. 그렇다고 이런 식으로 뉴스쇼를 만든 사람들을 엄격하게 비판해서는 곤란하다. 이들은 읽을 뉴스를 편집하거나 라디오 청취 방송을 하는 것이 아니라, 보기 위한 뉴스를 TV로 내보내고 있을 뿐이다. 이들도 자신들이 사용하는 매체가 이끄는 대로 따라갈 수밖에 없다. 무슨 음모가 있는 것도 아니고, 지성이 모자라서도 아니다. '믿을 만한 텔레비전'이란 설명이나 언어표현이 뛰어나다는 것과는 무관하게, 그저 생생한 이미지가 어떻게 보이는지에 따라 결정된다는 사실을 직시할 수밖에 없다.

이러한 점을 확인하기 위해 ABC방송이 화제의 영화 〈그날 이후[1] The Day After〉를 방송한 후에 곧이어 1983년 1월 20일 내보낸 80분짜리 좌담을 실례로 살펴보도록 하자. 비록 이 방송에 대한 기억이 많이 흐려졌지만, 이 프로그램은 텔레비전 역사상 가장 '진지하고'도 '책임 있는' 자세를 취한 사례였기에 이를 택했다. 이 방송을 결정한 것은 모든 면에서 과연 텔레비전이 오락적 형태에서 탈피하여 공적 교육을 수행하는 수준으로 부상할 수 있는지 시험해 볼 수 있는 결정적 계기였다. 우선적으로 주제가 핵전쟁으로 인한 대참사의 가능성이었다. 둘째로, 영화가 제리 폴웰 목사가 주도하는 보수파 단체를 비롯한 몇몇 영향력 있는 정치단체의 공격을 받았다. 따라서 방송사로선 제대로 된 정보와 일관된 담론을 전달하는 매체로서 텔레비전의 가치와 진지한 의도를 드러내는 일이 중요했다. 셋째로, 이 방송에서는 배경음악을 사용하지 않았는데, 대부분의 프로그램은 음악을 삽입하여 시청자들이 어떠한 감정을 떠올릴지 넌지시 암시하기에, 이는 중요한 점이다. 음악을 이용하는 것은 전형적인 극장식 장치인데, 음악이 없는 TV방송이란 항상 탐탁지 않았다. 넷째로, 토론중에는 광고가 없었기에 행사 분위기를 암살당한 대통령의 장례식 때처럼 엄숙하게 유지할 수 있었다. 그리고 마지막으로, 토론에는 헨리 키신저[2] Henry Kissinger

---

1. 1980년대 냉전시대에 ABC TV에서 제작한 핵전쟁으로 인한 인류멸망의 공포를 그린 영화. 방송 직후 사람들을 핵전쟁의 공포로 몰아넣으며 세계적으로 엄청난 반향을 일으켰다.
2. 1970년대 미국 국무장관을 지낸 정치인이자 외교관. 1970년대 후반까지 미국의 외교정책에 지대한

를 비롯하여 로버트 맥나마라[1]Robert McNamara와 엘리 위즐[2]Elie Wiesel 같은 진지한 담론의 상징적인 인물이 참석했다. 비록 키신저는 얼마 후 인기연속극 〈다이내스티〉에 얼굴을 내밀기도 했지만, 당시에는 여전히 지적 냉철함의 모범이었고, 위즐은 사회적 양심에 있어선 걸어다니는 메타포였다. 실제로 여타의 참석자(칼 세이건[3]Carl Sagan, 윌리엄 버클리[4]William Buckley와 브렌트 스코우크로포트 장군[5]General Brent Scowcroft)들도 나름대로 시시한 일에 개입할 여지가 없는 지성적인 사람들이었다.

방송을 시작하면서 진행자인 테드 카플[6]Ted Koppel은 좌담의 목적이 논쟁이 아니라 진지한 의견을 함께 나누는 토론임을 분명히 했다. 따라서 담론의 원리에 대해 관심있는 사람들에겐 과연 텔레비전이 '토론'이라는 말뜻 그대로 진지해질 수 있는지 관찰할 수 있는 기막힌 기회였다.

토론은 이런 식이었다. 주제와 관련하여 6명의 참석자에게는 각각

영향을 끼쳤다.
1. 동서냉전의 상징이었던 1962년 쿠바 미사일 위기와 베트남전쟁을 겪은 1960년대 미국의 국방장관으로 있었으며 이후 세계은행(IBRD) 총재와 포드자동차 사장을 역임했다.
2. 루마니아 태생 미국의 문학가로 유대인 대학살의 생존자이기도 하다. 이때의 경험을 바탕으로 홀로코스트와 인간본성에 대한 폭로, 윤리적 고뇌를 문학으로 드러낸 공로로 1986년 노벨평화상을 수상했다.
3. 미국의 천문학자로 세계 60여 개국에 방영된 〈코스모스〉로 세계 지성의 반열에 올랐다. 외계생물학의 선구자이자 외계문명 탐사계획의 후원자로 나서기도 했다. 회의주의자로도 유명하여 사이비과학에 반대하였고 무신론을 고수했다.
4. 미국의 언론인이자 작가. 보수주의 잡지 〈내셔널 리뷰〉의 발행인을 지냈다. 로널드 레이건과 조지 부시 정권을 탄생시킨 미국 보수주의의 정신적 지주로 평가받는 인물.
5. 미 공군 장성 출신으로 닉슨 행정부를 비롯 포드와 H.W.부시 행정부까지 국가안보회의 차관보, 군사고문, 국가안보 보좌관을 지냈다. H.W.부시 행정부 시절에는 곤돌리자 라이스를 NSC의 소련 및 동유럽 책임자로 발탁하기도 했으며, 2005년까지는 조지 W. 부시 행정부의 외교안보자문위원회 의장으로 활동했다.
6. 전설적인 ABC 텔레비전의 〈나이트라인(Nightline)〉 방송진행자.

5분 정도 발언시간이 주어졌다. 하지만 정확한 주제에 대한 합의도 없었고, 다른 참석자의 발언에 대해 반응할 필요도 없었다. 그리고 참석자들이 순서대로 발언하는 관계로 사실상 일일이 대답하기도 어려웠는데, 마치 미인대회 결선에 나선 후보들처럼 제 몫의 시간만큼 카메라 앞에 등장했다. 그러므로 가령 마지막 순서인 위즐이 첫 번째로 발언한 버클리에게 응답했다고 가정해 보면, 그 사이 네 사람의 발언이 있었으니 20여 분이 지났을 것이고, 그렇게 되면 시청자는 위즐이 도대체 누구 의견을 두고 대답하는지조차도 기억하기 어려웠을 것이다.

사실, 참석자들은 대부분 텔레비전에 친숙했음에도 대체로 상호간 응답을 회피했다. 이들은 발언을 시작하면 먼저 자신의 지위를 은근히 드러내거나 뭔가 강한 인상을 남기려 애썼다. 키신저는 자신의 저서를 비롯, 전에 주도했던 협상이나 정책을 거론하면서 은근히 자신이 더이상 국무장관이 아닌 사실이 애석하다는 느낌이 들게끔 하려 했다. 전 국방장관 맥나마라는 그날 점심식사를 독일에서 하고 왔으며, 자신에게는 적어도 열댓 가지 핵무기 감축안이 있다고 했다. 어떤 시청자는 맥나마라가 주제에 적합한 말을 한다고 생각했겠지만, 독일에서 점심을 먹었다는 말에 자신이 마치 거기 있었던 듯 관심을 갖는 사람들도 있었다.(나중에 맥나마라는 세 가지 제안을 거론했지만, 논의되지는 않았다.) 위즐은 우화와 역설을 들어가며 인류가 처한 비극적 상황을 강조했지만, 발언의 취지를 뒷받침하기에 10분은 턱없이 부족해서, 마치 이교도 집회에서 방황하는 떠돌이 랍비처럼 당황스럽고 엉뚱해 보였다.

이런 모습은 우리가 흔히 말하는 토론과는 거리가 멀었다. 정작 토론해야 할 때에 가서도, 주장이나 반론은 물론 상세히 묻지도 않고 설명을 보완하거나 명확히 하지도 않았다. 칼 세이건이 그나마 일관된 주장(핵 동결의 근본적 필요에 대한 4분간의 발언)을 했지만, 검증되지 못한 억측이 두어 차례 넘게 튀어나왔다. 어느 누구도 자신의 발언시간을 쪼개어 여타 참석자의 주의를 끌려 하지 않음이 확실했다. 진행자인 카플은 팬들의 이목을 의식해서 그 쇼를 계속 진행시켜야 한다는 부담을 느꼈는지 때때로 논의의 중심을 잡도록 애썼지만, 그보다는 각 참석자에게 시간을 공정하게 분배하는 데 여념이 없었다.

하지만 시간제약이라는 이유만으로 토론이 이같이 단절되고 일관성이 사라진 것은 아니다. 텔레비전쇼가 진행중일 때 사실상 할 수 없는 말이 몇가지 있는데, 이를테면 "잠깐 생각 좀 해봅시다" "글쎄요?" "그게 무슨 뜻이죠?" "그거 출처가 어떻게 되죠?" 등이다. 이런 식의 화법은 방송의 생동감을 저하시킬 뿐 아니라 무엇인가 불확실하거나 끝맺음이 부족하다는 느낌을 유발한다. 게다가 다른 참석자까지 생각하게끔 하기에, 라스베이거스 무대와 다름없는 텔레비전쇼에서는 얼마나 지루하고 당황스럽겠는가? 텔레비전 연출자들은 진작부터 깊이 생각하는 일이 텔레비전과 전혀 어울리지 않는다는 사실을 알았다.

시각적 세계에는 생각의 여지가 거의 없다. 생각은 막간幕間이 아닌 행간行間에 존재한다. 그러나 텔레비전은 볼거리를 요구한다. 그래서 ABC방송은 지식보다는 유행이나 흥행을 선호하는 매체적 특성에 따라 현란한 언변과 정치적 감각을 지닌 사람들의 모습을 방송에 내보냈다. 이러한 점이 80분간의 토론이 왜 지극히 오락적이었는지를 알려준다. 마치 새뮤얼 베케트의 연극에서처럼 분위기는 은근히 엄숙하게 유지하면서 의미는 대충 지나쳐버리는 식이다.

물론 출연자들의 연출감각은 탁월했다. 세이건은 〈코스모스〉에 출연했을 때 입었던 폴로 스웨터를 벗어 던지고 머리까지 단정하게 깎고 나왔다. 세이건은 혹성의 움직임에 대해 말하는 논리적인 과학자의 역할을 맡았는데, 레너드 니모이[1]Leonard Nimoy라면 모를까 폴 뉴먼이라도 그보다 더 잘 연기했을까 싶을 정도였다. 스코우크로포트가 입은 군복은 엄격하고 절도 있는 몸가짐에 잘 어울렸으며, 국가방위의 철통 수호자처럼 보였다. 키신저는 늘 그렇듯이 세계의 지도자들에 대해서 잘 알고 있는 듯 보였으며, 재앙을 목전에 두고 책임감 없는 이들의 태도를 걱정했다. 카플은 마치 참석자들의 생각을 정리하는 척하면서 조정자의 역할을 완벽하게 수행했는데, 사실은 때마다 장면을 연출했을 뿐이었다. 최종적으로 시청자는 이들의 연기에 박수로 호응할 뿐이었는데, 바로 이 점이 모든 텔레비전 프로그램에서 추구하는 목표, 즉 성찰이 아닌 박수갈채였다.

그렇다고 텔레비전으로는 일관된 논리나 사고思考 과정을 전달하기가 불가능하다고 단정짓고 싶지는 않다. 윌리엄 버클리가 손수 제작한 〈화선火線, Firing line〉에는 사람들이 생각하는 모습이 우연히 카메라에 잡혀 종종 화면에 비치기도 했다. 그밖에 〈언론과의 만남Meet the

---

1. 당시 TV 드라마 〈스타트렉〉과 〈미션 임파서블〉에 출연했던 인기 정상의 배우.

Press〉이나 〈오픈 마인드The Open Mind〉 같은 프로그램은 확실히 문자문화에 필적하는 지적 명료함을 유지하고자 애쓰긴 했지만, 볼거리가 많은 프로그램과는 시청률 경쟁을 피해 편성되었다. 그렇지 않았더라면 시청률이 바닥을 기었을 것이다.

요컨대, 방송형태가 매체의 편향성과 반대방향으로 편성되더라도 전달이 불가능하지는 않았다는 점이다. 예를 들면, 1940년대 초 인기 라디오 프로그램에서는 복화술사가 출연한 적이 있었고, 당시에 〈메이저 보우스의 아마추어 아워Major Bowes' Amateur Hour〉에서는 수차례 탭 댄서가 춤추는 소리를 들은 적이 있다.(내 기억이 확실하다면, 게다가 그 댄서는 판토마임을 연기한 적도 있다.) 하지만 앞에서처럼 복잡한 대화가 텔레비전에 적합하지 않듯이 복화술이나 춤, 판토마임은 라디오와는 영 맞지 않는다. 대통령의 대국민 연설처럼 텔레비전 카메라가 한가지 이미지만 내보내면 그런대로 쓸 만하기는 하다. 하지만 이러한 경우는 아무리 잘 만들었어도, 대부분의 사람들이 보고자 하는 제대로 된 텔레비전 방송이라 할 수 없다.

텔레비전에 관한 가장 중요한 한가지 사실은 '텔레비전'이라는 말 그대로 사람들이 '본다'는 점이다. 또한 사람들이 보고 싶어하는 것은 순간순간 생동감 있게 바뀌는 수백만 가지 동영상이다. 바로 이러한 점이 시각적인 만족감을 주기 위해 사고력을 억누를 수밖에 없는 TV 매체의 본질이다. 즉, 텔레비전은 쇼비즈니스적 가치에 순응할 수밖에 없다.

영화, 음반, 라디오(이제는 음악산업의 부속물이 되었지만)도 마찬가지로 미국문화를 오락거리로 만드는 데 한몫했지만, 이로 인해 의사소통 형식까지 심각하게 손상되지는 않았다. 하지만 텔레비전은 다르다. 텔레비전은 모든 종류의 담론형태를 포괄한다. 정부정책이나 최근의 과학적 발전상을 알기 위해 극장에 가는 사람은 아무도 없다. 야구경기 결과나 날씨, 엊그제 살인사건 소식을 알려고 음반을 사는 사람도 없다. 이제는 더이상 연속극이나 대통령의 시정연설을 들으려고 라디오를 켜는 사람도 없다(텔레비전이 가까이 있으면). 하지만 사람들은 이 모든 경우를 막론하고 텔레비전으로 달려가는데, 바로 이러한 점이 텔레비전이 모든 문화를 아우르며 그토록 강력하게 공명하는 이유다.

텔레비전이야말로 우리시대 문화를 파악할 수 있는 으뜸가는 문화양식이다. 그리고 치명적인 사실은, 실제 세계가 텔레비전이라는 무대를 통해 상영되는 모습을 본떠 점차 각색된다는 점이다. 이는 단지 브라운관 속에서만 모든 담론이 오락적 요소로 전락한다는 뜻이 아니다. 현실세계에서도 동일한 메타포인 오락적 요소가 활개친다는 뜻이다. 인쇄술이 한때 정치, 신앙, 사업, 교육, 법 등 중요한 사회적 의사를 어떻게 관리할지 지시했듯이 이제는 텔레비전이 지휘를 맡는다. 법정이나 교실, 작업실, 회의실, 교회와 심지어 비행기 안에서도 미국인들은 더이상 서로 대화를 나누지 않고 제각기 따로 논다. 사람들은 생각을 나누는 것이 아니라 이미지를 교환하고 있다. 사람들은 더이상 설명하려 하지 않고 잘생긴 얼굴이나 유명인사, 상업광고 따위를 입에 올릴 뿐이다. 왜냐고? 텔레비전에서 흘러나오는 메시지는 일종의 메타포로서, 온 세계가 라스베이거스의 쇼 무대라고 속삭이는 탓이다.

예를 들면, 시카고에선 가톨릭 사제인 그렉 사코위츠 신부가 록큰롤 음악과 설교를 뒤섞어버렸다. AP통신에 따르면 사코위츠 신부는 숌버그(시카고 인근) 성령교회의 부교역자인 동시에 WKQX방송의 디스크 자키로도 활동하고 있는데, 자신이 맡고 있는 〈마음의 여로 The Journey Inward〉라는 방송에서 사코위츠 신부는 가족간의 화목이나 책임에 대해 부드럽게 말하면서, '빌보드 탑 10' 음악이 흐르는 사이사이에 설교를 끼워 넣는다. 사코위츠 신부는 자신은 설교를 '교회 식으로' 하지 않는다고 하면서 "경건해지기 위해 따분함을 감수할 필요는 없다"고 덧붙였다.

한편 뉴욕에 있는 성 패트릭 성당에서는 존 오코너John J. O'connor 신부가 뉴욕교구 대주교로 취임하면서 뉴욕 양키스팀의 야구모자를 쓰고 나왔다. 거기서 오코너 신부는 자신의 교인인 에드워드 코흐 시장을 염두에 두고 작정한 듯 개그맨처럼 익살을 부렸다. 다음 번 공식석상에서 이 신임 대주교는 뉴욕 메츠팀의 야구모자를 썼다. 당연히 이러한 모습은 텔레비전 전파를 탔고 사람들을 꽤나 즐겁게 했는데, 오코너 대주교가 사코위츠 신부보다 한술 더 뜬 셈이었다. 즉, 사코위츠 신부는 경건해지려고 지루함을 감수할 필요가 없다고 했지만, 대주교는 아예 경건해질 필요가 전혀 없다고 확실히 믿게끔 보여줬다.

애리조나 주 피닉스에서는 에드워드 디트리히 박사가 버나드 슐러라는 환자의 심장 관상동맥 삼중 우회수술에 성공하여 성가를 높였다. 당연히 이 수술장면은 텔레비전으로 중계되었는데, 미국 내 50여 방송사는 물론, 영국의 BBC방송도 나섰으며 결과는 흡족했다. 스포츠 중계처럼 전문해설자 2명(중계 아나운서와 해설자 각 1명)이 수술 장면에 대해 설명해 주었다. 수술 장면을 중계하는 이유는 명확하지 않았지만, 여하간 방송으로 인해 디트리히 박사와 슐러 씨의 심장은 유명세를 탔다. 그리고 슐러 씨는 텔레비전에서 의사가 나오는 프로그램을 너무 많이 봐서인지, "TV로 생중계되는 마당에 의사가 나를 죽게 내버려두겠어?"[2]라고 말하며, 자신의 수술결과에 대해 의외로 낙관했다.

1984년에 WCBS-TV와 WNBC-TV가 앞다투어 보도했듯이, 필라델피아에 있는 공립학교에서는 어린 학생들이 교과목을 노래로 배우는 실험에 착수해 왔다. 워크맨을 끼고 록음악을 듣고 있는 학생들의 모습이 화면에 보였으며, 가사는 영어의 8품사에 관한 내용이었다. 아이디어를 낸 조코 핸더슨은 영어 말고도 수학과 역사 과목까지 강렬한 록음악 형태로 바꿔 학생들이 더욱 환호하게끔 할 작정이다. 그런데 이는 실제로는 핸더슨의 착상이 아니었다. 이는 본래 어린이를 위한 텔레비전 연구회라는 모임에서 주창했던 것으로, 이들은 〈세서미 스트리트〉라는 프로그램을 만들어 교육과 놀이를 구별할 필요가 없음을 굳이 비싼 제작비를 들여 보여주고자 했다. 그럼에도 불구하고 헨더슨은 자신에게 유리하게 주도권을 쥐었다. 〈세서미 스트리트〉는 읽기를 그저 가벼운 놀이형태로 만든 반면, 필라델피아 사례는 교실을 통째로 록 콘서트장으로 바꿀 작정을 했으니 말이다.

매사추세츠 주 뉴 베드포드에서는 강간사건에 대한 재판이 TV로 방영되어 꽤나 흥미를 끌었는데, 시청자들은 재판과 연속극을 거의 분간하지 못했다. 플로리다에선 살인을 비롯한 여러 흉악범죄 사건의 재판과정을 정기적으로 방송했는데, 어느 법정 드라마보다도 더 흥미진진하게 인기를 끌었다. 그리고 이 모든 일은 공공교육의 일환으로 이루어졌다. 게다가 소문이긴 하지만, 좀더 고상한 목적으로 고해성사 장면을 실황중계하려는 계획도 있다고 한다. 이 프로그램의 이름은 '고해실의 비밀' 정도가 될 터인데, 당연히 이런 경고문이 등장할 것이다. "이 방송은 어린이에게 해로울 수 있으므로 부모님의 각별한 지도가 필요합니다."

시카고에서 밴쿠버로 가는 유나이티드 여객기에서 승무원 한 사람이 기내방송을 통해 승객들에게 게임을 하자고 제안한다. 승객 중 가장 많은 신용카드를 가진 사람에게 샴페인 한 병을 주기로 했는데, 시카고 출신의 승객 한 명이 12장의 신용카드로 행운을 얻는다. 두 번째 게임은 승무원의 나이를 모두 합하면 얼마가 될지 맞추는 것인데, 시카고에서 온 남자가 128을 맞추어 포도주 한 병을 챙긴다. 그런데 두 번째 게임 도중 기류가 불안정해 안전벨트를 매라는 표시가 계속 깜박거린다. 기내방송으로 게임에 열중하는 승무원들 외에는 거의 아무도 알아채지 못한다. 항공기가 목적지에 도착하자 승객 모두는 하나같이 여행이 유쾌하다는 데 공감하는 듯해 보인다.

1985년 2월 7일 〈뉴욕 타임즈〉는 교육 지원 및 발전위원회가 럿거스 대학Rutgers(뉴어크 캠퍼스)의 찰스 파인Charles Pine 교수를 '올해의 교수'로 선정했다고 보도했다. 파인 교수는 자신이 어떻게 학생들에게 이처럼 큰 영향력을 갖게 되었는지 설명하면서 이렇게 말했다. "내가 즐겨 사용하는 수법이 있다. 필기를 하다가 칠판 끝부분에 다다라도 벽에다 대고 계속 써나가면 학생들이 웃게 마련이다. 유리분자 운동을 설명할 때는 한쪽 벽으로 달려가 부딪히고는 다시 튀어나와 다른 쪽 벽으로 달려가는 식이다." 아마도 학생들이 너무 어려서 제임스 캐그니James Cagney가 뮤지컬 영화 〈양키 두들 댄디Yankee Doodle Dandy〉에서 이 '분자운동' 춤으로 꽤 효과를 봤던 것을 기억하지 못하는 듯싶다. 그리고 내 기억이 정확하다면, 도널드 오코너Donald Oconnor도 〈싱잉 인 더 레인Singin' in the Rain〉에서 이 장면을 본딴 적이 있다. 그리고 강의실에선 언젠가 이런 장면을 딱 한번 이용했다는 기억이 있는데, 바로 철학자 헤겔이 학생들에게 변증법이 어떤 식으로 기능하는지 보여주기 위해서였다.

펜실베니아 주의 아미쉬Amish들은 미국 주류문화와는 동떨어져 지내려는 사람들이다. 무엇보다도 조각彫刻된 이미지 숭배를 금하고 있는데, 이는 영화를 보거나 사진 찍는 것도 금지되어 있다는 뜻이다. 하지만 자신들이 촬영대상이 되었을 때에는, 이들의 신앙마저도 영화를 보고자 하는 유혹을 피해나갈 수 없었다. 한 예로, 1984년 여름 파라마운트 영화사 촬영팀이 영화 〈목격자〉를 찍기 위해 랭카스터 카운티에 들이닥쳤는데, 탐정 역을 맡은 해리슨 포드가 아미쉬 여인과 사랑에 빠지는 내용이었다. 아미쉬 교회는 주민들에게 영화제작자들과 접촉하지 말라는 지시를 내렸지만, 몇몇 아미쉬 용접공들은 하루 일과가 끝나기 무섭게 촬영 현장을 보러 달려나갔다. 여타 경건한 주민들은 멀찍한 풀밭에서 망원경으로 촬영장을 들여다보았다. 어떤 아미쉬 여인은 "신문에 난 영화기사를 읽었어요" "우리 애들은 해리슨 포드의 사진까지 오려냈어요" 하고 말하며 "그래도 별 문제 없어요. 듣기로는 해리슨 포드가 〈스타워즈Star Wars〉에 있었다고 하는데도 우리에겐 별 상관이 없어요"[3]라고 덧붙였다. 이 말은 예전에 미국대장장이협회 사무총장이 자동차에 관한 신문기사를 읽고, 자신들의 앞날과 아무 상관이 없다고 확신하며 내린 결론을 방불케 한다.

1984년 〈오피셜 비디오저널Offcial Video Journal〉 겨울호에는 성경을 영화로 제작하기 위한 '제네시스 프로젝트Genesis Project'에 관한 전면광고가 실렸다. "뉴미디어 성경"으로 불릴 이 영화는 225시간 분량의 필름과 2,500억 원을 넘는 제작비가 소요될 예정이었다. 〈토요일 밤의 열기Saturday Night Fever〉와 〈그리스Grease〉 등으로 유명한 프로듀서 존 헤이먼John Heyman은 이 사업에 가장 열정적인 제작자 중 한 사람이었다. 헤이먼은 "한마디로 난 성경에 푹 빠져들었다"고 말하기까지 했다. 〈지붕 위의 바이올린Fiddler on the Roof〉에서 테비예Tevye 역으로 유명한 이스라엘 배우 토폴Topol이 아브라함 역을 맡을 모양이다. 그 광고에는 누가 하나님 역을 맡을지 나와 있지 않지만, 제작자의 전력을 보건대 아마도 존 트라볼타가 맡기로 말이 오가는 듯싶다.

1983년 예일 대학교 졸업식장에서는 테레사 수녀를 비롯한 몇 사람이 명예 박사학위를 받았다. 다른 대상자들이 차례로 학위를 받을 때마다 청중들은 적당히 박수를 보내기는 했지만, 조바심을 내며 무엇인가 여지를 남긴 듯한 모습이었다. 바로 연단 옆에서 수줍게 차례를 기다리고 있는 마지막 수여자에게 청중들이 마음을 전하고 싶었던 때문이었다. 사회자가 이력을 하나하나 읽어나가자 이 위대한 여성을 가까이 보려고 청중들이 자리를 박차고 연단으로 몰려들었다. 드디어 메릴 스트립Meryl Streep이 호명되자, 청중들은 뉴헤이븐New Haven 지역이 떠나갈 정도로 환호성을 터뜨렸다. 다른 대학교에서 코미디언 밥 호 프Bob Hope 가 박사학위를 받을 때 참석했었다는 어떤 사람은 메릴 스 트립이 밥 호프보다 더 큰 환호를 받았다고 했다. 어느 누구보다도 군 중을 즐겁게 할 줄 아는 예일 대학교의 지성적(?)인 리더는, 그 다음해 에는 토크쇼 진행자 딕 카베트Dick Cavett를 초청해 졸업식 기념연설을 맡겼다. 올해에는 코미디언 돈 리클스Don Rickles에게 명예 인문학 학위 를 수여하고, 영화배우 롤라 팔라나Lola Falana가 졸업식 기념연설을 맡 을 것이라는 소문이 돌고 있다.

　1984년 대선을 앞두고, 두 후보가 소위 'TV토론'에서 맞닥뜨렸다. 하지만 이 행사는 링컨-더글러스 토론은 물론 그 어떤 토론과도 조금 도 닮은 구석이 없었다. 이를테면, "중앙아메리카에 대한 귀하의 정책 은 무엇입니까?" 하는 질문에 답하는데, 후보마다 5분 남짓의 시간이 주어졌다. 그리고 상대방은 불과 1분 이내에 반론을 마쳐야 했다. 이 와 같은 상황에서는 복잡한 설명, 증거서류의 활용, 논리적 전개가 불 가능하다. 게다가 실제로 어법에 전혀 맞지 않는 경우도 왕왕 있었지 만 별 문제가 되지도 않았다. 두 후보는 논쟁을 벌이기보다는 '강한 인상을 심는 데' 더 신경을 썼는데, 결국 이 점이 TV에서 할 수 있는 최선이었다. 토론 후 논평에서도 후보들의 견해를 가급적 평가하지 않으려 애썼는데, 사실 평가할 만한 것이 없었기 때문이었다. 대신 사람들은 TV토론을 마치 권투경기 정도로 여겨서 누가 누구를 KO 시켰느냐고만 물었다. 각 후보가 어떤 식으로 보였으며, 시선처리가 어땠으며, 어떤 식으로 웃었으며, 어떻게 재치있는 답변을 했는지가 중요했다. 두 번째 TV토론에서 로널드 레이건 대통령이 자신의 나이와 관계된 질문을 받았을 때 의기양양하게 재치있는 답변[1]을 날렸다. 다음날 몇몇 신문에는 레이건이 유머 한방으로 먼데일 후보를 KO 시켰다는 기사가 나왔다. 그러므로 자유세계의 지도자는 텔레비전을 '보는' 국민들에 의해 선출된다.

이 모든 것들이 의미하는 바는 사회적 관심사가, 특히 중요한 관심사일수록 문화적으로 새로운 방식으로 다루어져 왔다는 점이다. 우리 시대 문화담론의 본질도 무엇이 쇼비즈니스고 무엇이 아닌지 구분하기 어려울 정도로 하루가 다르게 변하고 있다. 성직자와 대통령, 교육자와 뉴스진행자들은 자기분야의 훈련보다 쇼맨십을 갖추는 데 더 안달이 날 지경이다. 어빙 베를린[2]Irving Berlin이 자신의 히트곡에서 한글자만 살짝 바꿨더라면 올더스 헉슬리 못지않게 예언자로 칭송받았을 것이다. 이런 식으로 불렀다면 말이다. "세상만사는 쇼비즈니스로 통한다.There's No Business But Show Business."

---

1. 경쟁자 먼데일이 레이건의 나이(당시 73세)를 문제삼자, 레이건이 "먼데일의 젊음과 경험상 미숙을 문제삼을 생각이 없다"고 재치있게 받아넘긴 유명한 일화.
2. 미국의 대중음악 작곡가이자 작사가. 캐롤 〈화이트 크리스마스〉와 〈갓블레스 어메리카〉의 작곡자이다. "쇼처럼 즐거운 인생은 없다(There's Nothing But Show Business)"는 어록으로 유명하다.

07
자, 다음 뉴스는…

앨런 스미스라는 한 익살꾼이 이런 말을 한 적이 있다. 외과의사가 엑스레이 사진을 한참 들여다보고는 이맛살을 찌푸리며 "우! 오!"라고 내뱉는 말이 가장 신경에 거슬리고 섬뜩한 단어라고 한다. 이 장의 제목에 해당하는 "자, 다음은…"이라는 말 역시 그 이상으로 찜찜하다고 주장하고 싶은데, 우리는 이 말을 들을 때 눈썹을 찡그리기는커녕 멍청이처럼 즐거움에 들떠 있기 다반사이기 때문이다. 그리고 "자, 다음은…"이라는 구절을 사용하는 새로운 화법도 등장했는데, 이를 일종의 접속사처럼 사용하면서도 무엇가를 연결시키지 않고 반대로 모든 관계로부터 분리시키는 용도로 쓴다. 이 말이 오늘날 미국의 공공담론으로 통하는 만큼 이런 식으로 이 말은 단절을 상징하는 작은 메타포로 기능한다.

"자, 다음은…"이라는 말은 라디오나 텔레비전 뉴스진행자가 방금 전에 보거나 들은 내용이 잇달아 접할 내용과 전혀 무관함을 알려주기 위해 사용한다. 물론 전에 듣거나 본 적이 있음직한 내용에 대해서도 마찬가지다. 그렇기에 이 구절은, 초고속 전자매체로 그려진 세상은 질서도 없고 의미도 없기에 심각하게 받아들일 필요가 없다는 사실을 깨닫는 단초이기도 하다. 뉴스진행자가 "자, 다음은…" 하고 말하는 순간 우리의 뇌리에서 지워지지 않을 정도로 끔찍한 살인사건도 없으며, 참혹한 지진도, 엄청난 정치적 실패도, 조바심나는 경기결과도, 그토록 험악한 기상예보도 없다. 뉴스진행자가 "자, 다음은…" 하고 말하는 의미는 이렇다.

"여러분께선 앞의 문제에 대해서 충분히(대략 45초 동안) 생각하셨습니다. 따라서 더이상 그 문제에 병적으로 집착하실(대략 90초 정도라 하자) 필요가 없습니다. 그러니 이제 다른 뉴스 쪼가리나 광고로 관심을 돌리십시오."

그렇다고 텔레비전으로 인해 "자, 다음은…"이라는 단절의 세계관이 파생된 것은 아니다. 앞장에서 설명했듯이 이는 오히려 전신과 사진의 교배종交配種에 가깝다. 그러나 그러한 세계관은 텔레비전을 통해 자양분을 얻어 왜곡된 방향으로 무르익었다. 텔레비전에서는 거의 매 30분마다 앞섰거나 잇따를 사건과는 내용이나 정황이나 감정적 성격이 제각각인 단절된 사건이 등장하는 탓이다. 그래서 한편으로는 텔레비전이 시간을 분초로 나누어 팔기 때문에, 또 한편으로는 텔레비전이 말보다는 이미지 우선이기에, 다른 한편으로는 시청자가

TV화면 앞을 자유로이 오갈 수 있기에 TV 프로그램은 매 8분' 단위로 사건을 그 자체로 완결시켜 나타내도록 편성된다. 따라서 어떤 뉴스 꼭지에서 다른 꼭지로 넘어갈 때, 시청자는 생각이나 느낌을 끌고 다닐 필요가 전혀 없다.

당연히 텔레비전에서 '오늘의 뉴스'를 내보낼 때 우리는 가장 뻔뻔하고 당혹스런 "자, 다음은…"이라는 담론양식을 접하게 된다. 왜냐하면 여기서 우리가 접하는 것은 단지 조각뉴스에 그치는 게 아니라 맥락도 없고 가치도 없기에 본질적인 심각성조차 결여된, 한마디로 순전히 오락거리나 다름없는 뉴스이기 때문이다.

만약 당신이 어떤 방송국에서 가능한 많은 시청자를 끌어모아야 하는 뉴스쇼를 연출할 기회를 얻었다고 할 경우, 어떤 식으로 일을 진행할지 생각해 보자. 아마도 당신은 먼저 '호감'과 '신뢰감'을 줄 수 있는 용모를 지닌 출전선수를 선별하는 작업에 들어갈 터이다. 실제로 지원자는 당신에게 8×10인치 크기 사진을 제출하고, 당신은 그 중에서 매일 저녁 화면에서 보기에 부적합한 용모를 지닌 사람을 배제시킬 것이다. 예쁘지 않거나 50세 이상이거나 대머리이거나 뚱뚱한 사람, 그리고 코가 너무 크거나 미간이 좁은 사람은 모조리 제외시킨다는 뜻이다. 결국 당신이 뽑고 싶은 사람은 일종의 말 잘하는 얼굴마담 격인데, 최소한 용모가 잡지 표지인물 정도는 될 만해야 할 것이다.

크리스틴 크래프트라는 여자가 바로 그런 용모를 지녔으며, 그래

----

1. 미국의 상업방송에서는 대략 8분마다 한 차례 광고를 할 수 있다.

서 캔자스 시티에 있는 KMBC-TV의 공동앵커 자리에 지원했다. 나중에 크리스틴이 방송국을 상대로 제기한 성차별 소송 변호사에 따르면, KMBC-TV의 경영진은 크리스틴의 외모를 마음에 들어했다고 한다. 크리스틴은 1981년 1월에 채용되었다가 같은 해 8월에 해고당했는데, 조사 결과 외모가 '시청자의 마음에 들지 않는다'"'는 이유였다. 도대체 '시청자의 마음에 들지 않는다'는 것이 무슨 뜻이고, 그게 뉴스와 무슨 상관이 있을까? 시청자의 마음에 들지 않는다는 뜻은, 여타 텔레비전쇼에서와 마찬가지로 뉴스에 있어서도 시청자가 진행자를 보기 싫어한다는 말이다. 이는 진행자가 신뢰감을 주지 못하기에 시청자가 진행자를 믿지 않는다는 의미이기도 하다. 연극을 공연하는 경우를 생각해 보면 이러한 현상이 내포하는 바가 무엇인지 간파할 수 있다. 즉 배우가 자신이 맡은 배역을 관객에게 납득시키지 못하고 있다는 뜻이다.

그러나 뉴스쇼에서 신뢰성의 결핍이라는 게 과연 무슨 뜻일까? 공동앵커의 역할이란 과연 무엇일까? 그리고 우리가 사실성이 결여된 진행상황을 어떻게 판단할 수 있을까? 과연 시청자는 뉴스진행자가 거짓말을 하고 있으며, 보도된 사실이 실제로는 일어난 적이 없으며, 무엇인가 중요한 것이 은폐되어 있다고 믿는 것일까? 차마 그럴 수도 있겠다고는 생각조차 하기 싫다. 보도내용의 진실성이 뉴스진행자가 마음에 드는지 여부에 달려 있다니 말이다. 원시시대에는 나쁜 소식을 전하는 사람을 추방하거나 죽이는 전통이 있었다. 텔레비전 뉴스쇼가 괴상한 형태로 이러한 전통을 되살리려 하는가? 외모가 마음에 들지 않으면 뉴스진행자를 쫓아낸다니! 텔레비전이야 어차피 편파적인 주장을 일삼는 불합리를 행할 터인데 이를 철회하기라도 했단 말인가?

앞선 질문 가운데 하나라도 "예"라고 할 수 있다면 이는 인식론자들의 관심을 끌고도 남을 만한 쟁점이 된다. 간단히 말해, 텔레비전이 진실에 대한 새로운 정의(또는 오래전 정의를 되살리는지도 모르겠지만)를 제공한다는 사실이다. 즉, 화자話者에 대한 신뢰도 여부가 어떤 진술의 진실성을 최종적으로 결정한다. 여기서 '신뢰성'이란 가혹한 현실검사Reality-testing에서 살아남은 화자의 과거경력을 뜻하지는 않는다. 이는 단지 배우 같은 뉴스진행자에게서 풍기는 성실성, 확실성, 취약성, 흡인력과 같은 느낌이나 인상을 뜻한다.

이는 심각한 문제다. 왜냐하면 텔레비전 뉴스쇼에서 진실이 어떻게 받아들여지는가 하는 문제를 넘어서기 때문이다. 만약 텔레비전에서 진실을 말하는 결정적 기준이 사실 자체보다 전달자의 신뢰성에 달려 있다면, 유명 정치인들은 자신들의 모습을 그럴듯하게 유지하는 이상 사실을 말하는 여부에는 그리 신경쓸 필요가 없다. 예를 들어 리처드 닉슨을 정치적으로 매장시킨 불명예는, 그가 거짓말을 했다는 사실보다는 텔레비전에서 거짓말쟁이처럼 보였다는 상황에 기인한 것으로 생각된다. 만약 이게 사실이라면 어느 누구도 안심할 수 없는데, 심지어 닉슨을 혐오하는 노련한 정치인에게도 매한가지다. 왜냐하면 쌍방에 동일한 가능성이 상존하는데, 진실을 말하고 있는데도 거짓말쟁이처럼 보일 수 있으며, 더 심각하게는 거짓말을 하고 있는데도 진실되게 보일 수 있기 때문이다.

당신이 텔레비전 뉴스쇼의 연출을 맡았다고 가정해 보자. 당신은 앞에서 언급한 문제에 대해 잘 알고 있을 터이고, 데이빗 메릭[1]David Merrick과 여타 성공적인 흥행주들이 활용한 기준에 따라 조심스럽게 인선작업에 들어갈 것이다. 당연히 이들처럼 당신도 오락적 가치를 극대화한다는 원칙하에 쇼를 준비하는 데 전념한다. 가령, 테마음악을 선별해 이용할 수도 있다. 모든 텔레비전 뉴스는 시작하거나 끝나는 시점 어디에선가부터 음악으로 처리한다. 그러나 나는 이러한 관례를 이상하게 여기는 사람을 거의 본 적이 없다. 바로 이러한 현상이 진지한 공적담론과 오락을 구분하는 경계가 허물어진 증거로 본다. 음악이 뉴스와 무슨 상관이 있는가? 왜 뉴스에 음악이 끼어드는가? 이는 아마도 연극이나 영화에서 음악을 이용하는 목적과 같다. 즉, 공연을 위해 분위기를 조성하고 유도동기[2]leitmotif를 주입하기 위해서이다. 만약 뉴스에 음악이 없다면(진행중인 프로그램을 중단하고 긴급뉴스를 내보낼 때처럼) 시청자들은 자신에게 영향을 미칠 수도 있는 무언가 실제로 위급한 일이 벌어졌다는 느낌을 받게 된다. 그러나 프로그램의 구조를 지탱하는 음악이 있는 이상 시청자는 그렇게 놀랄 만한 일은 아니라고 받아들이고 안심하게 된다. 즉, 사실상 TV뉴스로 보도된 사건이 연극 장면 이상으로 현실감을 자아내는 경우는 거의 없다.

뉴스쇼를 주로 오락적인 내용으로 편성된 일종의 양식화된 연기행위로 보는 이러한 관점은, 개별 뉴스의 평균시간이 45초에 불과하

---

1. 1950~1960년대 미국 브로드웨이의 뮤지컬 전성시대를 이끈 미국의 전설적인 뮤지컬 제작자. 〈42번가〉를 비롯한 88개의 뮤지컬을 제작했다.
2. 극중에 되풀이 사용하며 특정한 인물이나 주제, 상황을 암시하는 효과를 나타내는 음악적 표현기법.

다는 사실을 비롯, 몇가지 양상을 보면 충분히 근거가 있다. 짧다고 항상 하찮다는 뜻은 아니겠지만 이 경우에는 확실히 들어맞는다. 단순히 생각해도 어떤 사건이든 1분도 못 미치는 시간 안에 심각한 느낌을 전하기란 거의 불가능하다. 분명한 것은, TV뉴스에서는 어떤 내용을 전하든 간에 시청자에게 생각할 여지를 주려는 의도가 없다는 사실이다. 그렇지 않다면 시청자가 그 문제에 대해서 계속 생각하도록 해야 하고, 그렇게 되면 가슴 두근거리며 차례를 기다리는 다음 번 이야기에 시청자가 집중하는 데 방해가 될 터이니 말이다. 어쨌든 새로운 장면이 눈앞에 나타나기에 시청자는 다음 이야기로 눈을 돌릴 수밖에 없다. 그림은 (진행자의) 말과 (시청자의) 순간적인 자기성찰을 쉽게 압도한다.

텔레비전 연출자라면 어느 정도 볼거리가 되면 그 어떤 사건보다 눈에 띄게 우선적으로 다룰 가능성이 높다. 경찰서로 압송되는 살인 용의자, 사기당한 소비자의 화난 얼굴, 나이아가라 폭포로 떠내려가는 드럼통(그 속에는 사람이 있다고 한다), 백악관 잔디밭에 착륙한 헬기에서 내려오는 대통령 등… 이들 장면은 황홀하고 재미있어야 한다는 쇼의 요구조건에 항상 부합한다. 물론 그러한 볼거리가 이야기의 핵심이 아닐지라도 아무 상관이 없으며, 왜 그러한 이미지를 대중에게 노출하는지 설명할 필요도 없다. 텔레비전 연출자라면 누구나 잘 알고 있듯이, 장면 하나하나가 스스로를 정당화할 뿐이다.

또한 뉴스진행자가 영상물에 대해 소개말이나 맺음말을 할 때 찡그리거나 전율하지 않는 것도 고도의 비현실성을 유지하는 데 상당한 도움이 된다. 실제로 많은 뉴스진행자들은 자신들이 말하고 있는 의미를 파악하지 못하고 있는 듯이 보이는데, 일부는 지진이나 대량학살 등과 같은 재난과 관련된 소식을 전할 때도 자세를 정돈하고 시청자의 비위를 맞추려는 열정을 고수한다. 아마도 뉴스진행자가 드러내는 걱정이나 공포심을 시청자가 보게 되면 매우 당황하게 될 터이다. 결국 '자, 다음은'의 문화권에선 시청자가 뉴스진행자의 동반자이며, 시청자들은 뉴스진행자가 심각한 표정을 짓기보다는 명료하고 신뢰감이 드는 역할을 하길 기대한다. TV시청자 입장에서는, 무대 위의 배우가 이웃에 살인범이 나타났다고 해서 연극을 보는 관객 이상으로 황급히 뛰쳐나가 집에 전화를 해보는 식으로 자신의 현실적인 본분을 혼동할 리 없을 것이다.

시청자들은 또한 아무리 심상치 않아 보이는 뉴스거리가 있더라도, 이내 광고가 잇따르면서 뉴스의 의미를 약화시켜 결국 시시하게 바꾸리라는 사실을 알고 있다. 바로 이 점이 뉴스 프로그램을 떠받치는 구조의 핵심이며, 이 자체만으로 뉴스 프로그램이 진지한 공적담론 형태를 유지할 수 있다는 주장을 무색케 한다. 만약 이 책을 읽고 있는 지금, 내가 이쯤에서 멈추고 잠시 후에 논의를 계속하겠다고 말한 뒤 유나이티드 항공사나 체이스맨하탄 은행에 대한 글을 몇 구절 써나간다고 가정해 보자. 당신은 분명히 내가 기본적인 예의는 물론 주제에 대한 관심도 없는 사람이라고 생각할 것이다. 게다가 내가 한번으로 끝나지 않고 매 장마다 이 짓을 수차례 거듭했다면, 아마도 당신은 이 책이 모조리 쓸모없다고 여길 것이다. 그런데 왜 우리는 뉴스쇼에 대해서는 그런 식으로 생각하지 않을까? 내가 보기엔 책이나 여타 매체에 대해선 논조의 일관성과 내용의 연속성을 기대하는 반면, 텔레비전, 특히 텔레비전 뉴스에 대해선 그렇지 않기 때문이다.

우리는 텔레비전 뉴스의 불연속성에 너무도 익숙해져 있기에, 핵전쟁이 불가피하다고 말하면서 잠시후에 되돌아오겠다고 하고는 버거킹 광고 뒤에 "자, 다음은…" 하고 읊어대는 뉴스캐스터를 보고도 더이상 우울해 하지 않는다. 적어도 제정신인 사람들인데도 말이다. 이러한 병렬보도(광고와 뉴스를 나란히 내보내는 것)가 우리의 진지한 세계관에 끼치는 폐해는 이루 표현할 길이 없을 정도다. 특히 세상사에 어떻게 반응할지 방법을 찾기 위해 텔레비전에 지나치게 의존하는 젊은이들에게 그 해악은 엄청나다. 텔레비전 뉴스를 볼 때 젊은이들은 어떤 다른 부류의 시청자보다도 잔혹하거나 죽음에 관한 모든 보도가 대단히 과장되어 있으며 어찌됐든 그리 심각하게 받아들이거나 합리적으로 반응할 필요가 없다고 전제하는 인식론에 빠지게 된다.

결국 텔레비전 뉴스쇼의 초현실주의적인 구조에는 논리, 이성, 연속성 그리고 모순의 법칙이 무시된 담론형식으로 드러나는 반反 커뮤니케이션 이론이 내재되어 있다고까지 말할 수밖에 없다. 내가 알기로는 미학에서 이러한 이론에 붙인 이름은 다다이즘Dadaism이고, 철학에서는 니힐리즘nihilism, 정신의학에서는 정신분열증schizophrenia이다. 연극용어로는 보더빌¹vaudeville이라고 한다.

---

1. 가벼운 희가극으로 희극배우, 가수, 댄서, 곡예사, 마술사 등이 출연하는 쇼.

내가 지나치게 과장한다는 생각이 든다면, 텔레비전 뉴스에 관한 로버트 맥닐의 설명을 살펴보도록 하자. 로버트 맥닐Robert MacNeil은 〈맥닐-레러 뉴스아워MacNeil-Lehrer Newshour〉의 공동앵커이자 편집담당 중역이다. 맥닐은 뉴스쇼를 통제하는 전제前提에 대해 이같이 말한다. "핵심은 모든 것을 간단하게 처리하는 것이며, 누구의 관심도 끌려고 하지 말고, 대신 갖가지 볼거리와 신기함, 생동감, 동적 효과를 이용해 끊임없이 자극을 가한다. 시청자가… 개념, 특성, 문제 등에 대해 수초 이상 집중하지 못하도록 해야 한다.[2] 뉴스는 짧을수록 좋으며 복잡한 것은 금기다. 미묘한 차이는 무시해도 상관없으며, 유보조건이 많으면 메시지를 단순화하는 데 방해된다. 시각적 자극으로 생각을 무력화해야 한다. 명확한 언어표현은 시대착오적이다."[3]

로버트 맥닐에게는 텔레비전 뉴스쇼가 보더빌과 다를 바 없다고 가장 잘 입증할 수 있는 이유가 하나 더 있다. 〈맥닐-레러 뉴스아워〉는 텔레비전에 인쇄담론의 요소를 접목시키려는 예외적이고 고상한 시도였다. 이 프로그램은 시각적 자극을 배제하고, 주로 사건에 대한 포괄적인 해설과 심층적인 인터뷰(그래 봤자 5~10분에 불과했지만)로 구성했으며, 다루는 기사의 수를 제한하고 배경과 일관성을 강조했다. 그러나 텔레비전은 맥닐이 쇼비즈니스 포맷을 거부한 대가를 치르도록 했다. 일반적인 기준에서 볼 때 시청률은 보잘것없었으며, 그나마도 공영방송국에서만 내보냈다. 맥닐과 레러의 연봉을 합쳐도 댄 래더나 톰 브로코우에 비하면 5분의 1에 불과하단 사실이 이를 잘 드러낸다.

누구든 상업방송국의 뉴스쇼 프로그램 제작을 맡은 사람이라면, 텔레비전의 인식론에 감히 반기를 들 처지가 못 된다. 방송국에선 최대한 높게 시청률을 끌어올리도록 요구할 것이고, 결국 자신의 의도와 상관없이 앞에서 맥닐이 묘사한 것과 흡사한 프로그램을 내놓을 것이며, 나아가 맥닐이 언급하지 않는 요소까지도 집어넣을 것이다. 먼저 뉴스진행자들을 유명인사로 띄워야 할 터이다. 그리고 나선 그 뉴스쇼를 각종 언론매체와 텔레비전에 광고하고, 시청자를 유인하기 위해 '요약뉴스'도 내보낸다. 우스갯소리로 긴장을 풀어줄 만한 기상 캐스터나 말투가 투박한(맥주 한잔 걸치고 얘기하듯 하는) 스포츠 캐스터도 써먹어야 한다. 한마디로, 여느 오락산업에 종사하는 제작자와 마찬가지로 전체 사건을 엮어 그럴듯한 패키지 프로그램으로 만들 것이다.

이 모든 결과로, 미국인들은 서구사회에서 가장 오락적인 동시에 가장 시야가 좁은 국민에 가깝게 되어버렸다. 나는 이 말을 텔레비전이 세계로 향하는 열린 창이며 이로 인해 미국인들이 대단히 정보화되었다는 싸구려 자부심을 내세우는 사람들의 면전에 퍼붓고 싶다. 물론 여기서 결정적인 것은 '정보화된다informed'라는 의미이다. 그렇다고 우리 국민 중 70%가 국무장관이나 대법원장이 누구인지 모른다는 짜증스런 여론조사 결과 따위는 문제삼지 않겠다. 대신 '이란 인질 사건'[1]이 마치 드라마처럼 전파를 타던 당시의 이란에 대해 생각해 보

---

1. 1979년 11월 4일 이란 주재 미국대사관 외교관과 미국 민간인 등 63명을 1981년 1월 20일까지 무

자. 최근 수년 내 이 사건만큼 지속적으로 텔레비전의 집중조명을 받았던 경우는 없었다고 생각한다. 따라서 당연히 미국인들이 이 불행한 사건에 대해 무엇을 제대로 알아야 하는지 깨닫고 있다고 가정할 수 있다. 그러니 다음과 같은 질문을 던져도 무리가 없을 듯하다. 이란인이 쓰는 말은 어떤 언어인가? '아야툴라'Ayatollah'라는 말이 함축하는 의미는? 이란인이 믿는 종교 교리 중 구체적인 내용을 한 가지라도 아는가? 이란 정치사政治史의 주요 특징은? 샤²Shah가 누구이며 어디 출신인지는? 그런데 이런 내용에 대해 알고 있는 미국인은 100명 중 1명도 채 안 된다는 사실이 지나친 과장이라고 생각하는가?

그럼에도 모두가 이 사건에 대해 나름대로 의견을 내세우는데, 물론 미국에선 누구나 의견을 가질 권리가 있기는 하다. 그리고 조금이라도 의견이 있어야 확실히 설문조사 때 유용하긴 할 터이다. 그러나 여기서의 의견은 18~19세기의 의견과는 전혀 다른 종류라고 봐야 한다. 아마도 의견이라기보다는 정서라고 부르는 게 더 정확할 터이다. 그래서 여론조사 결과를 발표할 때 보면 매주 결과가 바뀐다.

따라서 지금 우리가 맞닥뜨리는 변화는, 텔레비전이 차라리 '허위정보disinformation'라고 부르는 게 나을 만한 새로운 정보유형을 만들어내면서 '정보화'의 의미를 변질시키고 있다는 사실이다. 나는 여기서

러 444일간 억류 구금한 인질사태. 카터 행정부 때 발생했으나 레이건 행정부에 와서야 협상으로 해결됨.

1. 이슬람의 종교적·정치적 지도자인 이맘을 일컫는 말. 'Sign of God'이라는 의미.
2. 이란 국왕의 존칭.

'허위정보'라는 말을 CIA나 KGB 스파이 못지않게 정확하게 사용하고 있다. '허위정보'란 잘못된 정보를 말하는 게 아니다. 그보다는 오해하도록 유도하는 정보, 뭔가 알고 있는 것 같은 착각을 불러일으키지만 실제로는 엉뚱한 쪽으로 이끌어가는 정보(제 위치를 벗어난 정보, 상황에 맞지 않는 정보, 단편적인 정보, 피상적인 정보)를 뜻한다. 그렇다고 텔레비전이 고의적으로 미국인들이 세계를 일관성 있고 합리적으로 이해하지 못하도록 막고 있다는 뜻은 아니다. 그보다는 뉴스가 오락물처럼 그럴듯하게 포장될 때 그런 결과는 불가피하다는 뜻이다. 그리고 텔레비전 뉴스쇼가 정보는커녕 오락에 불과하다는 뜻은, 우리가 믿을 만한 정보를 얻지 못한다는 것 이상으로 훨씬 심각한 무엇인가를 알려주고 있다. 결국 우리들은 고도의 정보화가 무슨 의미인지 깨닫는 감각을 잃고 있다. 무지는 언제든지 바로잡을 수 있다. 그러나 무지를 지식으로 여기고 있다면 어찌할 것인가?

이러한 과정이 어떻게 우리를 홀리는지 보여주는 깜짝 놀랄 만한 사례가 있다. 1983년 2월 15일자 〈뉴욕 타임즈〉에 다음과 같은 표제가 붙은 기사가 실렸다.

> 레이건의 모순된 언사言辭가 언론의 관심권에서 멀어지다
>
> 레이건 대통령의 보좌진은 대통령이 정책이나 현안에 대해 종잡기 어렵거나 오해의 소지가 있는 발언을 한다는 지적이 있을 때마다 화들짝 놀라곤 했지만, 이젠 더이상 그러한 반응은 없는 듯하다.
>
> 사실 대통령은 계속해서 논란의 여지가 있는 발언을 일삼지만 뉴스에서

는 예전만큼 집중적으로 다루지 않는다. 백악관 측에서는 국민들이 별 관심을 보이지 않으니 언론에서도 뜸해진다고 여기는 모습이다.

위 기사는 일반적인 뉴스가 아니라 언론의 뉴스 보도에 관한 기사다. 이를 보면 뉴스가 어떤 식으로 정의되는지 드러나는데, 아마도 초창기 자유론자나 전제군주가 알았더라면 깜짝 놀랄 만한 일이다. 1920년에 월터 리프먼[1]Walter Lippmann은 "거짓을 간파하는 수단이 없는 사회에는 자유도 없다"라고까지 했다. 리프먼은 18~19세기에 공공담론이 수준 이상으로 나아질 가능성에는 비관적이었지만, 토머스 제퍼슨과 마찬가지로 언론이 익숙하게 거짓말 탐지기 역할을 해낸다면, 대통령이 진실을 호도해도 그게 무슨 말인지 대중의 관심을 불러일으키리라고 추측했다. 이 말은 거짓을 알게 되면 국민들이 그로 인한 결과에 대해 무관심하지 않으리라고 리프먼이 확신했다는 뜻이다.

하지만 위 사례는 리프먼의 전제를 반증한다. 백악관 담당기자는 얼마든지 거짓말을 드러낼 능력을 가졌기에, 진실을 제대로 알려 격앙된 여론을 조성하기도 어렵지 않다. 그런데 대중이 관심을 보이지 않는다. 시침 떼는 백악관 담당기자들을 향해 대중은 빅토리아 여왕의 유명한 대사로 응수했다. "재미가 없단 말이야." 그러나 이 말에는 빅토리아 여왕이 한 말과는 다른 뜻이 숨어 있다. 그 무엇이라도 재미

---

1. 미국의 평론가·칼럼니스트. 1921년 〈뉴욕 월드〉 지의 논설기자로서 명성을 떨쳤고 〈뉴욕헤럴드 트리뷴〉 지에서 칼럼 '오늘과 내일' 난을 담당하여 미국 정계뿐만 아니라 세계적으로 영향을 미치는 평론을 발표했다. 1947년에는 유명한 『냉전』을 발표하여, 그후 국제정치의 유행어로 만들었다.

가 없으면 억지로라도 관심을 끌지 못한다는 뜻이다. 어쩌면 대통령의 거짓말을 사진으로 보여주고 음악까지 곁들인다면 대중이 조금이나마 관심을 보일지도 모르겠다. 정책에 대한 대통령의 허위진술을 주제로 〈대통령의 음모[1]All the President's Men〉 같은 영화를 만들고, 도둑이나 돈 세탁업자와 같은 사악한 인물이 등장한다면 훨씬 관심을 끌 터이다. 모두 기억하다시피 닉슨이 몰락하기 시작한 때는 대통령의 거짓말을 워터게이트 청문회라는 극장식 무대(TV중계) 위에 올린 뒤였다. 하지만 레이건의 사례에선 이러한 요소가 없다. 기껏해야 레이건 대통령이 한 일은 일관되게 진실을 언급하지 않았을 뿐이다. 재미있는 요소라곤 전혀 없다.

그러나 좀더 미묘한 문제가 남는다. 대통령의 모호한 언사 중 대부분이, 동일한 상황에선 쌍방이 진실로 받아들이지 못하는 상호배타적인 주장이라는 모순에 빠진다. 여기서 '동일한 상황에서'가 핵심인데, 바로 이 상황이 모순을 결정한다. 누군가 오렌지보다 사과를 좋다고 하고서는 다시 사과보다는 오렌지가 좋다고 하더라도, 한번은 벽지 디자인을 다른 한번은 디저트용 과일을 고르는 경우가 아니라면 아무 문제가 안 된다. 이 경우는 반대되는 진술이지 모순은 아니다. 하지만 일관되고 연속적인 단일한 상황에서라면, 양쪽 다 진실인 경우는 불가능하기에 모순이 된다. 한마디로, 모순이 성립하려면 연속적이고

---

1. 〈워싱턴 포스트〉의 밥 우드워즈, 칼 번스타인 두 기자가 워터게이트 사건의 배후를 파헤치는 과정을 그린 영화.

일관된 상황에서 진술과 사건이 상호 연관된 상태에서 파악해야 한다. 상황이 사라지거나 단절되면 모순도 소멸한다.

　이 점은 최근 젊은 학생들의 학위논문을 지도하다 보면 더 확실히 드러난다. "이보게, 여기서는 이렇게 말해 놓고 저기서는 반대 뜻으로 말하고 있잖아! 어느 쪽이야?" 하고 물으면, 학생들은 공손하게 호감을 사고 싶어하면서도 내 질문에 매우 난처해하고 나 또한 이들의 반응이 당황스럽다. "압니다. 하지만 그건 거기고 이건 여기잖아요!" 학생과 내가 보는 관점의 차이는 전제의 문제인데, 나는 '거기'와 '여기', '지금'과 '그때'가 각 절마다 연결되어 연속적이며 일관된 사고흐름이 나타나리라 당연시한다. 이게 바로 인쇄담론적 사고이며, 나 역시 학생들 말마따나 인쇄체제 출신이다. 반면 학생들은 뿌리부터 전혀 다른 "자, 다음은…"이라는 텔레비전 세계 태생이다. 세계를 바라보는 근본적 관점이 일관성이 아닌 불연속성이다. 불연속성의 세계에서는 모순 자체가 존재하지 않기에, 모순 여부로 진실이나 장점을 확인하는 일은 무의미하다.

　핵심은 이렇다. 우리 모두는 "자, 다음은…"이라는 뉴스세계(모든 사건이 개별적으로 다루어지고, 전후관계는 물론 다른 사건과의 연관성까지 배제된, 파편화된 세계)에 철저하게 길들여져 있기에, 일관성을 기준으로 세계를 바라보는 관점을 모조리 상실해 버렸다. 그리고 이로 인해 필연적으로 새로운 모순이 도래했다. 소위 무상황의 상황the context of no context에서는 모순이 증발해 버린다. 모순이 없어졌는데, 대통령이 전에는 이렇게 말했다가 지금은 다르게 말한다는 기사가 무슨 관심을 끌겠는가? 흥미나 재미는커녕 철 지난 뉴스를 재탕했을 뿐이다. 대중의 무관심에 얼떨떨해하는 기자들의 표정이 유일한 재밋거리다. 세계를 뿔뿔이 만든 장본인들이 그 조각난 세계를 다시 엮으려다가 아무도 별 관심을 보이지 않자 놀라 자빠지다니, 이야말로 얄궂은 상황이다.

조지 오웰이 명석했지만 이런 상황에 대해선 어찌해 볼 도리가 없었을 터이다. 여기엔 오웰적 관점이라곤 전혀 없다. 대통령이 언론을 수하에 놓고 부리지도 않았다. 〈뉴욕 타임즈〉나 〈워싱턴 포스트〉는 소련의 공산당기관지 〈프라우다[1]Pravda〉도 아니고, AP통신 역시 타스통신[2]Tass과는 전혀 다르다. 거짓을 진실로, 진실을 거짓으로 바꿔 부르는 뉴스피크[3]Newspeak도 없었다. 이 모든 상황은 대중들이 일관성 없고 파편화된 사건에 적응해서 즐기다 보니 무관심해진 것뿐이다. 이게 바로 올더스 헉슬리가 예언했던 미래의 모습이며, 그러면 위의 사례를 보고도 놀랄 일이 없을 터이다. 헉슬리는 서구 민주사회가 춤추며 꿈길 속을 헤매다 스스로 망각 속으로 빠져들어 나란히 속박당하게 되리라 확신했다. 오웰과 달리 헉슬리는 모순에 무감각하고 기술이 주는 재미에 중독된 대중에게 아무것도 감출 필요가 없음을 간파했다. 마취제를 흘려 보내는 정맥주사가 바로 텔레비전이라고 헉슬리

---

1. 공산체제하 구 소비에트 연방의 관제언론인 당 기관지 이름.
2. 공산체제하 구 소비에트 연방의 관영 통신사 이름.
3. 조지 오웰의 『1984년』에 나오는, 독재자가 민중을 호도하기 위한 일종의 언어 선전술로, "전쟁은 평화다" "속박은 자유다"와 같은 식으로 거짓 진리로 언어를 장악하는 전술을 뜻한다.

가 적시하진 않았지만, 로버트 맥닐이 "헉슬리의 『멋진 신세계』에 나오는 소마[1]soma는 바로 텔레비전이다"고 한 판단은 아무 거리낌없이 수용했을 터이다. 빅 브라더는 〈하우디 두디[2]Howdy Doody〉였다.

그렇다고 시시해지는 공적 정보가 모두 텔레비전 탓은 아니다. 핵심은, 공적 정보를 인식하는 우리의 사고체계를 텔레비전이 대체해 버린다는 뜻이다. 예전 인쇄기와 마찬가지로 텔레비전도 뉴스 표현형식을 규정하는 권력을 획득했으며, 한술 더 떠 뉴스에 사람들이 반응하는 방식까지 정의했다. 뉴스를 마치 보더빌처럼 세트로 묶어 방송하면서, 여타 매체도 따라하도록 부추겼으며, 따라서 총체적인 정보환경이 텔레비전을 모방하기 시작했다.

예를 들면, 가장 최근에 창간했으면서도 상당히 성공한 전국지 〈USA 투데이〉는 정확히 텔레비전 형식을 본땄다. 텔레비전 세트처럼 생긴 길거리 가판대에서 파는데, 기사는 눈에 띄게 짧고, 사진이나 도표를 비롯한 그래픽이 두드러질 뿐 아니라 일부 면은 컬러인쇄로 치장했다. 기상지도는 현란함의 극치이고, 스포츠 면에는 계산하느라 컴퓨터를 꽤나 고생시켰을 법한 무의미한 통계수치가 가득하다. 결과적으로 1982년 9월에 창간된 〈USA 투데이〉는 2년도 채 안되어 미국에서 셋째 가는 일간지(1984년 7월 ABC 집계기준)로 급성장했으며, 이

---

1. 헉슬리의 『멋진 신세계』에서 미래의 인류가 불안하거나 근심이 생길 때마다 먹는 약의 이름. 소마를 먹으면 곧바로 행복감을 되찾는다.
2. 1947년부터 1960년까지 인기를 끈 NBC방송의 인기 어린이 프로그램. 어린이 프로그램의 개척자란 평을 받았으며, 많은 쇼 프로그램의 표본이 되었다. '하우디 두디'는 이 방송에 등장하는 주근깨 가득한 소년 모습의 꼭두각시 인형 이름이다.

제는 〈데일리 뉴스〉와 〈월스트리트 저널〉마저 따라잡을 태세다. 전통적인 언론인들이 겉만 번지르르하다고 아무리 혹평해도, 〈USA투데이〉의 편집진은 인쇄문화의 기준을 꿋꿋하게 무시하고 있다. 수석 편집인인 존 퀸의 말을 들어보자. "우리는 신문을 만들 때 상을 받고자 하는 차원에서 기사를 기획하고자 연연해하지 않는다. 부정을 제대로 폭로한 단락paragraph이라고 해서 독자가 상을 주지는 않는다."⁽⁴⁾ 바로 여기 존 퀸의 말 속에 텔레비전의 인식론이 공명하는 증거가 있다. 즉, 텔레비전 시대에는 인쇄매체에서 다루는 기본 뉴스단위조차 단락으로 줄어들어 버렸다. 나아가 존 퀸은 상을 못 탄다고 해서 그리 안달할 필요도 없다. 다른 신문이 이러한 추세를 따르게 되면, 부정을 제대로 폭로한 문장sentence 단위로도 상을 줄 날이 그리 머지 않았다.

주목할 만한 사항이 하나 더 있다. 〈피플People〉이나 〈어스Us〉와 같이 새롭게 등장해 크게 히트한 잡지류는 텔레비전 지향적 인쇄매체의 사례이기도 하지만, 뜻밖에도 텔레비전에도 '전방위적으로 은근히' 영향을 끼치고 있다. 잡지가 텔레비전을 통해 뉴스가 오락에 지나지 않음을 배웠다면, 텔레비전은 잡지를 통해 오락만이 뉴스임을 깨달았다. 〈오늘의 연예정보Entertainment Today〉와 같은 텔레비전 프로그램은 연예인이나 유명인에 관한 정보를 '진지한' 문화적 내용으로 둔갑시켰으며, 이로써 악순환이 시작되었다. 즉, 뉴스의 형식과 내용 모두가 오락으로 변질되고 말았다.

당연히 라디오는 헉슬리가 언급한 기술적 중독이라는 세계에 빠져들 가능성이 가장 적은 매체이다. 무엇보다도 라디오는 이성적이고 복잡한 언어를 전달하는 데 아주 적격이다. 그럼에도 불구하고 침식은 이미 시작되었다. 라디오가 음악산업에 매료된 것은 그렇다 치더라도, 라디오에선 더욱 유치하고 단편적이며 주로 본능적인 반응을 유발시키려는 언어가 흘러나오는 으스스한 현실이 우리 앞에 있다. 즉, 도처에서 쿵쾅거리며 라디오를 먹여 살리는 록음악과 비슷한 언어인 셈이다. 최근 시청자 전화 참가프로는 진행자가 청취자를 무례하게 대하는 게 두드러진 추세인데, 전화를 건 청취자의 언어는 투덜거리는 로봇에 가깝다. 이러한 프로그램에는 내용이랄 게 없으며, 아마도 네안데르탈인의 대화가 그런 식이지 않았을까 하는 느낌을 주는 일말의 고고학적 관심만 남을 뿐이다. 게다가 텔레비전의 영향으로, 라디오 뉴스진행자가 내뱉는 언어도 점점 맥락을 잃고 단절되면서, 사람들이 세상을 제대로 파악할 수 있는 가능성도 사실상 차단된다. 뉴욕 시의 WINS 라디오 방송은 청취자를 향해 이런 식으로 간청한다. "20분만 시간을 내주시면 세상의 모든 것을 알려드리겠습니다." 방송국의 태도가 천연덕스럽기도 하지만, 듣는 사람조차 앞뒤가 맞지 않는 이상한 구호라고 여기지도 않는 듯하다.

결국 우리는 "하찮음의 추구"라고 부를 만한 정보환경으로 급속히 들어서고 있다. 이 게임은 '사실'을 오락을 위한 원재료로 사용하기에, 우리의 뉴스 출처도 오락의 재료가 될 뿐이다. 오보誤報나 판단오류가 난무해도 문화는 존속 가능하다고 여러 차례 언급한 바 있다. 하지만 이 세상을 단 22분 만에 어림잡는다거나 재미있는 뉴스가 가치 있는 뉴스로 둔갑하는 상황에서도 문화가 살아남을지는 모르겠다.

08
예배가 아니라 쇼!

일명 테리 목사로 통하는 텔레비전 복음 설교자가 있다. 50대 초반으로 보이는 이 여목사는 얼마나 빈틈없이 머리를 땋았는지, 부러질지언정 절대 헝클어지지 않는다고 한다. 테리 목사는 활기차고 스스럼없는 설교 스타일로 예전 코미디언 밀턴 벌을 연상시킨다. 클로즈업 화면에 잡힌 청중들은 하나같이 웃는 표정이다. 실상은, 이 청중들이 약간 더 말쑥하고 착실해 보일 뿐 라스베이거스 샌즈호텔[1]에 앉아 있는 관객과 구별하기 힘들다. 테리 목사는 청중들은 물론 가정에서 TV로 지켜보는 시청자를 향해 예수를 받아들이고 삶의 방식을 바꾸라고 설득한다. 조금 더 효과를 내기 위해 테리 목사는 일명 '성공

---

1. 라스베이거스, 마카오 등지에 카지노로 유명한 호텔기업.

캠페인 세트 'prosperity Campaign Kit'를 내놨는데, 아마도 양수겸장의 효과를 노린 것으로 보인다. 즉, 사람들을 예수께 좀더 가까이 인도하면서, 한편으로는 이들에게 은행잔고를 불리는 방법을 가르쳐주는 식이다. 이러한 방식은 추종자들에게 엄청난 행복감을 선사하는 동시에 부유함이 종교의 진정한 목적이라고 확신시킨다. 그런데 하나님께선 생각이 다르신 듯하다. 테리 목사는 지금 파산 직전에 내몰렸고, 목사직도 일시 중지된 상태다.

팻 로버트슨은 크게 히트친 텔레비전쇼 〈700 클럽〉의 진행자인데, 여기에 참여하려면 1개월에 15달러를 내야 한다.(물론 케이블TV 가입자는 무료로 시청이 가능하다.) 로버트슨 목사는 테리 목사에 비해 턱없이 적은 가입자를 대상으로 방송을 진행한다. 로버트슨 목사는 지적이고 품위를 갖춘 외모로, 마치 세련된 텔레비전 토크쇼 진행자를 연상시킬 정도로 매력적이다. 하나님을 믿으라는 호소도, 적어도 TV로 보기에는 테리에 비해 훨씬 세련된 모습이다. 사실 이는 〈오늘의 연예정보〉 진행방식을 본딴 듯해 보인다. 로버트슨이 진행하는 프로그램에는 인터뷰를 비롯, 가수가 출연하고, 기독교인으로 거듭난 연예인의 모습을 담은 장면이 등장한다. 예를 들면, 팝 가수 돈 호 Don Ho의 하와이 공연에 나오는 코러스 걸 모두가 거듭난 신자들인데, 방송 코너에서 이들이 기도하는 모습과 무대에 선 모습을 함께 보여주는 식이다. 또한 절망의 나락에 매달려 있던 사람이 〈700 클럽〉을 통해 구원받은 과정을 재현하는 세련된 다큐-드라마도 빠지지 않는다.

먼저, 불안감에 휩싸여 고통받는 여성이 등장한다. 이 여성은 아내라는 역할에 더이상 마음을 두지 못한다. 이 여성이 보는 텔레비전쇼나 영화는 세상에 대한 두려움을 가중시킨다. 결국 편집증에 사로잡힌다. 이 여성은 심지어 자녀들이 자신을 살해할 듯 여기기 시작한다. 장면이 바뀌어 텔레비전 앞에 있는 이 여성의 모습이 보인다. 방송에서는 우연히 〈700 클럽〉이 나온다. 여성은 메시지에 관심을 보이기 시작한다. 예수를 마음으로 영접한다. 드디어 구원받는다. 마지막 장면에서 평온하고 기쁜 모습으로 자기 일을 하려는 모습이 보인다. 두 눈이 평화로 가득히 빛난다. 결국 〈700 클럽〉은 이 여성을 두 차례나 초월적 상태로 들어올린 셈이다. 먼저 이 여성을 예수 앞에 인도했으며, 그리고는 텔레비전 스타로 만들었다. 미성숙한 사람에게는 어느 쪽이 더 높은 상태인지 분명치 않다.

〈700 클럽〉 쇼 막바지엔 다음날 방송할 여러 장면을 내보내는데, 누군가 이런 멘트로 마무리한다. "지금 보신 것 이상을 기대하십시오… 내일 〈700 클럽〉에서는…."

지미 스웨가트Jimmy Swaggart는 고전적인 유형에 가까운 복음 전도사이다. 피아노 연주도 꽤 수준급이고 노래도 감미롭게 불러 텔레비전 매체의 속성을 제대로 활용하고 있기는 해도, 설교할 때는 '불과 유황' 식의 접근을 선호한다. 하지만 아무래도 텔레비전이다 보니 종종 교회연합을 빙자하여 메시지를 적당히 누그러뜨려 전한다. 예를 들면, 유대교가 사실상 신성모독에 해당하지 않는가는 논란에 대해 스웨가트는 절대 그렇지 않다며, 예수가 유태인의 율법을 폐하였기 때문에 우리는 사실상 유태인들에게 엄청난 빛을 지고 있다는 식으로 설교한다. 그리고는 구약시대에 유태인들의 예루살렘 성전이 파괴되었기 때문에 하나님을 믿는 방식도 일부 잃어버렸다고 간단하게 끝맺는다. 결국 스웨가트는 설교를 통해 유태인들은 경멸보다는 오히려 연민의 대상이며, 여하간 이들 대다수는 꽤 괜찮은 사람들이라고 은근히 암시하는 셈이다.

이는 완벽한 텔레비전 설교의 전형이다. 극적이며 감동적일 뿐 아니라 특이한 방식으로 접근하여 유태인에게조차 편안함을 선사한다. 텔레비전이여 청취자의 마음을 축복하라! 왜냐고? 노골적인 악담은 텔레비전과 어울리지 않는다. 한가지 이유는, 텔레비전에선 누가 방송을 보게 될지 모르기 때문에 너무 거슬리지 않도록 하는 게 최선이다. 또한 얼굴을 붉히고 악마 같은 몸짓으로 적의를 드러내는 사람은 텔레비전에선 그저 바보같이 보일 뿐인데, 이 사실은 마샬 맥루한이 수년 전에 발표한 바 있고 조셉 매카시[1]_{Joseph McCarthy} 상원의원이 낭패를 보며 몸소 겪은 바 있다. 텔레비전은 달래는 듯한 분위기를 선호하며, 어떤 종류의 본질에 대해서라도 침묵할 때가 최선이다.(한가지 예외로 둘 때가 있는데, 스웨가트 같은 복음설교자들이 악마와 세속적 인본주의를 주제로 삼을 때이다. 이럴 때에는 한치의 양보도 없이 사납게 맹공을 퍼붓는데, 아마도 세속적 인본주의자나 악마는 닐슨 시청률 조사에 해당하지 않으리라고 어느 정도 여기는 듯하다.)

---

1. 미국 정치가. 미 공화당 상원의원을 지냈고 상원의 비미활동(非美活動) 위원장으로 적색분자를 공직·기업으로부터 추방하는 일에 나서는 등 반공선풍을 일으켰으나, 너무 극단적이어서 상원의 비난결의 후 급속히 영향력을 상실했다.

종교기관이 운영하는 TV방송국은 35개 정도 되지만, 실제로는 모든 방송국이 한두 가지 종교 프로그램을 편성한다. 나 자신도 이 글을 쓰려 준비하면서 텔레비전 판版 교파에 속하는 로버트 슐러를 비롯한 오럴 로버츠, 지미 스웨가트, 제리 폴웰, 짐 베이커, 팻 로버트슨 목사의 쇼를 무려 42시간 동안 지켜봤다. 물론 42시간이나 매달릴 필요는 없었다. 5시간이면 결론짓고도 남을 터였지만, 이를 통해 도출한 의미 있는 결론을 두 가지 소개한다.

첫 번째로, 텔레비전에서는 예배도 여타 프로그램과 마찬가지로 단순히 일종의 오락처럼 뻔뻔하게 내보낸다. 예배에 있어서 역사적으로 중요하고, 심오하며 신성한 인간의 행위는 모조리 배제된다. 즉, 의식도 교리도 전통도, 신학은 물론 영적 초월감도 없다. 이같은 코미디 쇼에서는 설교자가 주연이고 하나님은 조연으로 등장할 뿐이다.

두 번째로, 이같은 상황이 초래된 데에는 소위 전자매체 설교자의 결함 탓이라기보다는 텔레비전이 지닌 편향성이 더 큰 영향을 끼쳤다는 점이다. 물론 몇몇 TV설교자들은 교양 없고 편협하며 옹졸하기까지 하다. 이들은 초창기 복음전도자들인 조나단 에드워즈, 조지 횟필드, 찰스 피니 같이 높은 학식과 신학적인 민감성, 뛰어난 논증력을 갖춘 인물과는 비교조차 불가능하다. 그럼에도 불구하고 텔레비전 설교자들이 지닌 한계는, 교회나 회당으로 활동범위가 제한된 오늘날의 목사나 초창기 전도자들과 크게 다를 바 없는 듯싶다. 이들 텔레비전 설교자들이 종교적 체험의 걸림돌로 전락한 이유는 부족한 자질 탓이라기보다는 이들이 사용하는 매체의 취약성 때문이다.

설교자를 비롯한 대다수 미국인들은, 모든 담론형식이 한 매체에서 다른 매체로 변환되지는 않는다는 사실을 제대로 납득하지 못한다. 의미나 구조, 가치를 심각하게 손상시키지 않고 표현형식을 바꿀 수 있다고 여긴다면 그야말로 순진하기 짝이 없는 생각이다. 산문은 대체로 다른 언어로 무난하게 번역되지만, 시는 알다시피 상당히 어렵다. 즉, 번역된 시만으로 대략적인 의미는 짐작할 수 있지만, 그 외 상당한 것들을 놓치고 마는데, 특히 미적 대상을 노래한 경우에 그렇다. 시에서는 번역으로 인해 본래의 의미가 변하는 경우가 흔하다. 다른 사례를 살펴보자. 상(喪)을 당한 친구에게 보내는 위로카드가 꽤 편리하다고 생각한 적 있는가? 하지만 위로카드 한 장으로 직접 조문 가서 위로하는 말과 같은 의미를 전하리라고 생각한다면 이는 스스로에 대한 기만이다. 위로카드는 그 말이 담고 있는 의미를 변질시킬 뿐 아니라, 위로의 말과 관련된 상황을 분리시켜 버린다. 마찬가지로 PC를 이용해 교사가 (교육과 관련된) 반복적인 일상업무를 훨씬 효과적으로 대체할 수 있다고 여긴다면 이 또한 스스로에 대한 기만이다. 물론 효과적인 경우도 있겠지만, 그때마다 항상 이런 질문이 남는다. 대체하는 과정에서 무엇을 상실했을까? 어쩌면 대답은 이렇지 않을까? 교육에 관한 중요한 모든 것.

텔레비전으로 제대로 전달하지 못하는 경우도 있다는 생각은 그리 미국적이지 못해 보인다. 좀더 정확히 말한다면, 텔레비전으로 방송되는 모든 것은 무언가를 나타내는 본래 모습에서 변형된 형태인데, 이 경우 본질을 간직하고 있기도 하지만 그렇지 못한 경우도 있다. 그러나 텔레비전 설교자들은 대체적으로 이러한 문제를 그리 심각하게 고려하지 않았다. 전에 교회나 천막에서 얼굴을 마주하던 방식대로 텔레비전에서 설교해도 전하는 의미가 왜곡된다거나 영적 경험이 변질되리라고는 생각하지 않았다. 이들이 매체간 변환에 따른 문제를 간파하지 못한 가장 큰 이유는 아마도 TV 앞에 몰려든 수많은 시청자들로 인한 자기과신[hubris]이 아닐까 싶다.

빌리 그래함이 이런 말을 했다. "텔레비전은 인간이 만들어낸 가장 강력한 의사소통 수단이다. 내가 하는 황금시간대 '특집방송'은 300여 방송국을 통해 미국과 캐나다까지 메아리친다. 내가 텔레비전으로 단 한번만 설교해도 예수가 살아생전 한 것보다 더 많은 무수한 사람에게 전한 셈이다."[1] 여기에 팻 로버트슨은 이렇게 거들었다. "교회에 텔레비전을 개입시켜선 안 된다는 주장은 어리석음의 극치다. 똑같은 필요, 똑같은 메시지일 뿐이다. 단지 전달방식만 다르다. 교회더러 미국에서 가장 가시적인 영향력을 이용하지 말라니! 이야말로 어리석지 않은가?"[2]

이게 바로 과학기술에 대한 순진함의 극치다. 전달방식이 달라지면 메시지도 본 뜻을 유지하기 매우 어렵다. 또한 메시지를 접하는 상황이 예수가 살았던 시대와 완전히 다르다면, 메시지의 사회적·심리학적 의미 또한 다르다고 전제함이 옳다.

---

1. 휴브리스. 자신의 성공 경험을 과신해 자신의 능력이나 자신이 해왔던 방법을 절대적 진리로 착각해 실패하는 경우를 뜻하는, 토인비가 사용한 역사 해석학적 용어.

요점을 말하자면, 텔레비전을 통해서는 진정한 종교적 경험이 불가능한 몇가지 특성과 환경요건이 있다. 첫 번째로, 텔레비전쇼를 체험하는 공간은 달리 신성한 장소로 바꿀 방도가 없다. 전통적인 예배에서 예배 드리는 장소는 반드시 어느 정도 성례聖禮적 분위기를 풍겨야 함이 필수적 요건이다. 물론 교회나 회당은 종교의식을 위해 의도된 장소이기에 여기에서 일어나는 모든 일은, 심지어 빙고게임마저도 종교적 분위기를 풍긴다. 그렇다고 예배의식을 교회나 회당에서만 진행할 필요는 없다. 정화된 곳이라면, 다시 말해 불경스러운 곳만 아니라면 어떤 장소라도 상관없다. 벽에 십자가를 건다거나 아니면 탁자 위에 촛불을 켜두거나 잘 보이는 곳에 성스러운 문서를 비치해 두는 것만으로 충분하다. 이런 식으로 체육관이나 식당이나 호텔방도 얼마든지 예배장소로 바꿀 수 있다. 즉, 특정한 시공간이 세속적인 일상세계를 벗어나 이 세상에 속하지 않은 현실 속에서 재창조된다. 그러나 이같은 변환에는 기본적으로 몇가지 행동규칙이 선행해야 한다. 이를테면 무얼 먹는다거나 쓸데없는 잡담은 곤란하다. 때맞춰 무릎을 꿇거나 미사포를 쓰기도 해야 한다. 아니면 그저 조용히 묵상이라도 하든가. 즉, 사람들의 행동이 그 공간의 초월적 상황과 조화를 이루어야 한다. 하지만 텔레비전을 보는 와중에 이러한 요건이 맞아 떨어지는 경우란 거의 없다. 예배 프로그램을 보건 〈댈러스〉나 〈A-특공대〉를 보건 간에 침실이나 거실, 부엌에서 사람들의 행동거지는 (오! 하나님 굽어 살피소서) 별반 차이가 없다. 사람들은 먹고 떠들고 화장실에 들락거리고, 팔굽혀펴기를 하는 등 살아계신 텔레비전의 임재 앞에서 늘 하던 식으로 행동하리라. 결국 시청자들이 성례적이고 상징적인 초월적 분위기에 몰두하지 않으면 의미있는 영적 경험을 마음에 불러 일으킬 가능성은 거의 없다.

더군다나 텔레비전 화면 자체에는 세속주의적 심리상태로 이끄는 강력한 편향성이 내포되어 있다. TV화면을 보면서 사람들의 기억세포는 통속적인 것들로 흠뻑 물들고, 상업광고와 오락세계에 깊이 묶여버리기에 텔레비전을 신성한 무엇인가를 위한 틀로 재창조하기란 어렵다. 특히, 시청자들은 리모콘 단추를 누르기만 해도 언제든지 화면에서 하키게임이나 상업광고, 만화영화와 같은 세속적 볼거리가 등장한다는 사실도 익히 알고 있다. 이뿐 아니라 종교 프로그램 직전 후에는 상업광고나 인기쇼의 예고편과 같이 갖가지 세속적 이미지와 이야깃거리가 등장하기에, 결국 TV화면 자체에서 전달하는 주된 메시지는 끊임없는 오락에 대한 약속인 셈이다. 지금까지도 그래왔지만, 현재의 상황을 보면 TV화면은 내적 성찰이나 영적인 초월과는 상반된 관점으로 내내 기능하리라 본다. 사람들은 TV화면만 보면 언제든지 재미와 즐거움을 만끽하리라는 기대감을 결코 잊지 못한다.

텔레비전 설교자도 이 점을 잘 안다. 즉, 설교프로그램이 상업방송과 무관하지 않고 그 연장선상에 있을 뿐임을 안다. 실제로 이들 프로그램 대부분은 일요일이 아닌 평일에 전파를 탄다. 몇몇 스타급 설교자는 자신이 더 호소력 있는 쇼를 펼칠 수 있다고 자신하기에, 세속적 프로그램과의 정면대결도 얼마든지 불사할 태세다. 한가지 덧붙이자면, 제작비는 별 문제가 안 된다. 이들 쇼의 헌금액은 수십 억 원대에 육박한다.(1986년 기준) 전자교회의 총 수입은 적어도 한해 500억 원을 웃돌 것으로 추산된다.

헌금액을 거론한 이유는, 설교자들이 상업 프로그램에 필적하는 높은 제작비를 어떻게 감당하는지 지적하고자 함이다. 즉, 제작비를 감당하도록 맞출 뿐이다. 대부분의 종교 쇼에는 반짝거리는 분수, 꽃 장식, 성가대, 화려하게 꾸민 세트가 등장하는데, 이 모두가 몇몇 인기 있는 상업 프로그램의 무대 장식을 모델로 삼는다. 예를 들어 짐 베이커는 〈머브 그리핀 쇼[1] The Merv Griffin Show〉를 지침으로 이용하는데, 매혹적이고 특이한 풍경을 자아내는 이국적인 장소에서 야외촬영을 하는 경우도 드물지 않았다. 그 밖에도 무대 위나 청중 사이에는 아주 잘생긴 얼굴이 심심찮게 눈에 띈다. 로버트 슐러는 특히 에프렘 짐발리시트 주니어[2] Efrem Zimbalist, Jr.나 클리프 로버트슨[3] Cliff Robertson 같은 유명 연예인을 선호하는데, 물론 이들도 슐러에게 헌신하기로 공개적으로 밝혔다. 게다가 슐러는 유명인을 쇼에만 등장시키지 않고, 쇼를 알리는 광고에도 활용하여 청중들을 끌어들인다. 결국 〈A-특공대〉나 〈댈러스〉와 다를 바 없이 청중들을 끌어모으는 일이 이들 종교 프로그램의 주목적이라고 해야 옳을 듯싶다.

이러한 목적을 달성하기 위해 최신 마케팅 기법과 판촉수단을 양

---

1. 1960년대 초에서 1970년대 초까지 방송된 인기 토크쇼. 〈자니카슨 투나잇 쇼〉의 경쟁프로그램이기도 했다.
2. 미국의 배우로 텔레비전 시리즈 〈77 Sunset Strip〉과 〈The F.B.I.〉에 출연했다.
3. 미국의 영화배우로 스파이더맨 시리즈에서 삼촌 벤 파커 역으로 잘 알려져 있다.

껏 이용하는데, 무료로 소책자나 성경책, 선물 등을 나눠주고, 제리 폴월은 '오직 예수Jesus First' 핀을 공짜로 두 개씩 나눠주기도 한다. 이들 설교자들은 시청률을 끌어올리기 위해서라면 설교내용을 조절하는 것도 주저하지 않는다. 부자가 천국에 들어가기 얼마나 어려운지에 대한 설교를 이들에게 들으려면 아마도 무한정 기다려야 하지 않을까 싶다. 전국종교방송협회 사무총장은 텔레비전 설교자가 지켜야 할 불문율을 이렇게 한마디로 요약했다. "시청자를 끌어모으려면 그저 사람들이 원하는 바를 던져주면 된다."[3]

눈치챘겠지만 이는 확실히 정도를 벗어난 종교적 신조다. 부처를 비롯해 모세와 예수, 모하메드와 루터에 이르기까지, 위대한 종교지도자 중에 사람들이 원하는 바를 제공한 사람은 없었다. 필요로 하는 것을 제공했을 뿐이다. 하지만 텔레비전은 사람들의 필요를 채우기엔 적합하지 않다. 지나치게 사용자 친화적이다. 꺼버리기도 쉽고, 현란한 시각적 이미지를 전할 때 가장 매혹적이다. 복잡한 말로 전한다거나 설득하고 요구하는 방식에는 적합하지 않다. 결론적으로 TV 설교와 예수의 산상수훈은 차원이 다르다. 종교 프로그램은 쾌활함과 갈채로 가득차 있다. 물질적 풍요를 찬양한다. 출연자는 이내 유명인이 된다. 메시지는 하찮을지라도 시청률은 치솟는다. 아니 메시지가 워낙 시시하기 때문에 시청률이 하늘을 찌르는 게 아닐까? 기독교란 요구하고 묻는 심각한 종교라고 생각한다. 편하고 즐겁게 전하면 전혀 딴판인 종교로 변질되고 만다.

물론, 텔레비전이 종교의 품위를 격하시켰다는 주장에 대한 반론도 있다. 그 중에는 눈에 띄는 구경거리가 종교에서도 그리 낯설지 않다는 견해도 있다. 퀘이커 교도를 비롯한 몇몇 엄격한 종파를 제외하면, 모든 종교는 예술이나 음악, 성상, 경외감을 고취시키는 의식을 통해 마음을 끌려 애쓴다. 종교에 있어서 미학적 차원은 많은 사람들을 매료시키는 원천이다. 특히 로마 가톨릭과 유대교가 그러한데, 거기서 회중들은 심금을 울리는 성가, 화려한 예복과 숄, 독특한 모자(추기경이나 랍비가 쓰는 모자), 성찬용 빵과 포도주, 스테인드 글라스, 고대 언어로 읊조리는 신비한 운율 등을 경험한다. 이는 TV화면에 비치는 꽃장식이나 분수와 같은 화려한 세트와는 근본적인 차이가 있는데, 종교적인 장구는 단순한 장식품이 아니라 그 종교 자체의 역사와 교리가 일체화된 요소다. 즉, 회중들로 하여금 적정한 경외감을 불러일으킨다.

어떤 유태인은 스컬캡[1]이 TV에서 멋지게 보인다는 이유로 기도할 때 벗어버린다. 어떤 가톨릭교도는 제단이 너무 잘 드러나기에 봉헌 촛불을 밝히지 않는다. 진지한 유대교 랍비나 가톨릭 사제, 개신교 목사라면 예배중에 영화배우를 불러내 자신이 어떻게 신앙을 갖게 되었는지 간증하도록 허용하지 않는다. 참 종교에서 사람들이 경험하는 광경에는 단순한 흥미 이상으로 그 목적에 부합하는 외경畏敬이 있다. 이 차이는 결정적이다. 사물에 신비한 힘을 부여함으로써 드러나는 경외감은 이를 통해 신께 나아가는 수단이 된다. 반면, 오락은 이

----

1. scull cap : 유대 랍비들이 쓰는 모자.

를 통해 신으로부터 멀리 떼어놓는 수단이 된다.

　물론, 우리가 텔레비전에서 접하는 대부분의 종교는 '근본주의 보수'로서 성경 자체, 즉 하나님과의 직접적인 관계를 추구하기 때문에 의도적으로 의식과 신학을 배제했다는 반론도 있다. 여기서 준비 없이 신학적 논쟁에 휘말리고 싶지는 않다. 다만, 텔레비전에선 하나님이 모호하고 부차적인 인물로 비친다고 말해도 누구나 고개를 끄덕일 만하다고 생각한다. 설교중 '그분'의 이름을 반복해서 부를지라도, 화면에 끊임없이 드러나는 설교자의 모습은 경배받을 대상이 '그분'이 아니라 '설교자'라는 선명한 메시지를 전할 뿐이다. 그렇다고 설교자가 일부러 그렇게 의도했다는 뜻은 아니다. 다만 화면에 가득 담겨 컬러로 방영되는 얼굴의 위력이 우상화를 유발시키는 끊임없는 위험요소가 된다는 말이다. 즉, 텔레비전은 금송아지'보다 훨씬 유혹적인 우상의 형태인 셈이다. 몇해 전 풀턴 쉰 주교가 텔레비전에서 연기하는 식으로 의식을 집전하려는 계획을 가톨릭이 막았는데, 아마도 시청자들이 하나님을 제쳐놓고 쉰 주교에게 기도하게 될까 하는 느낌 때문인 듯싶다. 쉰 주교의 꿰뚫어보는 듯한 눈, 외경스런 망토, 위엄있는 목소리는 하나님 못지 않은 감화력을 지니고 있었다.

　이게 바로 텔레비전에 관해 우리가 놓쳐서는 안 될 핵심이다. 즉, 텔레비전은 추상적 관념을 머릿속에 전하는 게 아니라 화면에 비친 인물을 우리 가슴 속에 밀어넣는다. 우주에 관한 CBS 방송 프로그램

---

1. 이스라엘인들이 자신들을 이집트에서 탈출시킨 하나님을 빙자하여 만들어 숭배한 우상.

이름을 〈월터 크롱카이트의 우주〉라고 부르는 이유다. 심원한 우주를 말하는데 월터 크롱카이트[1]Walter Cronkite 따위가 왜 필요한지 의아하다고 여길 만도 하다. 옳지 않은 생각이다. 텔레비전에서는 월터 크롱카이트의 연기가 은하수보다 월등함을 CBS 측은 잘 안다. 마찬가지로 지미 스웨가트 목사가 하나님보다 연기를 더 잘 한다. 하나님은 그저 우리 마음속에 머물지만, 스웨가트 목사는 화면에 등장하고 눈에 보이며 찬미받고 떠받들어지기 때문이다. 이게 바로 스웨가트가 자신의 설교쇼를 통해 스타가 된 이유다. 빌리 그래함이 유명해지고, 오럴 로버츠가 대학을 소유하고, 로버트 슐러가 자신만의 크리스탈 교회당을 건립하게 된 이유이기도 하다. 내가 틀리지 않다면 이는 신성모독에 해당한다.

마지막 반론으로, 텔레비전으로 방영되는 종교를 두고 뭐라 비난하든 간에 사람들은 이 프로그램이 수백만 시청자를 끌어들이고 있다는 부정하기 힘든 사실을 들이대기도 한다. 이는 이 장의 서두에서 언급한 빌리 그래함이나 팻 로버트슨의 진술과 궤를 같이 한다. 즉, 이러한 프로그램을 필요로 하는 사람들이 있다는 주장이다. 이에 대한 답변으로는, 대중문화의 산물에 대해 깊이 연구한 한나 아렌트Hannah Arendt의 다음 언급이 가장 적절할 듯싶다.

세계 어디서도 유래가 없는 이같이 떠들썩한 현상은, 대중문화라고 부

---

1. 미국의 전설적인 방송진행자. 앵커맨으로 달 착륙 순간을 보도했다.

름이 온당해 보인다. 대중문화를 확산시키는 장본인은 일반 대중도 유명 연예인도 아니다. 이보다는 한때 문화의 진정한 대상이었던 것으로 대중을 즐겁게 하려거나, 햄릿도 〈마이 페어 레이디〉만큼 재미있고 교육적이라고 설득하려는 자들이다. 엄밀하게 보면, 대중교육은 오락적으로 변질될 위험성이 크다. 아직까지는 악평과 무관심 속에서도 생명력을 유지한 과거의 위대한 작가가 꽤 많지만, 작가의 의도를 오락적 대상으로 변형시킨 뒤에도 살아남을 수 있을지는 의문이다.[4]

위 글에서 '햄릿'을 '종교'로, '과거의 위대한 작가'를 '위대한 종교적 전통'으로 대치시키면, 이 인용문은 텔레비전으로 방송하는 종교에 대한 결정적인 비판이 될 터이다. 바꿔 말하면, 종교도 얼마든지 오락적 형태로 변형될 수 있다는 말이다. 그렇게 함으로써 이런 의문이 남는다. 우리가 혹시 문화의 진정한 대상인 종교를 파괴시키는 게 아닐까? 온갖 오락적 자원을 총 동원해 만든 종교의 대중적 인기로 인해 좀더 전통적인 종교적 개념은 광신이나 하찮은 진열품 정도로 밀려나지 않을까? 앞 부분에서 오코너 추기경이 대중에게 영합하여 이들을 즐겁게 하기 위해 마다하지 않았던 당혹스런 행동에 대해, 그리고 가톨릭 교육에 기꺼이 록음악을 끼워넣으려는 교구 신부에 대해서도 언급했다. 유대교 속죄일Yom Kippur 예배에 루치아노 파바로티를 초청해 콜 니드레[1]Kol Nidrei를 부르게 하자고 진지하게 회중들에게 제안

---

1. '모든 서약들'이란 의미를 지닌 유대교의 옛 성가를 뜻함.

한 유대 랍비도 안다. 그렇게 하면 전과 달리 회당이 사람들로 넘쳐나리라 믿고 있다. 과연 누가 의심하겠는가? 그러나 한나 아렌트는, 그런 식의 방법은 사람들에게 해결책을 주기는커녕 도리어 문제를 만들 뿐이라고 말할 것이다. 또한 '정평있는' 개신교 종파 가운데 텔레비전으로 방송이 용이하도록 예배를 변형시키려 고심하는 경우도 상당함을 잘 안다. 그러나 이 경우 가장 큰 위험은, 예배가 텔레비전쇼의 내용이 되는 게 아니라 텔레비전쇼가 예배의 내용으로 자리잡는다는 점이다.

09
이미지가 좋아야 당선된다

보스턴을 배경으로 생동감 있는 정당정치를 그린 에드윈 오코너 Edwin O'connor의 예리한 소설 『마지막 함성The Last Hurrah』에 보면, 주인공 프랭크 스케핑턴 시장은 젊은 조카에게 오리무중인 현실정치에 대해 한마디 조언한다. "정치란 미국에서 가장 규모가 큰 관람용 스포츠와 같지." 1966년 로널드 레이건은 다른 메타포로 이렇게 표현했다. "정 치는 쇼비즈니스와 다를 바 없지."[1]

이젠 스포츠도 쇼비즈니스의 본류로 자리잡긴 했지만, 아직까지는 레이건보다는 스케핑턴이 정치에 대해 언급한 '관람'에 걸맞는 요소 를 간직하고 있다. 어떤 운동경기건 탁월하다는 기준이 어느 정도를 뜻하는지 선수나 관람자 모두 잘 알고 있으며, 그 기준에 얼마나 근접 하느냐가 선수의 명성을 좌우한다. 선수의 실력을 속이거나 날조하기는 쉽지 않다. 데이비드 가스[1]_{David Garth}라 할지라도 타율이 2할1푼8리에 불과한 외야수의 이미지를 좋아 보이게 하긴 매우 어렵다. 누가 세계최고의 여자 테니스 선수인지 묻는 여론조사도 의미 없긴 마찬가지다. 조사결과와 선수의 탁월함과는 별 상관이 없다. 결정적인 해답은 마르티나 나브라틸로바[2]_{Martina Navratilova}의 강서브에 있다.

또한 운동경기를 볼 때 관람자들이 경기규칙이나 선수들의 동작 하나하나를 감각적으로 쉽사리 이해한다는 사실도 익히 안다. 주자가 있는 상황에서 삼진 아웃을 당한 타자가 팀에 수훈을 세웠노라고 관람객이 믿게끔 할 방도는 없다.(공을 때려 더블 플레이가 될 수도 있었다고 하는 경우를 제외한다면) 안타와 삼진, 터치다운과 펌블(공을 놓치는 것), 서브 에이스와 더블폴트의 차이는 너무도 분명해서 명 스포츠 해설자 하워드 코셀_{Howard Cosell}이 아무리 과장하고 말재주를 부려도 소용없다. 정치가 운동경기와 같다면 그래도 몇가지 가치가 남는다. 즉, 투명성, 정직성, 탁월성이다.

하지만 로널드 레이건이 옳다면 정치에 내포된 가치는 무엇일까? 쇼비즈니스라고 탁월성을 전적으로 무시하진 않지만, 주 목적은 갖가지 장치로 대중을 현혹시켜 즐겁게 하는 일이다. 정치가 쇼비즈니스와 닮았다면 그 관점은 탁월함, 투명성, 정직성이 아니라 마치 그런 듯 보이게끔 하는 연출력에 있는데, 이는 완전히 다른 문제다. 후자를

---

1. Media guru로 평가받는 미국 미디어업계의 거물, 미디어 컨설턴트.
2. 당시 그랜드 슬램을 달성한 세계최고의 여자 테니스 선수.

한마디로 압축해서 표현한 게 바로 '광고'다. 1968년 당시 닉슨 대통령의 선거운동에 대해 조 맥기니스Joe McGinnis가 쓴 『대통령 팔아먹기 The Selling of the President』에 보면, 제목에서 보듯 정치와 광고의 상관관계에 대해 의미심장한 내용이 많다. 대통령을 판매한다는 게 놀랍고 저속하다 해도 이는 빙산의 일각일 뿐이다. 즉, 미국에서 정치담론을 드러내는 기본적인 메타포는 바로 텔레비전 광고다.

텔레비전 광고는 유달리 침투력이 강한 의사전달 형태로, 전기 플러그만 꼽으면 흘러나온다. 나이 마흔 정도 되는 미국인은 지금까지 TV광고를 100만 개 정도 봐왔으며, 연금수령 전(약 65세)까지 또다시 100만 개에 이르는 TV광고를 보게 될 터이다. 따라서 미국인의 사고형성에 TV광고가 막대한 영향을 끼쳐왔다고 봐도 무방하다. 표현형식이 어떻든 TV광고가 공공담론이 형성되는 구조를 결정짓는 중요한 패러다임으로 확실하게 자리잡았다고 주장해도 문제 없어 보인다. TV광고가 정치담론을 얼마나 황폐화시켰는지 드러내는 일이 이 장의 주 목적이다. 하지만 먼저 TV광고가 상거래에 미친 영향을 살펴보는 일도 의미있을 듯싶다.

TV광고는 음악, 드라마, 영상, 유머, 볼거리 등 쇼비즈니스의 모든 요소를 한데 묶어 제공하면서, 『자본론』이 출간된 이래 자본주의 이념에 가장 맹공을 퍼붓는 세력으로 부상했다. 그 이유를 이해하려면, 과학이나 자유민주주의와 마찬가지로 자본주의 역시 계몽주의의 산물임을 상기해야 한다. 핵심 이론가는 물론 가장 성공한 사업가들조차도, 자본주의란 사고파는 쌍방 상호간 이익을 도모하는 데 있어서

원숙하고 사리에 밝으며 이성적이라는 전제하에 가능하다고 믿고 있다. 자본주의 엔진을 가동시키는 연료가 탐욕이라면, 이성은 운전수임이 확실하다. 이러한 이치는, 구매자가 자신의 필요뿐 아니라 무엇이 좋은 제품인지에 대해서도 알아야 시장경쟁이 가능하다는 뜻이다. 무가치한 상품을 만들어 팔면, 이성적인 시장원칙에 따라 망하게 되어 있다. 경쟁에서 이긴 승자가 계속 이기도록 격려하는 이유도 구매자가 이성적이라는 전제하에서다. 어린이와의 계약행위가 금지되어 있듯이, 구매자가 이성적인 결정을 내리는 게 불가능하다고 여겨지면, 거래를 무효화시키는 법을 제정한다. 미국에서는 심지어 판매자가 자신의 제품에 대해 정직하게 설명해야 한다고 규정한 법까지 있는데, 이는 구매자가 허위주장에 그대로 노출될 경우 이성적인 구매결정이 심각하게 손상되기 때문이다.

물론 자본주의를 실천하는 과정에는 모순도 따르게 마련이다. 담합이나 독점은 자본주의 이론을 손상시킨다. 그러나 TV광고는 아예 엉망으로 만들어버린다. 간단한 예를 들어보자. 어떤 주장이건(광고건 다른 무엇이건 간에) 이성적으로 받아들여지려면 반드시 언어로 제시해야 한다. 엄밀하게는 '참'과 '거짓'을 판별할 수 있는 담론세계인 명제命題와 같은 형태를 취해야 한다. 이러한 담론세계를 저버린다면, 경험적 검증이나 논리적 분석 또는 그밖의 이성적 도구를 적용하는 일이 쓸모 없어진다.

19세기 말부터 상업광고에서는 명제를 쓰지 않기 시작했다. 그러나 TV광고에서 상품구매를 결정짓는 요소로 언어적 전달방식을 폐기시킨 때는 1950년에 들어서였다. 주장하는 말 대신 이미지로 표현한 상업광고로 인해, 소비자의 구매결정은 사실여부의 판단이 아니라 감정적 호소에 근거하게 되었다. 이제는 합리성과 광고의 간극이 너무 커 한때 서로 연관성이 있었다는 사실조차 기억하기 어려울 정도다. 오늘날 TV광고에서 명제는 따분한 사람만큼 희귀해졌다. 광고주의 주장에 대한 사실여부는 논란거리도 못 된다.

예를 들어 맥도널드의 광고는 검증 가능한 순서도 없고, 논리적으로 일관된 주장도 아니다. 잘생긴 사람들이 나와 햄버거를 팔고 사고 먹으며, 그러한 좋은 팔자로 인해 거의 황홀경에 빠지는 일종의 드라마(아니 신화라 해도 되겠다)와 같다. 이러한 드라마에 주장이란 존재하지 않으며, 시청자들이 이 드라마에서 알아채고 추론하여 마음에 그리는 것만 남는다. 우리 모두는 TV광고를 좋아할 수도 혐오할 수도 있다. 하지만 논리적 반박은 불가능하다.

심지어 TV광고는 판매제품의 특징과는 전혀 무관하다고까지 주장해도 무방하다. 사실 TV광고는 제품을 살 소비자의 특성과 관계가 깊다. 영화배우와 유명 운동선수의 모습, 잔잔한 호수와 사나이다운 낚시여행, 우아한 만찬과 낭만적인 사건, 야외로 피크닉을 가려고 스테이션 왜건에 짐을 꾸리는 행복한 가정의 이미지… 이 모두는 판매할 제품에 관해선 한마디도 없다. 오히려 제품을 사고 싶어하는 사람들의 두려움, 환상, 꿈에 관한 모든 이야기를 전한다. 광고주가 알아야 할 사항은 제품에 대한 정확한 지식이 아니라 구매자에 관해 알지 못했던 사실들이다. 그래서 사업예산의 균형추가 제품조사에서 시장

조사로 넘어갔다. TV광고로 인해 사업활동의 방향성이 쓸모있는 제품생산보다는 소비자가 가치있게 느끼도록 하는 쪽으로 이동했는데, 이는 비즈니스를 위한 비즈니스가 이제 일종의 의사-심리요법pseudo-therapy처럼 되었음을 뜻한다. 모든 소비자는 심리극을 보고 안심하는 환자가 되고 말았다.

아담 스미스가 이 모든 상황을 보았다면 놀라움을 금치 못했을 것이며, 마찬가지로 쇼비즈니스로 변질된 정치를 보고 조지 오웰조차 놀라 자빠졌으리라. 조지 스타이너'George Steiner가 언급했듯이, 오웰은 뉴스피크가 어느 정도는 '상업광고의 언어과잉'에서 기인한다고 생각했다. 사실 맞는 말이다. 그러나 오웰이 쓴 유명한 에세이『정치와 영어英語』에서 정치란 게 "변명의 여지가 없는 것을 옹호하는" 문젯거리로 변질되고 있다고 했을 당시, 오웰은 정치가 타락할지언정 여전히 뚜렷한 담론양식으로 존재하리라 생각했다. 오웰이 모욕하고자 했던 대상은 낡아빠진 양다리 걸치기를 비롯, 선전과 기만술을 굴러먹듯이 써먹는 정치인들이었다. 변명의 여지가 없는 것을 옹호하는 일이 오락과 같은 형식으로 벌어지리라고는 상상조차 하지 못했다. 오웰이 우려한 대상은 연예인이 아닌 사기꾼과 같은 정치인이었다.

TV광고는, 정치적 견해가 돋보이도록 최신 표현방식을 이끌어내는 핵심 수단으로 자리매김해 왔으며 두 방향으로 진행되었다. 첫 번째로, 정치 캠페인에 TV광고 형식을 도입하도록 압박했다. 이 방식에

---

1. 미국의 작가이자 철학자. 주요 저서로『톨스토이냐 도스토예프스키냐』『바벨탑 이후의 문학』이 있다.

대해선 구구절절 언급할 필요가 없어 보인다. TV에 '정치광고'를 금지하자고 제안했던 존 린지John Lindsay 전 뉴욕시장을 비롯 모두가 이러한 표현방식의 변화를 간파하고 우려해 왔다. 텔레비전 시사평론가조차도 이에 대한 관심을 일깨웠는데, 빌 모이어즈[1]Bill Moyers가 만든 걸작 다큐멘터리 〈20세기의 현장A Walk through the 20th Century〉 시리즈에 나오는 '30초짜리 대통령'이 그 한 예다. 나 자신 또한 TV광고가 정치담론과 같은 위력을 지녔다고 깨닫게 된 계기는, 몇해 전 뉴욕 주 상원의원 선거에서 제이콥 재비츠[2]Jacob Javits의 맞수로 출마한 램지 클라크[3]Ramsey Clark 후보를 지원하며 겪은 경험이었다.

클라크는 전통적인 방식의 정치화법을 크게 신봉했기에 인종문제에서부터 핵무기와 중동문제 등 다양한 사안에 대해 자신의 입장을 주의 깊고 명확하게 기록한 자료집을 준비했다. 그리고는 각 자료마다 역사적 배경, 정치·경제적 현안, 그리고 사회문제에 대한 명확한 전망을 기록했다. 아마도 만화로 만들었으면 더 좋을 뻔했다. 실제로 상대인 제이콥 재비츠는 대화투로 만화를 만들었다. 만약 재비츠가 어떤 사안이든 간에 글로 견해를 기록했다면 거의 알려지지 않았을 것이다. 재비츠는 30초짜리 TV광고를 연속으로 만들어 선거전에 이용했는데, 맥도널드 광고와 매우 흡사한 시각적 이미지를 이용해 자신을 정직하고 경건할 뿐 아니라 경험이 풍부한 사람으로 그려냈

---

1. 미국의 방송인·시사평론가·미디어비평가. 1960년대 중반 백악관 대변인을 역임하기도 했다.
2. 1957~1981년까지 뉴욕 주 상원의원을 지냈다. 존 린지 뉴욕시장과는 정치적 동지였다.
3. 린든 존슨 행정부 시절 법무장관을 지냈으며 시민 인권운동을 옹호하는 진보적인 정치인이었다.

다. 내가 알기로는 재비츠 역시 램지 클라크 못지않게 이성을 신봉하는 사람이었다. 하지만 상원의원 자리를 유지하기 위한 방법을 더 신봉했다. 재비츠는 우리가 살고 있는 시대를 제대로 파악했다. 텔레비전을 비롯한 시각매체가 난무하는 세계에서는 글자보다는 그림이 머릿속에 저장된 상태가 '정치적 지식'이 됨을 이해했다. 선거결과가 이러한 통찰이 제대로 효과를 냈음을 보여준다. 재비츠는 뉴욕 주 상원 역사상 최다 득표차로 당선되었다. 그렇다고 미국에서 고위 선출직에 오르려 진지하게 고심하는 사람은 대중의 머릿속에 새길 그림을 디자인하기 위해 이미지 매니저의 도움을 받아야 한다는 틀에 박힌 말을 하고 싶지는 않다. 일단 '이미지 정치'가 함축하는 바를 살펴보기 전에, TV광고를 통해 정치담론이 형성되는 두 번째 방식을 관찰하도록 하자.

우리 사회에서 대규모로 난무하는 공공 의사소통 형식으로는 TV광고가 독보적이기에, 미국인들은 필연적으로 TV광고가 전하는 철학에 순응할 수밖에 없었다. 여기서 '순응'이라 함은 우리가 정상적이고 그럴싸한 담론형식으로 받아들인다는 뜻이다. '철학'이란 단어를 쓴 이유는 TV광고에는 의사소통의 성격상 여타 매체, 특히 인쇄매체와 대치되는 어떤 전제가 내포되어 있음을 뜻한다. 우선, TV광고는 전례 없이 간결한 표현을 고집한다.

즉각적이야 한다고까지 주장한다. 60초짜리 광고는 장황하다. 30초도 긴 편이다. 15초 내지 20초가 보편적이다. 앞에서 TV광고는 시청자의 심리적 욕구를 항상 자극한다고 언급한 사실에 비추어보면,

이는 경솔하고 놀랄 만한 의사소통 체계다. 따라서 TV광고는 단순한 심리요법이 아니다. 즉각적인 요법이다. 실제로 TV광고는 자기만의 독특한 공리를 지닌 심리이론을 내세운다. 즉, TV광고는 우리로 하여금 모든 문제는 해결가능하며, 그것도 신속히 해결할 수 있으며, 응용과학, 기술, 화학 등을 이용해 속히 해결 가능하다고 믿도록 강요한다. 이는 물론 불만족의 본질을 잘못 짚은 터무니없는 이론이고, 이런 말을 듣거나 읽는 누구에게도 그렇게 보인다.

그러나 TV광고는 '설명'을 경멸한다. 시간이 걸리고 논쟁을 유발하기 때문이다. 실제로 방금 광고에서 본 내용이 타당한지 시청자가 미심쩍어하게 만들면 그야말로 최악의 광고다. 바로 이 때문에 대부분 TV광고에선 효과를 내기 위해 의사擬似-우화寓話, pseudo-parable라는 문학적 장치를 즐겨 쓴다. 와이셔츠 깃의 둥근 얼룩[1], 잃어버린 여행자 수표[2], 멀리 있는 아들에게서 온 전화[3]와 같은 '우화'는 거역할 수 없는 감성적 위력을 지닐 뿐더러, 성경에 나오는 우화처럼 명료하고 교훈적이다. 말하자면 성경의 요나 이야기가 고래의 해부학적 구조에 관한 게 아니듯, TV광고 역시 그저 제품에 관한 게 아니다.

좀더 들여다보면 TV광고는 사람들이 자신의 삶을 살아가는 방법에 관한 이야기다. 더구나 TV광고에는 생생하게 시각적 상징을 드러내는 강점이 있기에, 사람들은 광고가 제시하는 교훈을 부담 없이 받

---

1. 유니레버 사의 세제광고 'The Ring Around the Collar'.
2. 아메리칸 익스프레스 카드광고 'The Lost Traveler's Checks'.
3. AT&T의 전화광고 'The Phone Call from the Sun Far Away'.

아들인다. 그 중에서도 복잡하기보다는 짧고 단순한 교훈이 바람직하다. 설명보다는 드라마가 훨씬 낫다. 즉, 문제에 대해 질문으로 되받기보다는 해답을 제시하는 편이 좋다는 뜻이다.

이러한 믿음은 자연히 정치담론에 대한 우리의 수용태세에도 밀접하게 영향을 끼친다. 말하자면, TV광고에서 기인했거나 확대된, 정치에 관한 인식을 마치 정상적인 어떤 전제사항으로 받아들이기 시작한다는 뜻이다. 예를 들어, 백만 여 회 정도 TV광고를 본 사람은 정치적 문제도 단순한 조치만으로 풀어낼 해결책이 있으며, 또 그래야 한다고 받아들일 가능성이 크다. 또한 복잡한 말 따윈 믿을 게 못 되며 모든 문제는 드라마처럼 표현되어야 한다든가, 아니면 논쟁은 돼먹지 못한 습성이며 불확실성만 야기시킬 뿐 참기 힘든 상황을 초래한다고 당연시할 가능성도 높다. 이런 사람은 정치와 다른 사회생활 영역을 구분지을 필요조차 없다고 여길 가능성도 상당하다.

TV광고에서 운동선수를 비롯한 배우, 음악가, 소설가, 과학자, 나아가 백작부인까지 이용해 이들의 전문분야와 무관한 제품을 소개하게 하듯이 정치가 역시 텔레비전으로 인해 전문영역이 허물어진다. 정치인은 이제 언제, 어디서, 무슨 일을 하고 있든지 그대로 TV에 등장할 수 있게 되었으며, 그렇다고 사람들이 낯설다거나 주제넘다거나 정도를 벗어났다고 여기지도 않는다. 즉, 정치인이라기보다는 그저 '유명인'의 자격으로 TV문화에 흡수된 셈이다.

'유명인사Celebrity'와 '잘 알려진 인물'은 그 뜻이 상당히 다르다. 해리 트루먼은 잘 알려진 인물이긴 했지만 유명인사는 아니었다. 대중이 보고 들은 트루먼은 늘 정치인의 모습이었다. 해리 트루먼이나 부인이 〈골드버그 가The Goldbergs〉나 〈엄마를 기억해I Remember Mama〉와 같은 프로그램에 초대손님으로 등장하는 일은 상상조차 하기 어렵다. 정치나 정치인은 이런 류의 쇼와 아무런 상관이 없다. 사람들은 이들 쇼를 재미삼아 볼 뿐 정치지망생이나 정치적 사안에 관심이 있어서가 아니다.

정치인들이 언제부터 스스로를 재밋거리로 버젓이 드러내기 시작했는지는 분명치 않다. 1950년대에는 에버릿 더크슨Everret Dirksen 상원의원이 〈내 노선이 뭐지What's My Line?〉에 초대손님으로 출연했다. 존 F. 케네디는 선거에 출마하면서 에드 머로우Ed Murrow가 진행하는 〈사람 대 사람Person to person〉에서 카메라 앞에 가정을 공개했다. 선거 때도 아니었지만, 리처드 닉슨은 TV광고 형식을 빌린 1시간짜리 코미디쇼 〈웃음거리Laugh-In〉에 수초간 얼굴을 비쳤다. 1970년대에 접어들자 대중들은 쇼비즈니스 세계에 정치인도 포함시키는 관념에 익숙해지기 시작했다.

1980년대에 들어서는 봇물이 터졌다. 부통령 후보 윌리엄 밀러William Miller는 아메리칸 익스프레스 광고에 나왔다. 워터게이트 청문회 스타인 샘 어빙Sam Ervin 상원의원도 이 광고에 출연했다. 제럴드 포드 전 대통령도 헨리 키신저 전 국무장관을 따라 〈다이내스티〉에서 간단한 배역을 맡았다. 매사추세츠 주지사인 마이크 듀카키스Mike Dukakis는 〈세인트 엘스웨어〉에 모습을 보였다. 팁 오닐Tip O'neill 하원의장은 〈치어스〉에 잠깐 출연했다. 소비자보호운동가인 랠프 네이더Ralpf Nader

와 조지 맥거번 상원의원, 그리고 에드워드 코흐 뉴욕시장은 〈토요일 밤의 현장〉 진행을 맡았다. 코흐 시장은 제임스 캐그니가 출연한 TV 영화에서 권투 매니저 역을 맡기도 했다. 낸시 레이건 여사는 〈디퍼런트 스트로크스〉에 출연했다. 게리 하트[1] Gary Hart가 〈힐 스트리트 블루스〉에 등장한다고 해서 놀랄 사람이 있을까? 아니면 제럴딘 페라로[2] Geraldin Ferraro가 프랜시스 코폴라Francis Coppola가 감독한 영화에서 뉴욕 퀸스에 사는 주부로 단역을 맡으면 어떨까?

정치인이 유명인사가 될수록 정당은 무력화된다고 하면 심한 말로 들리겠지만, 정치인의 부상과 정당의 퇴조 사이에는 확실히 뚜렷한 상관관계가 있다. 독자 중 몇몇 분은 유권자가 누가 후보인지도 제대로 모르며, 어쨌든 후보자의 평판이나 사생활에는 신경 쓰지 않던 시절을 기억할 터이다. 내가 젊은 시절 어느 해 11월이었는데, 당시 민주당 시장 후보자에게 투표하는 문제로 고심하고 있었다. 내가 보기에 이 후보는 어리석을 뿐 아니라 부패한 인물 같았다. "그게 무슨 상관이냐?" 아버지가 반문했다. "민주당 후보들이야 모조리 어리석고 부패했지. 그렇다고 공화당 후보가 당선되길 바라냐?" 아버지의 말은, 똑똑한 유권자라면 자신의 경제적 이해와 사회적 관점을 가장 잘 대변해 주는 정당을 지지해야 한다는 뜻이었다. '최선의 인물'에게 투표한다는 것은 아버지에겐 대경실색할 만큼 가당치도 않은 일로 보였

---

1. 민주당 상원의원을 지냈으며, 1984년 대선후보 경선에 참여했으나 혼외정사 스캔들로 중도 하차했다.
2. 민주당 하원의원을 지냈으며, 1984년 민주당 대선후보인 먼데일의 러닝메이트로 나섰다.

다. 공화당에도 훌륭한 인물이 있음은 아버지도 당연히 인정했다. 다만 이들이 자신의 계층을 대변하지 않음을 알고 있었을 뿐이다. 아버지는 전성기 뉴욕 시 태머니홀[1]Tammany Hall의 리더였던 팀 설리번[2]Tim Sullivan의 관점에 전적으로 공감했다. 테렌스 모란이 자신의 글 『정치 1984』에서 상세히 밝혔듯이, 설리반이 언젠가 자신의 선거구에서 민주당 6,832표, 공화당 2표로 이겼다는 투표 결과를 듣고는 오히려 불쾌해했다. 이처럼 실망스런 결과를 평가하면서 설리반이 이렇게 말했다. "좋아, 켈리가 와서 자기 처삼촌이 공화당 쪽으로 출마했다고 말하지 않겠어? 그래서 내가 가정의 평화를 위해 켈리더러 공화당에 투표하라고 그랬지. 근데 내가 궁금한 건, 도대체 켈리말고 또 어떤 놈이 공화당에 투표했냐는 거야?"[2]

물론, 이런 견해가 현명하다고 주장할 생각은 없다. 정당보다는 최선의 인물을 선택하는 경우도 얼마든지 가능하다(아직까지 본 적은 없지만). 요점은 텔레비전에선 최선의 인물이 드러나지 않는다는 점이다. 사실 텔레비전은 누가 누구보다 더 나은지 알 수 없도록 판단을 흐린다. 물론 여기서 '더 낫다'는 의미는 조정능력이 더 뛰어나고, 발상이 뛰어난 실행력이 있으며, 국제관계에 대한 이해가 더욱 풍부하고, 복잡한 경제문제를 더 잘 이해하는 등등을 뜻한다.

텔레비전이 우리의 판단을 흐리는 이유는 대부분 '이미지'와 관계

---

1. 민주당 지도자를 중심으로 구성된 자선활동 및 중산층을 대변하는 뉴욕 시의 정치단체. 20세기 초까지 강력한 정치적 영향력을 발휘했다.
2. 뉴욕의 거물 정치인으로 태머니홀을 이끈 불세출의 리더였다. 빅팀(Big Tim)이란 별명으로 불렸다.

가 깊다. 그렇다고 정치인들이 TV 카메라 앞에 서고 싶어 안달이 나 있기 때문이라는 뜻은 아니다. 하긴 누가 싫어하겠는가? 일부 정신이 이상한 사람 외에는 호감있는 이미지로 드러내기 싫은 사람이 누가 있겠는가? 하지만 텔레비전은 이미지에 오명汚名을 덧씌운다. 왜냐하면 텔레비전에서는 정치인이 자신의 이미지를 전한다기보다는 시청자들이 품고 있는 이미지에 맞춰 자신이 제시되기 때문이다. 바로 이점이 정치담론을 변질시키는, TV광고가 가하는 가장 큰 위력 중 하나이다.

벨 전화회사의 사례는 성공적인 TV광고가 어떤 것인지 알려준다. 어떤 선전문구나 상징, 관심거리를 던져서 시청자 스스로 마음이 끌리는 포괄적 이미지를 형성하도록 유도한다. 정당정치에서 텔레비전 정치로 옮겨가면서, 정치 역시 동일한 목표를 추종하고 있다. 사람들은 누가 대통령이나 주지사나 상원의원으로 적격인지 알 방도가 없으며, 다만 누구의 이미지가 마음속 불만을 어루만지고 달래는 데 최선인지 느낄 뿐이다.

사람들은 텔레비전 화면을 쳐다보고는 〈백설공주와 일곱 난쟁이〉에 나오는 여왕처럼 게걸스럽게 묻는다. "거울아, 거울아, 누가 가장 괜찮은 인물이야?" 사람들은 TV화면에 비친 성격이나 가정생활이나 외모에서 풍기는 이미지가 여왕이 받은 대답보다는 나은 사람에게 표를 던지는 경향이 있다. 2,500년 전에 크세노파네스[1]Xenophanes가 말했

---

1. B.C. 6세기 그리스의 시인·철학자. 신은 인간처럼 생기지 않고, 전지전능하며 유일하다고 주장했다.

듯이, 사람들은 항상 제 나름대로의 이미지로 신을 그린다. 하지만 텔레비전 정치는 이 말에 새로운 조언 하나를 덧붙인다. 즉, 신과 같이 되고자 하는 사람은 시청자가 상상하는 대로 자기 이미지를 개조해야 할 터이다.

이미지 정치가 텔레비전에서 어떤 식으로 이루어지는지 이해하려면, 잘 알려진 벨Bell 사의 전화광고를 시발점으로 삼는 게 좋겠다. 사실 이 장 제목의 앞부분은 이 광고에서 차용했다. 바로 스티브 혼Steve Horn이 제작한 '손을 뻗어 펼쳐 누군가와 교감하세요Reach Out and Touch Someone'라고 감성을 자극하는 전화광고다. 여기서 '누군가'는 흔히 덴버나 L.A. 또는 애틀랜타에 사는, 어쨌든 지금은 멀리 떨어져 있고 운이 따르면 1년에 한번 정도 추수감사절에나 만나는 친척이다. 또한 '누군가'는 한때 우리 일상에서 없어서는 안 될 사람이었던 가족 중 한 명이기도 하다. 비록 미국문화 속에서 가족이라는 가치가 거센 저항에 직면해 있지만, 그럼에도 불구하고 가정을 포기하면 삶의 본질적인 그 무엇도 잃는다는 넋두리는 여전히 남아 있다.

스티브 혼이 제작한 광고를 살펴보자. 이 30초짜리 훈계조의 광고는 전화선이 '만남'을 대신하리라는 친밀함에 대한 새로운 정의를 제시한다. 나아가 이 광고는 자동차, 제트기 등 가족을 와해시키는 수단으로 인해 산산이 흩어진 일가친척들에게, 가족이 결합하는 새로운 개념을 넌지시 흘린다. 이 광고를 분석하면서, 미디어 비평가 제이 로젠Jay Rosen은 다음과 같은 관찰 결과를 밝혔다. "스티브 혼은 애초부터 아무것도 말할 의도가 없었다. 전할 메시지도 없었다. 벨 전화회사에 관한 정보제공이 목표가 아니라, 어떻게 해서든지 유대가 단절된 수백만 미국인들이 전화에 주목하도록 이끌고 있다… 스티브 혼은 자신의 생각을 드러내지 않는다. 사람들도 자신을 표현하지 않는다. 혼이 사람들을 표현해 낸다."[3]

그래서 이미지 정치에도 아직까지 '사적 이익'에 따라 투표한다는 관념이 남아 있긴 하지만, 실제로는 '사적 이익'이란 의미가 변질된다. 거물 정객 팀 설리번과 아버지는 자신의 이익을 대변하는 정당에 투표했지만, 여기서 '이익'은 무엇인가 실질적인 것, 이를테면 후원, 특혜, 관료주의 견제, 자신이 속한 조합이나 지역사회에 대한 지원, 추수감사절에 빈민에 대한 칠면조 제공 등을 뜻했다. 이런 기준으로 보면, 지금 미국에선 흑인만이 제대로 된 유권자로 남을 듯싶다. 여타 사람들도 대부분 자신의 이익을 따라 투표하긴 해도, 이는 대체로 상징적이고 심리적인 측면의 이익이다. TV광고와 마찬가지로 이미지 정치도 심리적인 치유요법의 형태를 취하는데, 이미지 정치의 주 내용이 매력, 외모, 명성, 사적 발언 따위인 이유도 바로 이 때문이다. 에이브러햄 링컨을 냉정하게 판단한다면 웃고 있는 사진도 없고, 부인은 정신질환자였을 가능성이 높으며, 링컨도 오랫동안 우울증에 시달렸음이 맞다고 보인다. 링컨은 이미지 정치에는 전혀 어울리지 않았을 터이다. 사람들은 거울(TV화면)에 너무 어둡게(진지하게) 드러내면 즐거움이 달아날까 봐 부담스러워한다. 텔레비전 광고로 심리적 효과를 만들어내기 위해 실제적인 제품정보를 배제시키듯, 이미지 정치역시 동일한 이유로 실제 정치에 관한 본질을 배제시킨다.

이는 결국 이미지 정치하에서 역사는 무의미한 수준에 머물게 된다. 왜냐하면 역사란 과거 속에는 현재를 살찌울 수 있는 풍성한 전통과 같은 기반이 포함되어 있다는 개념을 진지하게 받아들이는 사람에게만 가치가 있기 때문이다. 토머스 칼라일[1]Thomas Carlyle은 "과거도 하나의 세계이지, 그저 잿빛 안개와 같은 허상이 아니다"고 말했다. 그러나 이 말을 했던 당시는 책이 진지한 공적 담론을 형성하는 주요매체이던 시절이었다. 책은 전적으로 역사다. 책에서는 모든 것이 한걸음씩 늦는다. 책을 만드는 방식에서부터, 순차적인 설명방식, 가장 무난한 표현형태가 과거시제란 사실까지도 그렇다. 책만큼 과거란 일관성 있고 유용하다는 느낌을 일깨우는 매체는 이전에도 후에도 없었다. 책을 통해 대화할 때 역사는 단순한 세계를 넘어 살아있는 세계가 된다. 역사는 현재의 그림자다.

그러나 텔레비전은 빛과 같이 빠른 현재 중심적 매체다. 말하자면 텔레비전의 의사소통 체계는 과거에 대한 접근을 허용하지 않는다. 동영상으로 나타나는 모든 것은 '지금' 일어나는 일로 인식되는데, 보고 있는 비디오테이프가 실은 몇개월 전에 제작되었다는 사실을 언어로 들어야 하는 이유도 바로 이 때문이다. 나아가 자신의 조상격인 전신과 마찬가지로, 텔레비전은 조각난 정보를 이동만 시키지 취합하거나 체계화하지 못한다. 칼라일은 자신이 생각한 이상으로 예언자적이

---

1. 영국의 역사가로 19세기 사상계에 큰 영향을 끼쳤다. 주요 저서로 『영웅숭배론』 『프랑스 혁명사』 등이 있다.

었다. 잿빛 안개라는 표현은, 텔레비전 화면 뒤의 텅 빈 이면을 상징하는, TV매체가 조장하는 역사관념에 대한 적절한 메타포인 셈이다. 쇼비즈니스와 이미지 정치가 난무하는 시대에서 정치담론은 이념적 본질은 물론 역사적 취지마저 상실한다.

1980년 노벨문학상 수상자인 체슬라브 밀로시[Czeslaw Milosz]는 스톡홀름에서 한 수락연설에서, 지금 시대는 '기억하기를 거부하는' 특징을 드러낸다면서, 그 무엇보다도 나치의 유대인 대학살을 부정하는 책이 100권도 넘게 출간되어 있다는 충격적인 사실을 예로 들었다. 역사가 칼 쇼르스케[Carl Schorske][2]는 "근대적 사고의 관점에선 역사가 점차 쓸모 없어졌기 때문에 그 관계 또한 지속적으로 냉담해져 왔다"고 지적함으로써 진실에 한걸음 다가갔다. 즉, (역사에 대한) 완고함이나 무지 때문이 아니라 (근대와) 무관하리란 느낌으로 인해 역사의 왜소화를 초래했다는 뜻이다. 방송인이자 미디어 비평가인 빌 모이어즈는 좀더 진실에 가까운 언급을 했는데, "나는 내가 하는 일이 건망증으로 들썩거리는 걱정스런 시대를 재촉할까 우려된다… 미국인들은 24시간 전에 일어난 일은 잘 알아도 지난 6,000년 전이나 60년 전의 일에 대해서는 거의 아는 게 없어 보인다"[4]고 했다. 테렌스 모란은 『정치 1984』에서 진실을 적시하며 이렇게 일갈했다. "구조적으로 이미지와 단편적인 정보

---

1. 폴란드 출신의 작가. 공산정권하에서 지식인의 노예화와 저항을 묘사한 『사로잡힌 영혼(The Captive Mind)』으로 노벨문학상을 수상했다.
2. 미국의 문화사학자로 주로 19세기 후반 유럽의 문화사를 연구했다. 하버드와 프린스턴에서 역사학을 가르쳤으며, 주요 저서로 『세기말 비엔나』가 있다.

만을 제공하도록 편향된 매체로 인해 역사적인 전망을 갖고 접근하기가 힘들어졌다. 연속성과 맥락이 결여된 세계에선, 개개 정보에서 수준 높은 의미를 해석해 내거나 전체적으로 일관성있게 통합하기 힘들다."[5]

그렇다고 우리가 의도적으로 기억하길 거부하지도 않았으며, 기억하는 일이 쓸모 없다고 단정짓지도 않았다. 그보다는 우리 모두가 '기억하는 일'에 있어서는 부적합한 존재로 변하고 있다. 왜냐하면 기억하는 일이 단순한 향수 이상의 그 무엇이라면, 어떤 상황적인 바탕(이론, 통찰력, 메타포)을 필요로 하는데, 그래야 그 안에서 사실을 체계화하고 유형을 식별할 수 있기 때문이다. 이미지 정치나 즉각적인 뉴스는 그러한 상황을 제공하지 않는다. 오히려 무작위로 제공하여 방해할 뿐이다. 거울은 그저 오늘 사람들이 입은 옷만을 비출 뿐이다. 어제에 대해선 침묵한다. 텔레비전을 통해 사람들은 스스로 끊임없이 모순된 현실 속으로 뛰어든다. 헨리 포드가 "역사란 허튼소리에 불과해"라고 말했을 때도, 그는 인쇄시대를 낙관했었다. 그러나 텔레비전 플러그는 이렇게 대구한다. "역사란 존재하지 않아!"

이러한 추론이 일리가 있다면, 오웰은 여기서도 다시 한번 오류를 범했다. 적어도 서구 민주사회에서는 그렇다. 오웰은 역사의 몰락을 마음속에 그렸지만, 국가가 이를 주도하리라 믿었다. 즉, 진실부 장관[1]Ministry of Truth급 관료들이 조직적으로 꺼림칙한 사실을 없애고 과거기

....

1. 조지 오웰의 『1984년』에서 국민에 대한 억압과 통제를 담당하는 부서.

록을 파기하리라 생각했다. 확실히 이는 20세기의 오세아니아[1]에 해당하는 소비에트 연방이 취하던 방식이다. 그러나 그렇게 거친 방법을 동원할 필요가 없었다. 헉슬리가 보다 정확하게 사태를 예언했기 때문이다. 대중에게 이미지 정치와 즉각적인 심리요법을 제공하도록 지원하는 친절한 테크놀로지 덕택에, 역사는 아무 저항 없이 아주 효과적으로, 아마도 영구히 사라져버릴 듯하다.

텔레비전을 비롯한 여타 이미지 형식이 자유민주주의의 기초(이른바 정보의 자유)를 위협하는 형식을 이해하려면, 오웰이 아닌 헉슬리에 주목해야 한다. 오웰은 아주 이성적으로 예측했는데, 국가가 노골적인 압제를 통해, 특히 책을 금지시켜 정보의 흐름을 통제하리라 생각했다. 이러한 예언에는 오웰 나름대로 상당한 역사적 근거가 있었다. 책이 중요한 의사소통 수단이었던 곳에서는 항상 다양한 수준의 검열이 있었기 때문이다.

고대 중국에선 진시황제가 공자의 『논어』를 없애라 명했다. 오비디우스Ovid는 『아즈 아마토리아[2]Ars Amatoria』를 쓴 게 일부 빌미가 되어 아우구스투스 황제에게 추방당했다. 심지어 지적 탁월함에 있어서 불후의 기준을 정립한 아테네에서조차도 책은 경계대상이었다. 밀턴의 『아레오파지티카[3]Areopagitica』에 보면, 고대 그리스에서 있었던 도서검열 사례가 상세히 나와 있는데, 프로타고라스는 어느 책에선가 서두

----

1. 조지 오웰의 『1984년』에 나오는 국가.
2. '사랑의 기교'라의 의미로 연애 지침서적인 시집.
3. 언론의 자유에 대한 원리를 의회에서 언급한 밀턴의 연설문.

에서 신이 있는지 없는지 모르겠다고 고백한 글 때문에 책이 모조리 불태워졌다. 그러나 밀턴이 당시까지 검열 사례를 주의 깊게 관찰한 결과, '당국에서 요주의로 지목한' 책은 신성모독과 중상모략에 해당하는 두 종류뿐이었다고 밝혔다. 밀턴은 특히 이 점을 강조했는데, 구텐베르그 이래 200년 가까이 지난 시점에 글을 쓰면서, 당시 사법당국은 별 저항이 없으면 거의 모든 사안에 관한 책을 금하리라 예견했다. 다시 말해, 밀턴은 인쇄시대에 들어서서야 검열이 제 세상을 만났음을 알았다.

이는 실제로 인쇄문화가 꽃을 피운 후에야 지식(정보)과 사상이 심각한 문화적 골칫거리로 떠올랐다는 뜻이다. 기록된 글 속에 어떤 위험성이 있다면, 인쇄되면 적어도 백 배는 커진다. 그리고 인쇄로 인한 골칫거리도 오래 전부터 알고 있었다. 예를 들면, 헨리 8세 당시 영국의 성법원[1]星法院은 거슬리는 책을 처리하는 권한을 갖고 있었다. 계속해서 엘리자베스 1세, 스튜어트 왕가를 비롯한 구텐베르크 이후 여타 많은 군주들도 책의 위험성을 잘 알고 있었는데, 교황 바오로 4세는 집권시에 사상 최초로 금서목록을 만들 정도였다. 데이빗 리즈먼[2]David Riseman의 말을 살짝 바꿔 말하면, 인쇄시대에는 지식(정보)이 정신의 화약고였다. 당연히 그 폭발력을 약화시키기 위해 엄격한 법적 검열이 도입되었다.

---

1. 14세기 영국에서 설립된 특별재판소로, 일반 법정에서 다루기 어려운 사건을 심리했다. 튜더왕조와 스튜어트 왕조 때 전제지배 도구로 악용되다가 1641년 폐지되었다.
2. 미국의 사회학자로 대중사회에서의 인간유형을 세밀하게 묘사한 작품 『고독한 군중』으로 유명하다.

따라서 오웰은, ① 인쇄물에 대한 ② 정부의 통제가 서구 민주주의에 심각한 위협이 되리라 예상했다. 결국 두 가지 견해 모두 틀렸다.(물론 구 소련이나 공산 중국 그리고 전자electronic문화 이전 시대에 대한 견해는 옳았다.) 사실상 오웰은 인쇄시대에 국한된 문제에만 천착한 셈이었으며, 이는 실제로 미 합중국 헌법을 제정한 사람들이 심혈을 기울인 문제와도 같았다. 미국의 헌법은 대부분의 자유인이 소책자나 신문 또는 말로 지역사회에 의사를 표시하던 시절에 제정되었다. 당시 사람들은 합법적인 형식이나 상황하에 서로간의 정치적 견해를 주고받는 데 익숙했다. 그러므로 가장 큰 위험은 정부가 횡포를 부릴 가능성이었다. 권리장전은 정부가 정보와 사상의 흐름을 제한하지 못하도록 예방하는 성격이 강하다.

그러나 건국의 아버지들은, 이와는 전혀 다른 종류의 문제, 일명 법인국가(텔레비전을 통해 현재 공공담론을 통제하는 기업체 등의 주체)가 정부의 횡포를 대신하리라고는 예견하지 못했다. 그렇다고 이러한 현상에 대해 애써 이의를 제기하지도(적어도 여기서는) 그 법인국가를 두고 상투적인 불평을 해댈 생각도 없다. 다만 조지 거브너[1]George Gerbner가 그랬듯이 근심어린 시선으로 지켜볼 뿐이다. 아넨버그 커뮤니케이션 대학의 학장인 거브너는 다음과 같이 간파했다.

---

1. 매스미디어에 대한 배양이론의 기초를 확립한 학자. 매스미디어가 개인의 인식을 형성하는 데 미치는 영향이 지대하기에 폭력성과 사회적 다양성에 대한 감시의 필요성을 주장했다.

텔레비전은 사설문화부 장관이 운영하는 새로운 국가종교인데(3개 방송국), 모든 사람들에게 보편적인 커리큘럼을 제공하고 있으며, 재정은 세목이 명시되지 않은 숨은 징세 형식으로 충당한다. 사람들은 TV를 볼 때가 아닌 (광고에서 본 세제로) 씻을 때, 그리고 TV를 보건 말건 상관없이 돈을 지불하는 셈이다.[6]

거브너는 같은 책 앞부분에선 또 이렇게 지적했다.

텔레비전을 꺼버린다고 자유로워지지 않는다. 누구에게나 텔레비전은 가장 매혹적이기에 밤낮을 가리지 않고 그 앞으로 달려간다. 우리가 사는 세계에선 거의 모두가 늘 텔레비전을 켜놓고 있다. 우리가 TV를 통해 메시지를 접하지 않는다 해도, 결국은 다른 사람을 통해 접하게 마련이다.

위 글에서 거브너 교수가 지적한 내용은 '사설문화부'를 움직이는 사람들이 상징세계를 장악하려는 음모를 꾸미고 있다는 의미는 아니다. 그보다는 설사 아넨버그 커뮤니케이션 학교의 교수진이 세 방송국을 장악한다 해도 시청자가 느끼는 차이는 거의 없을 터이며, 거브너 교수도 이에 동의하리라 생각한다. 거브너 교수가 말하고자 한 의미는, 텔레비전 시대의 정보환경은 1783년과는 완전히 다르며, 지금은 정부의 제약보다는 텔레비전의 정보과잉을 더 두려워하며, 사실상 사람들은 '미국'이라는 기업이 살포하는 정보에서 자신을 보호할 방법이 없으며, 따라서 예전과는 다른 지형에서 자유를 쟁취하기 위한 투쟁을 해야 한다는 뜻이다.

예를 들어, 학교 도서관이나 교과과정의 도서반입 금지에 대항한 전통적인 자유주의 시민운동은 이제 대부분 무의미해졌다는 견해를 과감하게 피력하고 싶다. 물론, 그같은 검열행위는 성가시고, 저항해야 한다. 하지만 사소한 일이다. 더 심각한 경우는 주의를 산만케 하는 일이고, 그렇게 되면 자유 시민운동가들도 새로운 테크놀로지로 인해 야기되는 문제를 간과하게 된다. 쉽게 말해, 어떤 학생의 책 읽는 자유는 누군가가 롱아일랜드나 애너하임이나 그밖의 어떤 곳에서든 책을 금한다고 해서 심각하게 손상되지는 않는다. 그러나 거브너가 암시했듯이, 텔레비전은 확실히 학생의 책 읽을 자유를 해치며, 그것도 아무 악의도 없이 그렇게 한다. 텔레비전은 책을 금하지 않는다. 그저 대체할 뿐이다.

검열에 대항한 투쟁은 19세기의 쟁점이었고, 20세기에 들어서면서 대부분 승리로 이어졌다. 지금 우리가 직면하는 상황은 텔레비전 매체의 경제적, 상징적 체계로 인해 야기된 문제다. 텔레비전을 움직이는 사람들은 우리가 접하는 정보를 제한하기보다는 오히려 확대한다. 우리시대의 문화부(방송네트워크)는 오웰이 아니라 헉슬리적이다. 우리로 하여금 끊임없이 TV에 몰두하도록 모든 수단을 동원한다. 그러나 우리가 접하는 이 매체는 정보를 극단적으로 단순화하고, 실체를 없애며, 역사성을 제거하고, 전후 맥락을 배제시켜 버린다. 즉, 오락이란 형태로 조립, 포장한 상품으로 정보를 제시한다. 미국에 사는 이상 오락을 만끽할 기회를 스스로 저버리기는 불가능하다.

　어떤 유형의 전제군주건 간에 대중의 불만족을 충족시키려면 오락물을 공급하는 정책이 꽤 쓸 만한 수단임을 잘 알았다. 그러나 대중을 즐겁게 하지 못했을 때 이들로부터 무시당할 수도 있는 상황에 처하리라고는 상상조차 하지 못했다. 그래서 전제군주는 항상 검열에 의존해 왔으며, 지금도 여전히 그러고 있다. 결국 검열이란, 대중이 진지한 담론과 오락물의 차이를 분별하고 잘 이해한다는 전제하에 전제군주가 (대중에게 감사와 존경의 표시로) 증정하는 선물과 같다. 과거의 모든 왕이나 독재자나 총통(그리고 공산 소련의 인민위원들)이 정치담론을 모조리 우스갯소리처럼 바꾸기만 하면 검열 따윈 필요 없었다는 사실을 알았다면 얼마나 기뻐 뛰었을까?

10
재미있어야 배운다

어린이는 물론 부모와 교육자들도 열렬히 환영하리라는 기대하에 1969년 방영하기 시작한 〈세서미 스트리트Sesame Street〉는 위험한 도박이었다. 아이들은 이 프로그램을 엄청나게 좋아했는데, 이는 아이들이 TV광고 속에서 자랐을 뿐 아니라 광고가 텔레비전에서 가장 정교하게 제작된 오락임을 직감적으로 알았기 때문이었다. 미취학 아동은 물론 갓 취학한 아이조차도 광고를 통해 배운다는 생각을 낯설게 여기지 않는 듯했다. 당연히 텔레비전은 재미있어야 한다고 여겼다.

학부모들도 〈세서미 스트리트〉를 기꺼이 수용한 데는 몇가지 이유가 있었는데, 그 중에는 자녀들의 텔레비전 시청을 두고 어찌하지 못하는 난처함을 덜어준 측면도 있었다. 〈세서미 스트리트〉가 방영되는 동안은 4~5세 자녀들이 텔레비전 앞에 들러붙어 있어도 무방해 보였다. 사실 부모들은 늘 보는 뻔한 내용과는 다른 무엇인가를 자녀들이 텔레비전에서 배우길 내심 간절히 원했다. 아울러 취학 전 자녀들에게 읽기를 가르쳐야 하는 부담도 덜어주었는데, 이는 자녀를 귀찮게 여기는 듯한 문화에선 작은 문제가 아니었다. 또한 부모들은 〈세서미 스트리트〉에서 일부 결함에도 불구하고 미국사회에 만연한 풍조와 완전히 부합하는 모습을 볼 수 있었다. 앙증맞은 인형, 인기있는 출연진, 반복적이고 외우기 쉬운 곡조, 속도감 있는 진행으로 아이들에게 확실한 재미를 보장했고, 그렇게 함으로 재미를 좇는 문화에 입장할 충분한 준비기회를 제공했다.

교육자들도 대체로 〈세서미 스트리트〉에 호의적이었다. 일반적인 생각과는 달리 교육자들은 구미에 맞는 새로운 방식을 추구하는 경향이 있는데, 특히 신기술이 교육효과를 높일 때 더 좋다는 말을 들으면 그렇다.(바로 이런 이유로 그동안 '교사가 보증한' 교재, 표준화된 평가, 그리고 요즈음에는 컴퓨터가 교실에서 환영받아 왔다.) 〈세서미 스트리트〉는 미국사회의 점증하는 골칫거리인 문맹을 해결하고, 아울러 아이들이 학교를 좋아하게끔 하는 데도 환상적인 조력자인 듯 보였다.

하지만 이제 모두가 안다. 〈세서미 스트리트〉가 아이들이 학교를 좋아하도록 돕는 경우는 오직 학교가 〈세서미 스트리트〉처럼 될 경우뿐임을. 즉, 〈세서미 스트리트〉는 학교교육에 대한 전통적인 관념을 손상시킨다. 교실은 사회적 교제가 이루어지는 현장인 반면, TV 앞은 사적 공간으로 남는다. 교실에서는 학생이 선생님에게 질문도 하지만, TV화면을 두곤 아무것도 묻지 못한다. 학교는 언어발달에 중점을 두지만, 텔레비전은 이미지에 집중하도록 강요한다. 학교 출석은 법적인 의무인 반면, TV시청은 선택사항이다. 학교에 결석하면 선생님께 벌 받을 각오를 해야 하지만, TV 앞에 앉지 않는다고 해도 불이익은 없다. 학교에서 얌전한 태도는 공공예절을 지킨다는 의미이지만, 텔레비전을 볼 때에는 지키기는커녕 공공예절이란 개념조차 없다. 재미란 교실에선 목적을 이루기 위한 수단에 불과하지만, 텔레비전에서는 그 자체가 목적이다.

하지만 〈세서미 스트리트〉나 이와 유사한 〈일렉트릭 컴퍼니The Electric company〉가 전통적인 교육현장을 비웃고 조롱해서 말살해 버렸다는 비난은 옳지 않다. 만약 지금의 교육현장이 시시하고 낡아빠졌다는 느낌이 든다면, 비난받을 대상은 텔레비전 발명가이지 방송 제작진 [1]Children's Television Workshop이 아니다. 재미있는 텔레비전쇼를 만들려는 사람들에게 교실의 존재가치까지 고려해 주길 기대하기란 불가능에 가깝다. 제작진은 텔레비전의 목적 외에는 관심 없다.

그렇다고 〈세서미 스트리트〉에 교육적인 면이 없다는 뜻은 아니다. 사실 교육적일 뿐이다(어떤 의미에서 모든 텔레비전쇼는 교육적이다). 어떤 종류의 책을 읽든지 독서라는 행위가 일관성이나 논리성 증대와 같은 특정한 방향으로 배움을 촉진시키듯, TV시청이라는 행위도 유사한 기능을 한다. 〈초원의 집〉이나 〈치어스〉, 그리고 〈투나잇 쇼〉는 이른바 '텔레비전 식 배움'을 촉진시킨다는 면에서 〈세서미 스트리트〉 못

---

1. Children's Television Workshop : (어린이를 위한 텔레비전 연구회) 세서미 스트리트를 만드는 단체.

지않게 효과적이다. 그리고 이런 식의 배움은 소위 책을 통한 배움이나 이를 보완하는 학교교육과는 태생적으로 배타적이다. 〈세서미 스트리트〉가 비난당할 이유가 있다면, 교실과 동등하다고 자임했다는 점이다. 그랬기에 기부금이나 공적자금을 당당하게 요구해 왔다. 〈세서미 스트리트〉는 그저 볼 만한 텔레비전쇼일 뿐 아이들로 하여금 학교나 학교에 관한 그 무엇도 좋아하도록 애쓰지 않는다. 그저 텔레비전을 좋아하도록 부추길 뿐이다.

나아가 더 중요한 사실은 〈세서미 스트리트〉를 보고 아이들이 글자나 숫자를 배우는 여부는 완전히 핵심을 벗어난 문제라는 점이다. 이쯤에서 '배움에 있어서 가장 덜 중요한 부분은 교과내용'이라는 존 듀이John Dewey의 연구결과를 길잡이로 삼아보도록 하자. 듀이는『경험과 교육Experience and Education』에서 이렇게 언급했다. "아마도 교육학에 있어서 가장 그릇된 믿음은, 그때 공부하고 있는 내용만을 배운다는 생각으로 보인다. 지속적으로 태도가 형성되는 과정에서 경험하는 2차적인 배움이… 맞춤법이나 지리, 역사를 배우는 일보다 더욱 중요한 경우가 종종 있다. … 이러한 태도야말로 근본적으로 미래를 결정하기 때문이다." [1] 다시 말해 배움에 있어서 가장 중요한 점은 어떤 식으로 배우는가 하는 문제와 늘 관련된다. 듀이가 다른 데서 언급했듯이, 사람들은 행동하는 대로 체득한다. 텔레비전은 아이들로 하여금 TV시청 때 유발되는 행동습관대로 행하도록 가르친다. 이는 교실에서 공부할 때 필요한 자질과는 완전히 다른데, 마치 책읽기와 쇼 무대 관람과의 차이만큼 그렇다.

비록 교육체계를 개선하기 위한 최근의 다양한 안건에서는 이와 관련한 내용을 찾아보기 어렵지만, 배움에 관한 본질에 있어서 책읽기와 TV시청이 완전히 다르다는 사실은 오늘날 미국교육계의 주된 관심거리다. 사실 미국은 서구 교육에 있어서 역사상 세 번째 대위기로 볼 만한 상황에 처한 대표적인 나라다. 첫 번째 위기는 기원전 5세기에 닥쳤는데, 당시 아테네 사람들은 구두문화에서 알파벳-쓰기 문화로 넘어가는 변화를 겪어야 했다. 이 변화의 의미를 이해하려면 플라톤을 읽어야 한다. 두 번째는 16세기 들어서였는데, 유럽이 인쇄기술로 인해 급진적인 변화를 겪을 때였다. 이 두 번째 변화를 이해하기 위해선 존 로크John Locke를 읽어야 한다. 현재 미국에 닥친 세 번째 위기는 전자혁명, 특히 텔레비전의 발명으로 인한 결과다. 이를 제대로 이해하려면 마샬 맥루한Marshall McLuhan을 읽어야 한다.

지금 우리가 마주하는 현실은, 느린 활자문화를 바탕으로 형성된 교육에 대한 고정관념은 급속하게 붕괴되는 동시에 순간적인 전자이미지에 바탕을 둔 새로운 교육이 급부상하는 전환기적 상황이다. 지금 이 순간에도 교실은 여전히 활자문화와 엮여 있지만 그 강도는 급속히 약화되고 있다. 반면 텔레비전은 질주하듯 달려나가 자신의 위대한 선배격인 테크놀로지(문자)에는 한치의 양보도 없이, 지식에 대한 새로운 개념은 물론 이를 습득하는 방식까지 만들어내고 있다.

미국 내에서 진행중인 주요 교육관련 프로젝트는 교실이 아닌 가정에서, 그것도 TV 앞에서 이루어지고 있으며, 게다가 학교 행정관이나 교사가 아닌 방송국 경영진과 방송인들의 관할 아래 이루어지고 있다고 해도 과언이 아니다. 물론 이런 상황이 어떤 음모에서 비롯되었다거나 텔레비전을 통제하는 측에서 이러한 역할을 자임했다는 의미는 아니다. 중요한 사실은, 알파벳이나 인쇄기와 마찬가지로 텔레비전에도 우리 자녀들의 시간, 주의력, 인지습관을 통제하는 힘이 있기에 자연히 교육까지 통제하는 능력을 갖게 되었다는 점이다.

텔레비전도 일종의 커리큘럼으로 봐야 합당하다고 생각하는 이유도 바로 이 때문이다. 알다시피 커리큘럼이란 학생들을 가르치고, 훈련시키고, 영향을 주어 지성과 인격을 배양하기 위해 특별히 구성한 일종의 정보체계를 뜻한다. 물론 텔레비전도 이와 똑같이, 그리고 가차없이 커리큘럼을 수행한다. 그리고 이런 식으로 학교 커리큘럼과의 경쟁에서 우위를 점한다. 아니, 텔레비전이 학교 커리큘럼을 거의 말살시킬 정도로 망쳐버린다는 뜻이다.

전에 펴낸 책 『전복행위로서의 교육Teaching as a Subversive Activity』에서 그 두 가지 커리큘럼의 상반되는 특성에 대해 상세한 사례를 든 바 있다. 그 중에서 전에 그 책에서 제대로 다루지 못했지만 이 책에서는 중심으로 보이는 두 가지 요점을 확인해 보겠다.

첫째, 텔레비전이 교육철학에 끼친 주된 해악은 교육과 오락을 분리할 수 없다는 고정관념을 형성시킨 점이다. 이같이 기발한 관념은 공자에서부터 플라톤, 키케로, 로크와 존 듀이에 이르기까지 어느 누구에게서도 찾아볼 수 없었다. 교육관련 문헌을 뒤지다 보면, 어린아이가 흥미를 갖고 배울 때 가장 효과적이라는 말을 접하게 된다. 플라톤과 듀이가 강조한, 이성은 감성이라는 토양 속에 든든히 뿌리내릴 때 최대로 발휘된다는 견해도 있다. 심지어 교사가 정답고 상냥해야 학습활동이 가장 촉진된다고도 한다. 그러나 교육을 오락으로 만들어야 의미있는 학습효과를 변함없이, 그리고 온전하게 얻는다고 주장한 사람은 아무도 없었다.

인쇄문화와 TV문화와 같이 상이한 문화간의 접촉으로 인한 상호 변용을 문화적 동화acculturation라 하는데, 교육철학자들은 이러한 동화가 현실적으로 어렵다고 생각했다. 동화를 위해서는 쌍방 문화 모두 제약이 불가피하다는 이유에서였다. 교육철학자들은 배움에는 단계가 있으며, 참을성과 상당한 노력이 따라야 하고, 개인적인 즐거움은 집단의 이익을 위해 당연히 제쳐두어야 하며, 젊은이가 분별력과 발상력, 그리고 통찰력을 갖춘 인물이 되기 위한 과정은 결코 쉽지 않고, 분투해야만 성취할 수 있다고 주장한다. 실제로 키케로는 교육의 목적은 학생들을 현재의 압제상황에서 해방시키는 데 있다고 지적했는데, 이와는 반대로 자신을 현실에 적응시키기 위해 힘겹게 노력해야 하는 젊은이들에겐 교육이 즐거울 수 없었다.

텔레비전은 이 모두에게 즐겁고 기발한 대안을 제시한다. 텔레비전이 제시하는 교육철학은 다음 세 가지 계율에 근거하여 형성된다고 본다. 이 계율의 위력은 어떤 종류의 TV프로그램(〈세서미 스트리트〉에서 다큐멘터리 프로그램 〈노바Nova〉와 〈내셔널 지오그래픽National Geographic〉〈환상의 섬Fantasy Island〉과 MTV에 이르기까지)에서든지 확인이 가능하다.

TV시청에 필요한 선행조건을 달지 말라.

모든 TV프로그램은 그 자체로 완성된 패키지여야 한다. 사전지식은 불필요하다. 혹시나 배우는 데도 수준차가 있다거나 어떤 토대 위에 세워져야 한다는 식의 암시조차도 해서는 안 된다. 학습자는 아무때나 차별없이 입장할 수 있어야 한다. 지난 회를 놓쳤다면 이번 회는 봐도 소용없다고 경고하는 TV프로그램을 듣도 보도 못한 이유다. 텔레비전은 학점을 매기지 않는 커리큘럼인 동시에 어떤 이유로든 어느 순간이든 시청자를 밀쳐내지 않는다. 다시 말해, 텔레비전으로 인해 순차적이며 지속적이어야 한다는 교육의 기본 관념마저 밀려나면서, 순차성이나 지속성이 사고체계와 연관되어 있다는 의식마저 침식당한다.

시청자를 난처하게 하지 말라.

텔레비전 교육에서 시청자를 당황스럽게 하면 시청률 저하로 직행한다. 당황한 시청자는 바로 다른 채널로 옮겨간다. 이러한 행동이 의미하는 바는, 텔레비전 교육에서는 기억하거나 연구하거나 적용하거나 인내해야(이게 가장 최악이다) 할 어떤 것도 있어선 안 된다는 뜻이다. 어떠한 정보나 사건이나 견해도 즉각적으로 접근 가능하도록 제작해야 한다. 텔레비전에서는 학습자의 성장이 아니라 만족을 지상목표로 삼는다.

복잡하고 긴 설명은 절대 피하라.

연속성을 강조한다거나 시청자를 당황케 할 때도 그렇지만, 텔레비전 교육에 있어서 가장 무서운 걸림돌은 길게 설명하는 경우다. 논쟁, 가설, 토론, 근거, 논박, 그 외 이성적인 담론을 표현하는 모든 수단은 텔레비전을 라디오로 만들거나 나아가 삼류 인쇄물로 격하시킨다. 따라서 텔레비전 교육은 항상 스토리텔링 형식에 동적 이미지와 음악을 곁들여 진행된다. 바로 이 점이 〈코스모스〉와 〈스타트렉〉, 〈세서미 스트리트〉와 〈디퍼런트 스트로크스〉, 그리고 다큐멘터리 프로그램 〈노바〉와 상업광고의 특성이 닮은꼴인 이유다. 텔레비전에서는 시각적으로 극화劇化하여 재현할 수 없는 것은 절대 가르치지 않는다.

선행조건, 난처함, 설명이 배제된 교육이란 오락 외에는 적합한 이름이 없다. 그리고 잠잘 때를 빼고는 TV시청만큼 미국 젊은이들의 시간을 축내는 일이 없음을 고려하면, 학습개념에 대한 엄청난 재교육이 이루어지고 있다는 결론은 필연적이다. 이 사실은 이 장에서 강조하고자 하는 두 번째 요점과 연결된다. 학습개념에 대한 이같은 재교육의 여파는 학교교육의 권위가 몰락하는 현장에서뿐 아니라 역설적으로 배우고 가르치는 행위를 엄청나게 재미있는 오락활동으로 바꾸기 위해 교실을 개조하는 현장에서도 확인할 수 있다.

이미 앞장에서 필라델피아에서 교실을 록콘서트장처럼 바꾸려는 실험을 언급했다. 하지만 이는 교육을 오락형식으로 나타내려는 가장 어리석은 사례일 뿐이다. 이미 초급대학 출신 교사들은 수업시간에 시각적 자극을 늘리고, 학생이 의무적으로 설명해야 할 분량은 줄이며, 읽기나 쓰기 숙제를 등한시하고, 학생의 흥미를 유발하는 핵심수단을 오락이라고 마지못해 단정짓는다. 교실을 삼류 텔레비전쇼로 전락시키려는 교사들의 노력을 열거하자면 이 책의 남은 부분을 채우고도 남는다. 그러나 여기서는 〈미미의 모험The Voyage of the Mimi〉만을 사례로 들어보도록 하겠다. 이 프로그램은 이상적理想的이진 않아도 신교육의 이론과 체계가 종합적으로 반영된 사례로 인정받았다.

〈미미의 모험〉은 비싼 예산을 들여 과학과 수학과목을 TV시리즈로 제작한 프로젝트명인데, 교육계의 가장 명망있는 기관 몇 군데(교육부, 뱅크 스트리트 교육대학, PBS방송, 홀트 라인하트 앤 윈스턴 출판사)가 함께 참여했다. 이제껏 미래를 대비하기 위해서라면 늘 서슴지 않고 돈을 썼던 교육부가 이 프로젝트에도 약 40여 억 원을 지원해서 성사되었다. 이번에는 그 미래가 〈미미의 모험〉이었다. 이 프로젝트를 좀 더 알기 쉽게 설명하기 위해 1984년 8월 7일자 〈뉴욕 타임즈〉에 실린 기사를 살펴보도록 하자.

고래탐사선의 모험을 그린 26부작 텔레비전 시리즈인 TV프로그램에 과학자와 항해사의 작업방식을 재현한 그림책과 컴퓨터 게임을 적극적으로 활용한다. …

〈미미의 모험〉은 매회 약 15분 분량인데, 청소년 4명이 과학자 2명 그리고 성격이 거친 선장과 함께 메인 주 연안에서 흑고래의 활동을 관찰하는 모험을 그린다. 개조한 참치잡이 트롤 어선에 탑승한 승무원들은 항해를 시작하고, 고래를 추적하다 폭풍우를 만나 배가 난파된 후 낯선 섬에서 생사를 건 사투를 벌인다.

매회 분이 방영된 후에는 바로 주제와 관련된 15분짜리 다큐멘터리가 나온다. 그 중 어떤 다큐멘터리에는 청소년 배우 중 1명이 롱아일랜드 그린포트로 가서 바닷물을 얼려 정화시키는 방법을 발명한 핵 물리학자 테드 테일러를 만나는 장면이 있다.

이 텔레비전 프로그램은 교사가 임의로 녹화해서 편한 대로 사용할 수 있으며, 책과 컴퓨터를 이용한 학습과정을 보조로 진행한다. 물론 보조 학습과정은 TV프로그램에서 자연스럽게 도출된 네 가지 학문적 주제인 지도와 항해술, 고래와 생태환경, 환경보호체계, 그리고 컴퓨터 활용법이다.

PBS가 이 프로그램을 방영했다. 책과 컴퓨터 소프트웨어는 홀트 라인하트 앤 윈스턴 출판사에서 공급했으며, 교육에 관한 전문지식은 뱅커 스트리트 대학의 교수진이 맡았다. 따라서 〈미미의 모험〉은 가볍게 취급할 일이 아니었다. 미 교육부의 프랭크 위드로우Frank Withrow 는 "이 일은 우리가 하고자 하는 일의 선봉대 격이다. 이를 모델 삼아 나머지도 진행될 것이다"라고 말했다.

이 프로젝트에 참여한 모두가 열성적이었으며, 입에 침이 마르도록 그 가치를 강조했다. 홀트 라인하트 앤 윈스턴 출판사의 트레비 리처즈Trebbi Richards는 "조사결과에 따르면 정보를 드라마 형식으로 제공할 때 학습효과가 증가한다. 그리고 그 어떤 매체보다도 텔레비전이 이 점에서 더 효과적이다"고 주장했다. 교육부 관리들은 세 가지 매체(텔레비전, 책, 컴퓨터)를 통합해 활용하면 학생들이 고도의 사고력을 배양하는 데 강점이 있다고 목소리를 높였다. 위드로우는 "〈미미의 모험〉은 재정적으로도 상당한 이익이 된다. 길게 보면 교육부가 해온 그 어떤 일보다도 적게 드는 셈이다"라고 언급하기도 했다. 또한 위드로우는 이런 프로젝트의 재정을 충당할 방법이 얼마든지 있다면서 "〈세서미 스트리트〉도 5~6년이 걸리기는 했지만, 결국 티셔츠나 과자용기 따위를 팔아서 돈을 벌고 있다"고 생각을 내비쳤다.

일단 〈미미의 모험〉과 관련된 대부분이 독창적 사고와는 거리가 멀다는 사실을 깨닫기 바란다. 여기서 언급된 '세 가지 매체의 통합'이나 '멀티미디어를 이용한 표현'은 한때 '시청각 보조'라고 불리던 것들인데, 교사들이 교과과정에 학생들이 흥미를 갖도록 수년 동안 조심스럽게 사용했었다.

더구나 수년 전 교육청은 WNET에 기금을 지원해 유사한 프로젝트를 진행했었다. 텔레비전 드라마 형식으로 만든 시리즈인 〈말을 조심합시다Watch Your Mouth〉라는 프로그램인데, 영어를 잘못 사용하는 습관이 있는 청소년들이 사회생활에서 갖가지 문제를 겪으며 실수하는 모습을 그렸다. 언어학자와 교육자들은 각 프로그램과 연계하여 사용하도록 교사를 위한 교육안을 마련했다. 이 프로그램은 흡인력이 대단했지만(비록 존 트라볼타의 확실한 카리스마를 등에 업은 〈잘 돌아왔어 코터Welcome Back, Kotter〉만큼은 아니어도) 〈말을 조심합시다〉를 시청한 청소년들의 영어 구사능력이 향상되었다는 증거는 어디에도 없었다. 사실 상업 텔레비전에선 영어를 제대로 사용하는 경우는 거의 없다시피 하기에, 당시 어떤 사람은 왜 미국정부가 학교교육을 위한 재원으로 엉뚱한 문제를 일으키는 데 돈을 쓰는지 의아해했다. 연출자인 데이비드 서스킨드David Susskind 측 누군가가 제작한 이 비디오테이프는 언어적인 오류로 가득차 영어교사가 한 학기 내내 검토해야 할 정도였다.

그럼에도 불구하고 교육부는(리처즈의 말을 재차 인용하면) "정보를 드라마 형식으로 제공할 때 학습효과가 증가하며, 그 어떤 매체보다도 텔레비전이 이 점에서 더 효과적이다"는 근거가 충분하다는 확신으로 밀어부쳤다. 하지만 이는 착각에 불과했다. 조지 컴스톡George Comstock을 비롯한 연구원들이 텔레비전이 인간행동(인지과정을 포함하여)에 미치는 영향을 다룬 2,800여 건의 연구사례를 검토했지만 "정보를 극劇적 상황에서 제공할 때 학습효과가 증가한다"는 설득력 있는 증거는 잡아내지 못했다.[2] 오히려 코헨과 살로몬, 메링고프, 자코비와 호이어 및 쉘루거, 스토퍼와 프로스트 및 라이볼트, 스턴, 윌슨, 뉴먼, 캇츠와 애도니 및 파니스, 그리고 구터 등이 시행한 연구에선 정반대의 결론이 옳다는 근거가 나왔다.[3]

예를 들어 자코비 등은 30초짜리 TV프로그램 2개와 광고에 본 후 진위를 묻는 질문 12개를 던진 결과 시청자 중 겨우 3.5%만이 제대로 대답을 했다고 밝혔다. 스토퍼 등은 학생들에게 텔레비전과 라디오, 신문을 통해 뉴스 프로그램을 전달한 후 반응을 확인했는데, 신문기사에 나온 인물명이나 숫자를 묻는 질문에 신문을 본 학생이 옳게 답한 비율이 유달리 높았다. 스턴은 TV뉴스를 시청한 뒤 몇 분만 지나도 뉴스를 단 1개도 기억하지 못하는 비율이 51%에 달한다고 밝혔다. 윌슨도 일반적인 TV시청자는 뉴스를 통해 전달된 정보 중 20% 정도

만을 기억한다고 모의실험 결과를 공표했다. 캇츠 등은 TV시청자 중 21%는 1시간 이내에 방송된 뉴스를 하나도 기억해 내지 못한다는 사실을 밝혔다. 살로먼은 여타 연구결과를 바탕으로 "*텔레비전을 보고 획득한 의미는 단편적이고 명확해서 유추의 여지가 없는 반면, 책을 읽고 파악한 의미는 독자의 사전지식과 훨씬 긴밀하게 연계되어 있기에 유추의 여지가 높다*"고 결론지었다.[4] 달리 말해, 다수의 명망있는 연구결과로 볼 때 TV시청이 학습효과를 뚜렷하게 향상시키지 못함은 물론 고도의 추상적 사고를 배양하는 데 있어서도 독서에 훨씬 못 미칠 가능성이 높다.

그러나 지원금을 놓고 이러쿵 저러쿵 따질 필요는 없다. 우리 모두는 중요한 문제를 앞에 두고는 사소한 주장에 매달리는 경향이 있다. 뿐만 아니라 리처즈가 자신의 열정을 뒷받침할 자료를 제법 내놓을 수 있음도 잘 안다. 요지는 이렇다. 기왕에 아이들이 텔레비전을 더 많이 보도록 하는 데(앞에서 드라마로 만드는 경우처럼) 돈을 쏟아부을 작정이면, 상당한 노력이 요구되는 수준까지 설득력 있게 논의를 끌어올려야 한다는 뜻이다.

〈미미의 모험〉에서 가장 중요한 사실은, 그 내용이 텔레비전으로 방영하기 가장 적절했기에 채택되었다는 점이다. 왜 이 학생들은 하필 흑고래의 습성을 공부할까? 항해술과 독도법을 배우는 학과주제를 어떻게 평가해야 할까? 항해술은 이제껏 한번도 학과주제로 논의된 적도 없으며, 실제로 대도시에 사는 대부분 학생들에겐 전혀 부합되지 않는다. 도대체 '고래와 생태환경'이 얼마나 흥미를 끄는 주제이

길래 1년 내내 제작작업을 하겠다는 결정을 내렸을까?

〈미미의 모험〉은 "교육의 역할은 무엇일까?"가 아니라 "텔레비전의 역할은 무엇일까?"라는 질문에 반응하여 착상해 냈으리라 본다. 난파선, 항해와 모험, 성격이 거친 늙은 선장, 그리고 유명 연기자가 물리학자를 인터뷰하는 장면 등은 텔레비전으로 극화劇化하기에 안성맞춤이다. 물론 이는 〈미미의 모험〉에서 접하는 내용이다. 이 모험 시트콤의 부교재로 화려한 그림책과 컴퓨터게임이 제공된다는 사실은 TV 방송내용이 커리큘럼을 통제한다는 점을 강조할 뿐이다. 학생들이 책에서 찾아볼 그림과 작동할 컴퓨터 게임은 TV로 방영되는 내용을 통해 지시받지 그 반대가 아니다. 이제는 책이 시청각 교육을 보조하는 부교재가 된 듯하다. 즉, 교육내용을 전달하는 주요 역할은 텔레비전쇼가 차지했으며, 커리큘럼상 최상위 요건은 재미와 오락이라는 사실이다.

물론 학과목에 대한 흥미를 유발시키거나 나아가 핵심을 전달하기 위해서도 TV 제작물을 이용할 수 있다. 그러나 여기서 일어나고 있는 사실은, 학교 커리큘럼을 구성하는 내용이 텔레비전의 특성(=오락)에 따라 결정되고, 더욱 나쁜 점은 그러한 특성은 학습의 목적과는 전혀 무관하다는 점이다. 어쩌면 교실이야말로 학생들을 대상으로, 텔레비전을 비롯한 모든 종류의 미디어로 인해 사람들의 태도와 인식이 어떤 식으로 영향받는지 조사하기에 적절한 장소로 보인다. 학생들은 고등학교를 마칠 때까지 대략 6,000시간 정도 TV를 시청하게 된다. 그렇다면 교육부 관리조차도 텔레비전을 어떻게 봐야 할지, 언제 꺼야 할지, 그리고 어떤 비판적 능력을 갖추어야 할지를 학생들에게 누가 가르칠지 의문을 떠올려야 정상이다. 〈미미의 모험〉 프로젝트는 이러한 의문을 무시했으며, 실제로는 학생들이 〈세인트 엘스웨어〉나 〈힐 스트리트 블루스〉를 볼 때와 똑같은 마음으로 드라마에 몰두하길 바랐다.(이른바 '컴퓨터 교육'에 대해서도 컴퓨터의 인지적 편향성과 사회적 여파에 대해 아무런 의문도 제기하지 않았는데, 이는 새로운 테크놀로지가 등장할 때마다 물어야 할 가장 중요한 질문이다.)

달리 말해 〈미미의 모험〉은 매체상인들이 원하는 방식 그대로, 즉 마치 매체 자체에는 아무런 인식론적, 정치적 어젠다도 없는 듯 깨닫지도 눈치채지도 못한 채 매체를 이용하는 데만 40억 원을 쓴 셈이다. 그렇다면 학생들은 궁극적으로 무엇을 배울까? 물론 고래나 항해술, 독도법에 대해서 무엇인가를 배우겠지만, 이는 다른 방법으로도 얼마든지 배울 수 있다.

결국 학생들이 주로 배우는 것은, 학습은 오락과 다를 바 없으며, 배울 만한 가치가 있는 것은 무엇이건 오락물로 변형할 수 있고, 그래야만 한다는 관념이다. 그렇기에 영어선생이 학생들에게 록 뮤직으로 8품사를 배우라고 해도 별 군말이 없다. 사회교사가 1812년 미국-영국간 전쟁에 대한 역사를 노래로 불러도, 물리교사가 T-셔츠 차림에 과자를 씹으며 나타나도 학생들은 오히려 반길 터이다. 그러므로 학생들은 정치, 종교, 뉴스, 상거래 할 것 없이 오락활동처럼 즐거운 방식으로 받아들일 준비를 갖추게 될 것이다.

11
헉슬리의 경고

문화적 풍조가 황폐화되는 방식에는 두 가지가 있다. 첫 번째는 문화가 감옥이 되는 오웰식이다. 두 번째는 문화가 스트립쇼와 같이 저속해지는 헉슬리식이다.

지금 세계가 오웰이 비유적으로 묘사한 감시문화로 인해 손상되었다는 생각은 현실성이 없다. 『1984년』과 『동물농장』을 읽고 아서 쾨스텔러의 『정오의 어둠』을 읽는다면, 사고통제 기구가 어떤 식으로 작동하는지 꽤 정확하게 파악할 수 있을 것이다. 그리고 지금도 여러 나라[1]에서 수많은 사람들을 대상으로 이러한 체제가 시행중이다. 물

---

1. 이 책의 출간시기는 1986년이며, 여기에 언급된 여러 나라는 구 소련과 동구권을 비롯한 공산국가를 지칭한다.

론 오웰이 전제정치가 야기할 정신적 황폐화를 언급한 최초의 인물은 아니다. 오웰의 작품에는 우리를 감시하는 자가 좌익이든 우익이든 별 차이가 없다는 그만의 독특한 주장이 드러난다. 감옥문은 똑같이 철통 같고, 감시도 마찬가지로 철저하며, 우상숭배 역시 만연한다.

반면 헉슬리는 기술문명이 발전된 시대에는, 정신적 황폐화가 의심과 증오로 가득한 적보다는 미소를 머금은 적으로 인해 야기될 가능성이 크다고 가르쳤다. 헉슬리식 예언에서는 빅 브라더가 자기 뜻대로 우리를 감시하지 않는다. 우리 스스로가 자청해서 바라본다. 감시자나 감옥문이나 진실부Ministries of Truth 따위는 필요 없다. 대중이 하찮은 일에 정신이 팔릴 때, 끊임없는 오락활동을 문화적 삶으로 착각할 때, 진지한 공적 대화가 허튼소리로 전락할 때, 한마디로 국민이 관객이 되고 모든 공적 활동이 가벼운 희가극Vaudeville과 같이 변할 때 국가는 위기를 맞는다. 이때 문화의 사멸은 필연적이다.

미국에서 오웰의 예언은 별 개연성이 없다. 그러나 헉슬리의 예언은 제대로 실현중이다. 현재 미국은 전기 플러그를 꼽으면 기술적으로 구현되는 오락에 스스로를 적응시키고자 세계에서 가장 야심 찬 실험에 몰두해 있기 때문이다. 19세기 중반부터 서서히, 그리고 조심스럽게 시작된 이 실험은, 20세기 후반인 지금에 와서는 미국에서 텔레비전과 애정행각을 벌이며 왜곡된 결과에 다다랐다. 세계에서 유래 없이, 미국인들은 너무 급하게 앞서나가다 활자시대가 종지부를 찍게 되었고, 그 결과 사회 전반에 텔레비전의 통치가 만연하게 되었다. 결국 텔레비전 시대가 도래하면서 헉슬리가 예언한 미래상의 단면이 미국에서 선명하게 드러났다.

이러한 문제에 대해 언급하는 사람들은 꼭 신경질부리듯 목소리를 높여, 자신이 나약한 사람 아니면 골칫거리나 비관론자라는 오해를 자청한다. 그래도 이런 식으로 행동하는 이유는 그래야 자신이 타인에게 우호적으로 보인다고 생각하기 때문이다. 오웰식 세계는 헉슬리식 세계보다 알아차리기도 저항하기도 쉽다. 주변에서 감옥문이 닫히기 시작하면, 모든 주위 환경이 변하기에 쉽게 알아차리고 저항할 태세를 갖춘다. 예컨대 우리 모두는 사하로프Sakharovs와 팀머만Timmermans과 바웬사Walesas와 같은 인물이 외치는 절규를 외면하기 어렵다. 우리는 밀턴, 베이컨, 볼테르, 괴테 그리고 제퍼슨의 정신을 버팀목 삼아 그러한 고통의 파도에 저항하기 위해 무장을 꾸린다. 그러나 고통스런 외침이 들리지 않는다면 어떻게 하겠는가? 누가 즐거움의 파도에 저항하기 위해 무기를 들려 하겠는가? 진지한 공공담론이 킬킬거리는 농담속에 함몰되어 버리면 과연 누구에게, 언제, 그리고 어떤 말투로 불평하겠는가? 킬킬거리는 웃음소리로 인해 문화가 고갈되면 그 해독제는 무엇인가?

이러한 문제에 대해선 철학자들도 아무런 지침을 제시한 적이 없기에 두렵기까지 하다. 여태껏 철학자들의 경고는 인간본성의 가장 나쁜 성향을 충동질하는 의식화된 이데올로기에 대항하기 위한 통상적인 지시였다. 그러나 미국에서 일어나고 있는 현상은 명료한 이데올로기로 야기된 구도가 아니다. '나의 투쟁'에서도 '공산당 선언'에서도 이와 같은 현상에 관한 언급은 찾아볼 수 없다. 이는 공적 대화를 주고받는 양식이 극적으로 변화하면서 초래된 예기치 못한 결과다. 그럼에도 불구하고 이 또한 특정한 생활방식, 관계형성, 관념을 강요하기에 일종의 이데올로기와 마찬가지인데도, 이 점에 대해서는 아무런 일반적 합의도, 논의도, 반대도 없었다. 그저 맹종하기 바빴다.

테크놀로지도 결국 이데올로기라는 대목에 대해선 아직까지 대중적 공감대가 형성되지 않았다. 미국에서 지난 80여 년간 테크놀로지로 인해 모든 삶의 양상이 변했음을 두 눈으로 뻔히 목격했음에도 말이다. 예컨대 지난 1905년 자동차의 등장과 함께 나타날 문화변동을 대비하지 못한 일은 그래도 그럴 만했다. 사람들의 사회생활 방식과 남녀간 역할까지 자동차로 인해 달라지리라고 당시에 누가 상상조차 했겠는가? 숲과 도시를 관리하는 방식까지 뒤바뀌리라고, 나아가 개인적 정체성이나 사회적 지위를 드러내는 방식까지 만들어내리라고 누가 추측이나 했겠는가?

그러나 지금 게임의 종반전에 들어섰는데도 스코어조차 모른다면 변명도 통하지 않는다. 모든 테크놀로지는 사회적 변화를 야기시키는 프로그램을 갖추고 등장한다는 사실도 모르고, 테크놀로지는 중립적이라고 주장하며, 문화에도 늘 우호적이라고 단정짓는다면, 막바지에 이른 지금에는 어리석을 정도로 순진하고 단순하기 짝이 없는 생각이다. 더구나 우리 모두는 지금껏 의사소통 수단의 기술적 변화가 수송 수단의 변화보다 훨씬 더 이데올로기적 성향이 강함을 충분히 지켜보았다.

알파벳이 도입되어 문화에 접목되면서 사람들의 인식습관, 사회적 관계, 공동체의 개념, 나아가 역사와 종교까지 변했다. 인쇄기가 도입되어 책이 유통되자 같은 일이 반복되었다. 이미지를 빛의 속도로 전송하는 기술이 도입되자 문화적 대변혁이 일어났다. 투표 따윈 없었다. 논쟁은 물론 소규모 국지적 저항조차 없었다. 이데올로기만 있었다. 조용하진 않았지만 확실했다. 말이 없는 이데올로기였으나 말보다 더 강했다. 진보의 불가피성을 열렬히 신봉하는 무리만 있으면 이 이데올로기는 무너지지 않는다. 따라서 이 점에 있어서 모든 미국인들은 마르크스주의자와 다름없다. 미국인들은, 역사는 어떤 예정된 낙원으로 자신들을 이끌어나가고 있으며, 테크놀로지야말로 그 동력이라는 사실 외에는 아무것도 믿지 않기 때문이다.

그러므로 이 책과 같은 부류의 책을 집필해 온 사람이나 몇가지 특효제로 이러한 증상의 근원을 종식시키고자 하는 사람들은 거의 헤어나기 힘든 어려움에 처한다. 첫째로 치료가 필요하다고 생각하는 사람은 아무도 없으며, 두 번째로 특효약은 없을지도 모르기 때문이다. 하지만 문제가 있으면 해결책도 반드시 있으리라는 확고한 신념을 간직한 전형적인 미국인으로서, 다음의 몇가지 제안으로 결론을 맺고자 한다.

일단, 골수 러다이트Luddite추종자와 같은 입장, 이를테면 제리 맨더의 『텔레비전을 버려라For Arguments for the Elimination of Television』와 같은 터무니없는 견해에 현혹되어선 안 된다. 미국인들은 텔레비전을 절대로 끄지 않을 것이기에, 위와 같은 제안은 사실상 아무 제안도 하지 않음과 다를 바 없다. 텔레비전을 조금이나마 진지한 매체로 변모시킬 수 있을까 하는 기대 역시 거의 비현실적이다. 법으로 텔레비전 방영시간을 제한하여 공공생활에 미치는 영향을 경감시키는 수준 높은 나라도 제법 있기는 하다. 하지만 미국에선 불가능하리라 확신한다. 일단 이 행복한 매체가 대중에게 완전히 공개된 이상 부분적인 제약조차도 수용하기 힘들 듯하다. 일부는 여전히 이러한 방편을 고민하기도 한다.

이 글을 쓰는 무렵, 〈뉴욕 타임즈〉(1984년 9월 27일자)에는 코네티컷 주 파밍턴 도서관협회가 기획하고 후원한 'TV끄기 운동'에 관한 기사가 실렸다. 지난해에도 비슷한 행사가 있었던 듯한데 어쨌든 1개월간 TV시청을 중단하자는 운동이다. 타임즈는 지난해 1월 TV끄기 운동이 텔레비전으로 방영되면서 전국적으로 유명해졌다고 보도했다. 온 가족을 이끌고 참여한 엘렌 밥콕Ms. Ellen Bobcock 부인은 이런 식으로 말했다. "올해도 작년처럼 효과가 엄청날지 궁금하다. 작년에는 온갖 매체가 우리 행사를 보도하느라 난리였다." 바꿔 말하면, 밥콕 부인은 TV시청 중단운동이 TV를 통해 알려지길 바라는 셈이다. 밥콕 부인이 이같이 모순된 상황을 눈치채지 못했을 리 없다. 나 역시 이같이 모순된 상황을 수차례 경험했는데, 텔레비전에 대해 경각심을 불러일으키는 책을 홍보하기 위해 TV에 출연해야 했었다. 바로 이러한 점이 텔레비전 중심 문화에서 나타나는 모순이다.

어쨌든, 1개월간 TV끄기 운동이 얼마나 도움이 되었을까? 정말 보잘것없었다. 차라리 고통이었다. 파밍턴 주민들이 고행을 끝내고 본래 일상으로 복귀할 수 있어서 정말 다행이었다. 그럼에도 불구하고 사람들은 이들의 노력을 성원했다. 텔레비전에서 일부 내용(과도한 폭력이나 어린이 시간의 상업광고 등)을 제한하여 한숨 돌려보려는 노력은 그래도 박수받을 만하다. 담배와 술 광고를 제한하듯 정치광고도 텔레비전에서 제한하자는 존 린지의 제안을 개인적으로 특히 선호한다. 연방통신위원회(FCC)에 출석해서 이 특출난 제안이 얼마나 유익한지 기꺼이 증언할 의사도 있다. 이같은 금지조치는 수정헌법 1조에 위배된다고 주장하며 이의를 제기하려는 사람들에게는 절충안을 하나 제시하고 싶다. 즉, 정치광고 방송 전에 다음과 같은 짤막한 경고문을 내보내도록 하자. "일반적으로 정치광고 시청은 지역사회의 지적 건전성을 해칩니다."

물론 이런 제안을 진지하게 받아들이는 사람이 있으리라고는 기대하지 않는다. TV프로그램의 수준을 향상시킬 제안을 내놓을 생각도 없다. 이 책 앞부분에서 시사했듯, 텔레비전은 쓰레기 같은 오락물을 방영할 때 가장 쓸모있게 기능한다. 반대로 심각한 담론 형식(뉴스, 정치, 과학, 교육, 교역, 종교)을 다룰 때는 최악으로 기능하여 이들 담론을 제멋대로 오락 프로그램으로 변질시킨다. 만약 텔레비전이 점점 제 기능을 잃는다면 우리 삶이 훨씬 나아질 것이다. 〈A특공대〉나 〈치어스〉는 사회의 공적 건전성에 해가 되지는 않는다. 하지만 시사프로그램 〈60분〉, 라이브 뉴스쇼 〈현장뉴스Eyewitness News〉, 그리고 어린이 교육 프로그램 〈세서미 스트리트〉는 사회의 공적 건전성을 해친다.

어쨌든 텔레비전에서 무엇을 보느냐가 중요한 문제는 아니다. 문제는 우리가 늘 텔레비전을 본다는 사실 자체에 있다. 따라서 해결책은 텔레비전을 어떻게 볼 것인가 하는 데서 찾아야 한다. 사실 우리 모두는 텔레비전이 과연 무엇인지 제대로 배운 적이 없다고 해도 과언이 아니다. 그 이유는, '정보'란 과연 무엇이며 어떤 식으로 문화를 이끄는가에 대해 폭넓은 공감대는커녕 의미있는 논의조차 없었기 때문이다. 뭔가 신랄한 느낌이 들지 않는가? 이러면서도 날이면 날마다 '정보시대' '정보폭발' '정보사회'와 같은 말들을 열광적으로 외치다니…. 일단 지금까지는 정보의 형식이나 규모, 속도, 정황에 변화가 가해지면 다른 '무엇'인가를 의미함을 알아채기는 했다. 그러나 거기서 더는 나아가지 못했다.

정보란 과연 무엇일까? 아니, 좀더 정확히 표현하자면 어떤 것들을 정보로 간주할 수 있을까? 뉴스와 같은 일반적 취득정보, 금언이나 교훈, 그리고 배움을 통한 지식은 각각 우리 의식 속에서 어떠한 개념을 형성하기에 작용하는 방식이 다를까? 이렇게 형성된 개념으로 인해 각각 다른 정보유형을 무시하거나 배제시키는 현상은 왜일까? 각 정보유형에 따라 나타나는 주된 심리적 영향은 무엇일까? 정보와 판단력 간의 상관관계는 무엇일까? 어떤 정보유형이 사고력을 가장 촉진시킬까? 혹시 각 정보유형마다 어떤 도덕적 편향성이 내재해 있진 않을까? 정보가 지나치게 많은 상황이란 무엇을 뜻하며, 어떻게 감지할 수 있을까? 정보가 그 출처나 전달형식, 빠르기, 그리고 접하는 환경을 통해 중요한 문화적 의미를 어떤 식으로 재정의할까? 이를테면, 텔레비전은 '신앙심' '애국심' '프라이버시'에 어떤 새로운 의미를 부여할까? 심지어 '판단'이나 '이해'라는 의미조차도 어떤 식으로든 재정의하지 않을까? 정보유형에 따라 작용하는 방식은 어떻게 다를까? 신문의 '독자'는 텔레비전의 '시청자'와 과연 다른가? 각각의 정보 전달형식은 최종적으로 표현되는 내용을 어떤 식으로 규정할까?

이와 같은 질문 십여 개를 던져보면 니콜라스 존슨Nicholas Johnson이 자신의 책에서 언급한 '텔레비전에 되묻기Talking back to the Television set'도 가능할 터이다. 매체의 위험성에 대해서 제대로 알고 있다면 어떤 매체도 크게 위험스럽진 않기 때문이다. 앞의 질문에 대해 내 견해를 따르건 마샬 맥루한(어쨌든 나와는 매우 다르다)의 견해를 따르건 그건 그리 중요하지 않다. 여기서는 그런 질문을 던지는 것만으로 충분하다. 일단 질문만 하면 마법의 주문이 풀린다.

나아가 정보의 심리적, 사회적, 정치적 영향에 관한 질문은 텔레비전뿐 아니라 컴퓨터에도 얼마든지 적용 가능하다고 덧붙이고 싶다. 비록 컴퓨터는 지나치게 과대평가된 테크놀로지라 생각하지만, 미국인들이 습관적으로 부주의하게 수용한 결과임이 분명해 보이기 때문이다. 즉, 앞으로도 별다른 불평 없이 컴퓨터를 사용하게 될 것임을 의미한다. 따라서 컴퓨터 테크놀로지에 대한 가장 중심적 논제(불충분한 데이터로 인해 발생하는 문제를 해결할 때 겪어야 하는 어려움)는 아무 검토 없이 지나쳐버릴 것이다. 앞으로 수년 후 엄청난 자료를 수집하고 빛과 같이 신속하게 열람하는 일이 대규모 조직에서 엄청난 가치를 지니게 되겠지만, 정작 대다수 사람들에게 중요한 문제는 거의 해결하지 못하고, 적어도 이미 해결한 만큼의 문제를 또다시 만들어낸다는 사실을 깨닫게 될 것이다.

어쨌든 여기서 강조하고자 하는 요점은, 정보가 조직되는 체계와 그 영향에 대한 깊이 있고 확실한 자각으로 매체의 신비를 벗겨내야만, 텔레비전이나 컴퓨터를 어느 정도 통제할 희망이 있다는 뜻이다. 그러면 매체에 대한 그러한 분별력을 어떻게 얻을 수 있을까? 딱 두 가지 방법이 떠오르는데, 하나는 바로 집어치워야 할 터무니없는 방법이고 다른 하나는 절망적이긴 하지만 우리 모두가 갖고 있는 해법이다.

터무니없는 방법이란 TV시청을 금하는 대신 텔레비전을 어떤 식으로 봐야 하는지 TV프로그램으로 보여주는 것이다. 즉, 텔레비전으로 인해 뉴스, 정치쟁점, 종교적 묵상 등에 관한 우리의 인식이 어떻게 재설정되고 저하되는지 TV로 방영한다는 뜻이다. 기왕이면 〈토요일밤의 현장〉이나 〈몬티 파이돈Monty Python〉 방식을 따라 패러디 형식으로 방송하면 좋겠는데, 그렇게 하면 TV가 공공담론을 좌지우지한다는 내용을 보고 온 국민이 배꼽을 쥘 것이다. 그러나 최후에 웃는 자는 당연히 텔레비전이다. 시청자 한 사람을 확실하게 움직이려면 방송을 텔레비전에 걸맞게 엄청 재미있게 만들어야 한다. 그러므로 종국에는 비평행위 자체도 텔레비전에 휘둘리게 될 가능성이 크다. 이러한 패러디를 만든 사람은 유명인사가 되고, 영화의 스타로 등장하고, 마침내 TV광고에도 출연하게 될 것이다.

절망적인 방법이란, 이론적으로 이 문제에 대처 가능한 유일한 대중 의사소통 매체인 '학교'에 의지하는 일이다. 이 방법은 위험한 사회적 문제가 발생했을 때마다 등장했던 미국인들의 전통적인 해법이었으며, 당연히 학교교육이 효과적이라는 순진하면서도 맹목적인 믿음에 근거한다. 그러나 학교교육은 거의 효과가 없다. 제대로 보면 이러한 기대를 당연시할 만한 이유도 없다. 심지어 학교는 활자문화가 형성되는 와중에서도 활자의 역할을 의미있게 평가조차 하지 않았다. 실제로 고등학교 졸업반 학생들 중 알파벳의 발명시기를 아는 경우(오차범위 500년 이내에서)는 100명 중 한두 명에도 못 미친다. 아마 알파벳이 발명되었다는 사실조차 모를 것이다. 이런 질문을 던지면, 마치 나무나 구름이 언제 발명되었냐는 질문을 받은 듯 어리둥절해 할 것이 뻔하다. 롤랑 바르뜨가 지적했듯이, 역사를 자연으로 전환시키는 행위가 바로 신화Myth를 만들어내는 원리인데, 학교더러 TV매체의 신화적 요소 제거작전에 가담하라는 요구는, 학교에 한번도 해본 적 없는 역할을 요구하는 셈이다.

그러나 아직 희망을 놓지 말아야 할 이유가 있다. 교육자들이 TV가 학생들에게 미치는 영향을 모르는 바 아니다. 컴퓨터의 등장으로 이들도 고무되어 상당한 고심을 한다. 즉, 교육자들도 다소나마 '매체'를 의식적으로 자각하기 시작했다. 지금은 의식수준이 "교육을 통제하기 위해 텔레비전(또는 컴퓨터나 워드프로세서)을 어떻게 활용할까?" 하는 정도에 머물러 있음이 사실이다. 아직까지는 "텔레비전(또는 컴퓨터)을 통제하기 위해 교육을 어떻게 활용할까?" 묻는 수준에는 이르지 못했다. 그러나 문제해결을 위한 우리의 발돋움은 현 수준의 이해력이나 지향점조차도 넘어서야 한다. 그밖에 청소년들이 자기시대의 문화적 상징을 제대로 이해하도록 학습을 지도하는 일도 학교의 공인된 책무였다. 이제는 청소년들이 자기시대의 정보매체와 스스로 거리를 두도록 지도해야 하는 책무로 바꿔도 그리 낯설지 않다. 하지만 유감스럽게도 이 새로운 책무를 정규교육과정에 편입하길 기대할 수도 없고, 교육의 중점과제로 채택하길 희망하기는 더더욱 어렵다.

여기서 제안하는 해결책은 올더스 헉슬리가 시사한 바와 차이가 없다. 그리고 헉슬리 이상의 해결책도 없다. 우리 모두는 교육과 예기치 못한 재앙 사이에서 경주를 벌이고 있다는 H.G. 웰즈Wells의 말을 헉슬리는 확신했으며, 매체 인식론과 매체 정치학에 대한 이해를 촉구하는 글을 끊임없이 썼다. 헉슬리가 우리 모두에게 경고하고자 했던 마지막 메시지는 이렇다.

"멋진 신세계에선 사람들이 자신이 생각 없이 웃고만 있다는 사실 때문에 괴로워하지 않는다. 그보다는 자신이 무엇을 보고 웃는지, 왜 생각을 멈추었는지 모르기 때문에 고통스러워한다."

20주년 기념판을 내며

최근(2006년) 사회를 논평한 책이 20여 년 전(1985년)에 출간되었다?

적어도 당신은 이메일을 쓰거나, 회신전화를 걸거나, MP3를 다운받거나, 게임(온라인게임, 플레이스테이션, 닌텐도)에 빠져 있거나, 웹사이트를 둘러보거나, 문자메시지를 보내거나, 메신저로 채팅을 하거나, 동영상을 녹화하거나, 동영상을 구경하고 있지는 않기에, 이 책을 마주하고 있다.

지금 당신은 20세기에 출간된 책 중 21세기에 대해 최초로 언급한 이 책을 마주하고 있다. 아마 잠시 이 책을 훑어보기만 해도, 1985년 당시 세계에 대한 적나라하고 도발적인 비판 때문에 적지않게 충격받을 것이다. 더구나 1985년은 인터넷이나 휴대전화, PDA, 수백 개의 CATV 채널, 통화중 대기, 발신자 번호표시, 블로그, 평면TV, HD-TV, 아이팟, 유튜브

등이 대중화되기 전이었다.

은근하면서도 뿌리깊은 텔레비전의 해악에 대해 일찌감치 경고한 이 얇은 책이 오늘날과 같은 컴퓨터시대에 와서야 시의적절하다는 느낌이 든다는 게 정말 그럴듯하지 않은가?

TV로 인해 온갖 공적 생활(교육, 종교, 정치, 언론)이 어떻게 오락으로 변질되는지, 이미지의 범람으로 인해 인쇄매체와 같은 의사소통 수단이 어떻게 침식당하는지, 그리고 TV에 대한 우리들의 끝없는 집착으로 온갖 콘텐츠가 넘쳐나고 주변 상황은 엉망이 되어, 오락에 정신이 팔린 사람들은 잃어버린 진짜 중요한 것이 무엇이며, 무엇을 잃는지조차 더이상 신경쓰지 않는 지경이 될 때까지 '정보 과식증'에 휘둘리리라고 이 책이 지적하고 있다는 사실이 정말 제대로라는 생각이 들지 않는가? 이런 책이라면 당신이 맞닥뜨린 현실이나 지금 시대는 물론 미래상까지도 설명하는 데 적절하지 않을까?

이미 당신도 마음속으로 동의했으리라 생각한다.

나 역시 생각이 같지만, 나야 닐 포스트먼의 아들이기에 편향적일 수밖에 없다. 지금 시대, 즉 TV와 테크놀로지 숭배는 일상적이라 거의 관심거리도 안 되고 심각성을 깨닫는 사람은 어쩌다 한 명 정도인 이런 사회에서, 이 책을 읽으면서 연관되는 객관적인 증거는 어디서 발견할 수 있을까?

(5쪽에서 계속)

일단 뉴욕대학의 부친 휘하에서 수학한 뒤 현재 각자의 소속 대학(때로는 고등학교에서)에서 이 책에서 다루는 주제를 가르치는 분들의 견해는 제외하기로 하자. 이같이 멋진 지성인들은 지난 시대의 다른 매체환경 속에서 아버지와 같은 길을 걸었고, 이 때문에 스스로를 '다른 시대의 인질'로 삼았는데, 아마도 이 같은 분들은 요즘 같은 시대에는 워낙 보기 드물기에 마치 스스로 눈에 띄지 않으려 애쓴다고 오해할 정도다. 그리고 이 책의 초판을 읽은 사람들의 견해도 일단 배제하고 백지상태에서 시작하도록 하자. 왜냐하면 이 책의 초판본은 독일, 인도네시아, 터키, 덴마크, 그리고 최근에는 중국을 비롯한 십여 국가에 번역 소개되었으며, 책을 읽은 상당수 독자들이 아버지에게 편지도 쓰고, 강연 후 붙들고 늘어지거나 자신의 주장이 얼마나 정확한지 들이대기까지 했기 때문이다. 이분들의 의견은 비록 진술하지만, 지난 20여 년간 충분히 드러났으며 그래서 일부는 진부해 보인다. 이러한 부류에 해당하는 사람들(교사나 학생, 사업가, 그리고 작가, 보수주의자, 자유주의자, 기독교인, 무신론자는 물론 이들의 부모세대까지)의 견해는 무시하겠다.(전설적인 록 밴드 핑크 플로이드는 이 책에서 영감을 받아 싱글 앨범 〈Amused to Death〉를 발표하기도 했는데, 이 밴드의 공동창설자인 로저 월터스의 견해도 배제하겠다.)

그러면 과연 어떤 사람들의 견해가 의미있을까?

출간 후 20년이 지난 지금 이 책을 두고 무슨 말이 적정할지 고심하며 아버지가 하던 방식으로 생각하려 애썼다.(아버지께서는 2003년 11월 72세를 일기로 돌아가셨다.) 아버지와 마음이 통했던지 이 책의 내용과 가장 부합하는 시험 대상이 누구인지 바로 떠올랐다.

바로 대학생들이다.

오늘날 18세에서 22세 사이의 젊은이들은 1985년과는 엄청나게 다른 미디어 환경에서 살아간다. 이들이 TV에 대해 느끼는 유대감은 예전과 다르다. MTV는 이미 유년기 후반에 경험했다. 오늘날엔 실시간 뉴스, 화면 돌출광고 그리고 리얼리티쇼와 인포머셜 광고, 900여 개에 달하는 CATV 채널은 예사다. TV가 더이상 미디어 지형을 좌우하지 못한다. '스크린 타임Screen Time'이라는 말은 컴퓨터나 비디오 단말기, 이동전화 앞에서 보내는 시간을 뜻한다. 공동체는 나이나 교육수준, 수입 등에 따른 실태적 인구통계 기준으로 바뀌었다. (생각하는) 침묵을 밀쳐내고 (늘 무엇인가 분주한) 보이지 않는 소음이 그 자리를 차지했다. 그야말로 완전히 다른 세상이다.(물론 우리 모두에게도 다른 세상이다. 그러나 대학생층은 유달리 두터운 집단을 형성하여 순수함과 영악함, 이 책에 대한 존경과 불경 사이를 오간다.)

오늘날 학생들은 대부분 닐 포스트먼을 알지도 못하고 그의 저서 (교육, 언어, 유년, 테크놀로지 등을 주제로 20여 권의 책을 저술했다)도 접해본 적이 없기에, 이들에게 이 책『죽도록 즐기기』를 보여주고 견해를 있는 그대로 제시하는 것은 상대적으로 순수하다고 본다. 나는 예전 아버지의 제자 몇 분께 전화를 드렸다. 이분들은 강의과정에서 학생들에게『죽도록 즐기기』를 가르치는데, 이 강의는 TV, 문화, 컴퓨터, 테크놀로지, 대중매체, 방송, 정치, 언론, 교육, 종교, 언어 등의 분야를 아우르는 요소를 조사하는 내용이다. 이분들 모두 토론수업이나 리포트를 이용해 학생들의 견해를 기꺼이 제공해 주셨다.

조나단 ─ "닐 포스트먼은 지금 세상엔 더이상 성찰이 없다는 핵심을 지적했네요.""식당에 갔는데, 모두들 핸드폰을 들고 통화하거나 게임을 하고 있었어요. 나 혼자 앉아서 조용히 생각하고 있을 수 없더군요."

릿즈 – "이 책은 오히려 지금 더 시의적절하네요. 이 책이 나왔을 때는 케이블TV가 없었지만, 만약 있었다면 오락에 관한 채널말고도 있지 않았겠냐고 수업시간에 묻기도 했습니다. 우리는 이 책의 이론을 반증할 만한 것을 하나라도 찾으려 애썼습니다. 한 친구가 날씨 방송을 거론하자 다른 친구가 일기예보를 재미있게 하려고 회오리 바람에 대해 어떤 식으로 방송국에서 보여주는지 언급하기도 했습니다. 모두 의견이 일치한 제대로 된 방송은 아무도 보지 않는 연방의회 중계를 맡은 비영리 채널 C-SPAN이었습니다."

카라 – "선생님들은 수업을 재미있게 진행하지 못하면 제대로 했다고 여기지 않더군요."(교수는 이 친구를 '강의실의 회의주의자'라고 불렀으며, 이 책을 권하자 왜 읽어야 하냐고 투덜댔었다.)

벤 – "포스트먼은 TV가 현재를 이루는 모든 것을 만들어낸다고 하더군요, 그런데 그 현재 속에는 이 책이 어제 출간되지 않았다고 투덜대는 우리의 모습도 포함되어 있었습니다."

레저널드 – "이건 단순히 TV에 관한 책이 아닙니다."

샌드라 – "이 책은 2004년 대통령 선거 캠페인과 경선토론에 관해 너무도 정확히 지적했습니다."

한 학생은 아놀드 슈왈츠제네거가 캘리포니아 주지사에 입후보하겠다고 〈투나잇 쇼〉에서 발표한 사실을 지목했다. 마리아는 "TV시청으로 촉진되는 과도한 단순화와 사고의 '파편화' 현상으로 인해 미국이 민주당/공화당 지지 주로 나뉘는 양극화의 원인이 될 수도 있겠다"고 했다. 또다른 학생은 새로 등장한 '성경공부 잡지' 시리즈를 거론했는데, 틴에이저 잡지를 본딴 표지 디자인의 머릿기사로는 '하나님께 가까이 가는 10가지 요령' 따위였다. 이는 종교가 MTV 방식을 모방한 것이라고 지적했다. 다른 학생은 최근 어린이에게 집중력 저하 증후군이 급증하는 현상이 끊임없는 자극을 필요로 한다는 징후가 아닌지 놀랍게 여겼다.

케이틀린은 이 책을 읽고 전공을 인쇄매체 언론학으로 바꿨다. 안드레아는 미디어 윤리와 관련된 사람이라면 늘 이 책을 권했다. 마이크는, 이 책의 논지에 동의하지 않는 사람일지라도 경각심을 일깨우기 위해서라도 반드시 읽어야 한다고 했다. 정치적 색채에 상관없이 많은 학생들은 "자 다음 뉴스는…"이라는 개념을 특별히 지목했다. 즉, 강간사건, 초대형 화재, 지구온난화 문제 같은 끔찍한 사건을 보도하고는 곧바로 앵커가 선선히 "자, 다음 뉴스는…" 하고 내뱉은 뒤 자넷 잭슨의 젖꼭지 노출 소식이나 맥주 광고로 이어지는 이런 현상은, 정보의 연속적인 면을 비교할 수 없도록 마구잡이로 만들어, 사건 규모나 가치의 일관성을 없애고 심지어 정신적인 병리현상마저 유발한다.

또다른 교수는 이 책이 말하는 방식(누군가 마음에 한번쯤 품었던 이야기를 이끌어내는)을 학생들이 매우 좋아한다며 이렇게 말했다. "학생들은 이 책에서 저자가 자기들이 들은 적 있는 사람이나 책을 거론할 때 매우 좋아한다."

알리슨 – "글이 쉽지는 않다. 작가는 암시와 비유를 문학작품이나 시처럼 표현한다."

매트 – "역설적으로, 포스트먼은 우리가 그림 한 장 없이도 재미를 만끽할 수 있음을 입증했다."

이 교수는 자신의 학생이 이 책을 읽고 받은 인상을 이렇게 전했다. "작가는 허튼소리 한마디 없이 학생들이 존중받는다는 느낌을 주면서 말한다. 학생들에겐 마치 작가와 지금 대화하는 느낌을 주면서도, 동시에 깊이 생각할 수 있도록 이끈다." 또다른 교수는 언급하기를, "학생들은 TV가 쇼비즈니스나 선정주의를 방송하여 돈을 버는 데 있어서 거의 독점적인 이해당사자라는 결론에 도달했다. 이는 엄청난 사실인데도 불구하고 전에는 학생들이 전혀 깨닫지 못했다."

이 책에 대해 객관적이라는 엄청난 말을 쏟아냈지만, 결국 이 책의 장점을 지지하는 의견만 잔뜩 나열한 모습으로 비쳐도 어쩔 수 없다. 그래도 이는 솔직한 압도적 반응이다. 적어도 이 책을 좋아하기보다는 싫어할 이유가 많으리라고 추측할 수 있는 인구집단인 Y세대에서 그렇다. 한 교수는, 자기 수업에서 이 책을 읽은 25명의 학생 중 23명이 이 책을 칭송하거나 작가의 생각에 사로잡혔고, 2명만 쓸데 없는 시간낭비라 했다. 92% 지지다. 자신의 생각을 나타냈을 때 이 정도로 지지받는 사람은 정치인은 물론 어디에도 없다.

물론 이 책에 비판적 시각을 가진 학생도 있었다. 대다수는 텔레비전의 횡포를 납득하지 못한다. 젊은이들에겐 TV가 친구이자 즐거움과 위로를 주는 원천이기에, 자신들의 문화를 지켜내야 한다고 느끼는 듯하다. 몇몇 학생은 TV는 부모세대의 문화일 뿐이지 자신들은 인터넷 세대이기 때문에 이 책의 논제와는 잘 들어맞지 않는다고 여겼다. 일부는 아버지가 문자문화의 장점과 열매를 과대평가하여 변화를 거부하는 사람이기에 사회적 진보나 민주주의, 그리고 평등사회를 촉발시킬 수 있는 TV의 적지않은 역량을 인정하지 않는다고 생각했다. TV가 문제의 원흉이라는 평가에 동의하지 않는 학생도 있었다. 즉, 리모컨이나 수많은 채널 선택권, VCR, VDR 등을 이용하면 필요한 프로그램만 '재량껏' 보고 심지어 광고도 건너뛸 수 있다는 주장이다. 해결책을 제시했으면 더 좋았겠다는 공통적인 지적도 있었다. 즉, 치약을 다시 튜브 속에 집어넣을 수 없다는 건 알겠는데, 결국 이제 와서 어쩌냐는 물음이었다.

이런 반응도 있었다. "좋아, 작가가 1985년에 말한 게 정말 놀랍게도 현실로 드러났어. 그동안 죽도록 즐겼지… 근데, 왜 이 책을 읽으라는 거야!"

어떤 교수는 이 책을 소위 '전자매체 단식' 실험에 연계하여 이용하기도 했다. 24시간 동안 각 학생은 전자매체를 자제해야 했다. 교수가 이 과제를 말하자 학생들은 대수롭지 않은 듯 어깨만 으쓱거렸다. 그러나 하루 종일 모든 것(휴대폰, 컴퓨터, 인터넷, TV, MP3 등등)을 포기해야 한다는 사실을 깨닫자 끙끙거리며 괴로워하기 시작했다. 학생들에게 책은 읽어도 좋다고 허용했다. 하루 중 대략 8시간은 잠을 자더라도 교수는 이 날이 학생들에게 매우 혹독하리라 예상했다. 교수는 누구든 단식을 깨면(전화를 걸거나 이메일을 확인한다거나 하는 식으로) 불합격 처리하겠다고 엄포를 놨다.

"학생들이 제출한 리포트는 굉장했습니다. 제목도 '내 인생 최악의 날'이나 '내 인생 최고의 경험' 등 하나같이 극단적이었습니다. 이런 말도 있더군요. '이러다가 곧 죽을 것 같다' '아차! 하다가 TV를 켤 뻔했다' '맙소사, 어느새 습관대로 모조리 다 하고 있네!' 학생들마다 힘들어하는 매체가 다릅니다. 어떤 학생은 TV에, 어떤 학생은 휴대전화에, 또 어떤 학생은 인터넷이나 PDA에 유달리 집착합니다. 하지만 학생들은 아무리 전자매체 절제가 힘들고 핸드폰을 멀리하기 어려워도, 나이가 들어선 해본 적 없는 이 일을 해내기 위해 어떻게 해서라도 시간을 들입니다. 학생들은 친구를 만나러 길거리로 나섭니다. 친구간 대화도 풍성해졌습니다. 한 학생은 '생전 상상조차 해본 적도 없는 일을 한다고 생각합니다'라고 적기도 했습니다. 이 경험으로 학생들이 변했습니다. 일부는 크게 자극을 받아 1개월에 하루는 단식을 하겠다고 스스로 결단하기도 했습니다. 이러한 과정속에서 학생들을 자연스럽게 고전(플라톤과 아리스토텔레스에서 시작해서 최근의 고전까지)의 세계로 이끌었습니다. 1년쯤 지난 후에 예전 학생들이 제게 전화나 편지로 안부를 물을 때에는, 매체단식에 관한 이야기를 빼놓지 않더군요."

매체단식과 마찬가지로 이 책 『죽도록 즐기기』도 행동을 촉구한다. 아버지의 표현으로는, 더 위대한 것을 열망하는 '일종의 깨달음과 탄식'을 뜻한다. 무엇인가를 행하라는 간곡한 권고다. 이는 TV 뉴스에 대한 일종의 반격인 셈이다. 아버지는 "TV뉴스는 우리로 하여금 무엇인가에 대해 지껄이게는 하지만 의미있는 행동으로는 이끌지 못하는 타성적인 정보 다발에 불과하다"고 생각했다. 아버지는 역사에 매우 조예가 깊으셨고, 집단적 기억¹ᶜollective Memory과 요즘 우리가 '문명화 효과'라고 색다르게 부르는 분야의 대가셨지만, 과거에만 묻혀 사신 분이 아니었다. 아버지의 책은 우리로 하여금 좀더 경종을 울리고 적극적으로 가담하는 길을 찾으라고 촉구한다. 지금은 살아 계시지 않지만 아버지의 사상은 여기에 남았다. 이제는 이 세상을 더 잘 이해하는 '멋진 신세계'의 원주민인 새로운 세대가 고삐를 움켜잡을 때다.

20년이란 세월은 그대로 머무르지 않는다. 예전의 한 세대라는 시간은 요즘에는 세 세대 정도로 느껴진다. 모든 것이 빠르게 변한다. 어느 책에선가 아버지는 "변화가 변화를 가속화한다"고 했다. 이 책이 나온 뒤 엄청난 변화가 있었다. 젊은이들의 뉴스소비는 훨씬 줄어들었다. TV뉴스와 연예오락 분야는 뉴스영역의 저항에도 불구하고 서로 뒤엉켜버렸다. 코미디 센트럴ᶜomedy Central 방송의 〈더 데일리 쇼ᵀʰᵉ Daily Show〉의 진행자인 존 스튜어트ʲon Stewart는 CNN 방송의 〈크로스파이어ᶜrossfire〉로 옮기면서, 공공담론과 대중을 위해 진지한 뉴스와 쇼비즈니스는 반드시 구분되어야 한다고 강조했는데, 이 진행자는 자기

---

1. 프랑스 사회학자 모리스 알브바슈(Maurice Halbwachs)의 이론으로, 사회심리학의 관점에서 한 사회나 세대가 집단적으로 기억, 공유하고 있는 역사·사회·문화적 경험 등을 뜻한다.

입에서 나오는 말뜻도 제대로 이해하지 못하는 듯싶었다.

TV뉴스에 이용하는 짤막한 보조영상은 이제 눈 깜짝할 사이에 지나가 버리고, 누군가 이 어처구니 없는 비현실성을 지적해도 거의 무시하거나 성질내기 십상이다. 즉, 아버지의 말을 빌리자면, "텔레비전이 끼치는 해악을 따지는 질문은 무대 뒤로 사라져버렸다."

폭스뉴스는 자체적으로 설립한 이래 급성장했다. 미디어회사 중에선 거대 기업집단이 출현했다. 지금의 방송사는 그날 뉴스 중 실제로 끔찍한 전쟁 이미지를 내보내지 않지만, 20년 전에도 마찬가지였다.(40년 전에는 그대로 내보냈지만) 컴퓨터나 비디오게임의 그래픽 수준은 급격하게 향상되었다. 인터넷, 특히 피어투피어peer-to-peer 기술 덕택으로 공동체 아닌 공동체만 남았다. 리눅스 운영체제를 탄생시킨 '오픈소스open-source' 열풍으로 합종연횡을 통한 새로운 종류의 창조성이 넘쳐난다. 반면, 다른 공동체는 몰락하고 있다. 정기적으로 만나는 모임에 가입하는 사람은 극소수에 불과하며, 함께 저녁 식탁을 마주하는 가족도 거의 없고, 전에 하던 식으로 친구를 사귀거나 이웃에 대해 알지도 못한다. 학교 행정관이나 정치인, 사업가들은 학교를 컴퓨터망으로 연결하고 싶어 안달이다. 마치 미국교육을 향상시키는 열쇠가 여기에 있다고 생각하는 모양이다. 평균적인 미국인이 TV 앞에서 보내는 시간은 매일 하루에 네 시간 반 정도로 꾸준하다.(65세인 사람은 TV 앞에서 12년을 보낸 셈이다.) 아동 비만은 급증한다. 어떤 것은 예전보다 우리 자녀들에게 더 영향을 주고 또 어떤 것은 전혀 그렇지 않다. 아마도 적지만 여기에 희망이 있는 듯하다. 그 규모도 한결같지 않을까 싶다.

이 책의 본질적인 내용은 한가지 '실마리'에 근거를 두었다. 즉, 현실로 드러날까 많은 사람들이 두려워하는 무시무시한 미래상을 제시한 영국 작가(조지 오웰)는 대체로 틀렸으며, 반면 별로 알려지지도 않았고 무섭지도 않은 놀라운 미래상을 제시한 다른 영국 작가(올더스 헉슬리)는 제대로 핵심을 간파했다는 사실이다. 아버지는 설득력 있게 이 점을 주장했지만, 이는 어디까지나 텔레비전 시대의 문제였다. 지금은 새로운 테크놀로지와 뉴미디어가 더 우위에 있다. 하지만 오히려 이런 상황은 그 무엇보다도 이 책이 얼마나 시의적절한지 보탬이 될 뿐이라고 생각한다.

다행스럽게도 아버지는 텔레비전이 아닌 것들, 모든 종류의 발명품이나 1985년 이후에 발생한 사건에 대해서도 동일하게 질문을 던질 수 있다는 여지를 남기셨다. 아버지가 TV매체를 두고 던진 질문은 모든 종류의 테크놀로지와 매체에 적용할 수 있다. 우리가 온갖 매체와 테크놀로지에 판단력을 잃고 끌려가면 어떤 일이 일어날까? 우리가 자유로워질까 아니면 구속될까? 이로 인해 민주주의가 향상될까 아니면 저하될까? 이런 매체환경에서 더 책임감 있는 지도자가 나올까 아니면 그 반대일까? 우리의 사회체계가 더욱 투명해질까 아니면 더 흐려질까? 우리 모두는 더 나은 시민으로 성숙할까 아니면 더 나은 소비자가 될 뿐일까? 이때 과연 교환가치가 있을까? 설사 가치가 없을지라도 이는 사람들이 서로 연결되는 방법에 불과하기에 새로운 물건이 나오면 여전히 소비할 수밖에 없을 터인데, 이때 절제를 유지하려면 어떤 전략을 착안해야 할까? 품위? 비천함? 몇몇 사람들의 생각처럼 아버지는 이 모든 일에 심술궂은 구두쇠는 아니었다. 아버지께 필요한 것은 낙관주의가 아니었다. 아버지께서는 확실히 이렇게 말씀하셨다. "미래에 놀랄 만한 일이 많을지라도 칭송하거나 비난하는 데는 신중해야 한다." 또한 아버지는 TV를 전면적으로 우려하지도 않으셨다. 잡동사니 오락 프로그램은 대수로울 게 없었다. 아버지는 "〈A특공대〉나 〈치어스〉는 문제가 안 된다며, 시사프로그램인 〈60분〉과 〈현장뉴스〉 그리고 교육프로그램인 〈세서미 스트리트〉가 우리 사회의 공적 건강에 해악이 크다"고 지적하셨다.

　일선에서 교사로 재직중인 아버지의 제자 한 분은, 가르치는 학생들이 5~6년 전보다는 이 책에 훨씬 민감하게 반응한다고 이렇게 말했다. "이 책이 처음 나온 당시에는 내용이 시대에 너무 앞서서 사람들은 그 의미를 제대로 이해하지 못했습니다." "이 책은 20세기에 나온 21세기 책입니다." 1986년에 이 책이 나오자 곧바로 파문이 일기 시작했으며, 아버지는 ABC 방송의 나이트라인에 출연해서 테드 코펠과 토론을 했다. TV가 사람들을 함부로 통제하게끔 그대로 방치할 경우 우리 사회에 끼칠 여파에 관한 내용이었다. 내 기억으로는, 사람들의 짧은 주의력과 감성적인 콘텐츠를 선호하는 현상이 의미있는 공공담론을 방해할 가능성이 있다는 핵심주제를 상세히 설명하는 어느 대목에서였는데, 아버지가 이렇게 말했다.

　"예를 들어볼까요? 테드, 우리는 지금 문화에 관해 의미심장한 토론을 하는 중입니다. 하지만 30초만 있으면 자동차나 치약광고 때문에 토론을 일시 중단해야 하지 않겠습니까?"

TV뉴스 앵커 중에선 보기 드물게 진지한 인물로 꼽히는 코펠 씨는 피곤한 듯 억지로 웃으며 이렇게 대답했다.

박사님, 실제로는 10초에 불과합니다."

시간은 여전히 흘러가고 있었다.

2005년 11월

뉴욕 브루클린에서

앤드류 포스트먼

제1장 미디어는 메타포다

1. 1983년 8월 24일자 〈Wisconsin State Journal〉 섹션3, 1쪽에서 인용

2. 에른스트 캇시러, 43쪽

3. 노스럽 프라이(Northrop Frye), 227쪽

제2장 인식론으로서의 매체

1. 노스럽 프라이(Northrop Frye), 217쪽

2. 노스럽 프라이(Northrop Frye), 218쪽

3. 노스럽 프라이(Northrop Frye), 218쪽

4. 월터 옹 『문자성과 인쇄의 미래(Literacy and the Future of Print)』, 201~202쪽에서 인용

5. 월터 옹(Walter Ong) 『구술성(Orality)』, 35쪽

6. 월터 옹(Walter Ong) 『구술성(Orality)』, 109쪽

7. 제롬 브루너(Jerome Bruner) 『Studies in Cognitive Growth』에서 언급하길, "성장은 내부에서 외부로 이루어지는 만큼 외부에서 내부로도 진행되며, 대부분의 '인지적 성장'은 인간이 문화적으로 전수된 운동성, 감각성, 반사능력의 '증폭기'와 연계되는 과정에서 이루어진다." (1~2쪽)

구디(Goody) 『The Domestication of the Savage Mind』에서 "읽을 수 없는 사람들 입장에서 보면, '쓰기'는 세계를 표현하는 본성(인지과정)을 변화시킨다." 그리고 "알파벳의 출현은 그러므로 개개인이 다루는 데이터 유형을 변화시키고, 사람들이 데이터를 다룰 때 활용 가능한 프로그램 목록도 변화시킨다." (110쪽)

줄리언 제인스(Julian Jaynes) 『The Origins of Consciousness in the Breakdown of the Bicameral Mind』에서 "양원제의 목소리가 와해되는 상황에서 쓰기는 엄청나게 중요하다." 그는 또한 기록된 글이 환영(幻影)을 '대체'했으며, 데이터를 분류하고 결합시키는 절반의 제몫을 해냈다고 주장했다.

월터 옹(Walter Ong)은 『The Presence of the Word』에서, 마샬 맥루한은 『미디어의 이해(Understanding Media)』에서, 감각들 간에 있어서 비율과 균형의 변화를 야기하는 매체의 영향을 강조한다. 이렇게 말할 수도 있다. 즉, 일찍이 1938년에 이미 앨프리드 화이트헤드(Alfred North Whitehead)가 『관념의 모험(Modes of Thought)』에서, 매체의 변화가 감각기관에 끼치는 영향에 대한 철저한 연구의 필요성을 촉구했듯이 말이다.

제3장 인쇄시대의 미국

1. 벤자민 프랭클린(Benjamin Franklin), 175쪽

2. 제임스 하트(James D. Hart), 8쪽

3. 제임스 하트(James D. Hart), 8쪽

4. 제임스 하트(James D. Hart), 8쪽

5. 제임스 하트(James D. Hart), 15쪽

6. 케네스 로크리지(Lookridge), 184쪽

7. 케네스 로크리지(Lookridge), 184쪽

8. 제임스 하트(James D. Hart), 47쪽

9. 루이스 멈포드(Lewis Mumford), 136쪽

10. 로렌스 스톤(Lawrence Stone), 42쪽

11. 제임스 하트(James D. Hart), 31쪽

12. 다니엘 부어스틴(Daniel Boorstin), 315쪽

13. 다니엘 부어스틴(Daniel Boorstin), 315쪽

14. 제임스 하트(James D. Hart), 39쪽

15. 제임스 하트(James D. Hart), 45쪽

16. 하워드 패스트(Howard Fast), 서문

17. 이 신문이 아메리카 대륙에서 발행된 첫 신문은 아니다. 스페인 사람들은 이보다 100년 앞서 멕시코에 인쇄소를 설립했다.

18. 프랭크 루터 모트(Frank Luther Mott), 7쪽

19. 다니엘 부어스틴(Daniel Boorstin), 320쪽

20. 프랭크 루터 모트(Frank Luther Mott), 9쪽

21. 제임스 멜빈 리(James Melvin Lee), 10쪽

22. 다니엘 부어스틴(Daniel Boorstin), 326쪽

23. 다니엘 부어스틴(Daniel Boorstin), 327쪽

24. 제임스 하트(James D. Hart), 27쪽

25. 알렉시스 드 토크빌(Alexix de Tocqueville), 58쪽

26. 알렉시스 드 토크빌(Alexix de Tocqueville), 5~6쪽

27. 제임스 하트(James D. Hart), 86쪽

28. 멀 커티(Merle Curti), 337쪽

29. 제임스 하트(James D. Hart), 153쪽

30. 제임스 하트(James D. Hart), 74쪽

31. 멀 커티(Merle Curti), 337쪽

32. 제임스 하트(James D. Hart), 102쪽

33. 막스 버거(Max Burger), 183쪽

34. 멀 커티(Merle Curti), 356쪽

35. 막스 버거(Max Burger), 158쪽

36. 막스 버거(Max Burger), 158쪽

37. 막스 버거(Max Burger), 158쪽

38. 멀 커티(Merle Curti), 356쪽

39. 마크 트웨인(Mark Twain), 161쪽

40. 리처드 호프스타터(Richard Hofstadter), 145쪽

41. 리처드 호프스타터(Richard Hofstadter), 19쪽

42. 알렉시스 드 토크빌(Alexix de Tocqueville), 260쪽

43. 존 C. 밀러(John C. Miller), 269쪽

44. 존 C. 밀러(John C. Miller), 271쪽

45. 칼 막스(Karl Mark), 150쪽

제4장 인쇄문화, 인쇄정신

1. 에드윈 스팍스(Edwin Sparks), 4쪽

2. 에드윈 스팍스(Edwin Sparks), 11쪽

3. 에드윈 스팍스(Edwin Sparks), 87쪽

4. 이 토론 기록의 정확성에 대한 의문이 끊임없이 제기되었다. 로버트 히트(Robert Hitt)는 토론 내용을 받아 기록한 사람이었는데, 링컨의 '문맹'을 적절히 수선했다는 의심을 받았다. 이러한 비난은 물론 링컨의 정적들이 유포했는데, 아마도 링컨의 연설이 전국적인 반향을 불러일으키자 당황했을 것이다. 히트는 링컨 연설의 어느 부분도 '왜곡'시킨 적이 없다고 강력히 부인했다.

5. 윈드롭 허드슨(Winthrop Hudson), 5쪽

6. 에드윈 스팍스(Edwin Sparks), 86쪽

7. 존 스튜어트 밀(John Stuart Mill), 64쪽

8. 윈드롭 허드슨(Winthrop Hudson), 110쪽

9. 토머스 페인(Thomas Paine), 6쪽

10. 윈드롭 허드슨(Winthrop Hudson), 132쪽

11. 페리 밀러(Perry Miller), 15쪽

12. 윈드롭 허드슨(Winthrop Hudson), 65쪽

13. 윈드롭 허드슨(Winthrop Hudson), 143쪽

14. 페리 밀러(Perry Miller), 119쪽

15. 페리 밀러(Perry Miller), 140쪽

16. 페리 밀러(Perry Miller), 140~141쪽

17. 페리 밀러(Perry Miller), 120쪽

18. 페리 밀러(Perry Miller), 155쪽

19. 프랭크 프레스브리(Frank Presbrey), 244쪽

20. 프랭크 프레스브리(Frank Presbrey), 126쪽

21. 프랭크 프레스브리(Frank Presbrey), 157쪽

22. 프랭크 프레스브리(Frank Presbrey), 235쪽

23. 폴 앤더슨(Paul Anderson), 17쪽. 이와 관련해서는 토머스 제퍼슨이 1787년 1월 15일 크레브-꾀흐(Monsieur de Cérve-Coeur)에게 쓴 편지를 인용할 만한 가치가 있다. 편지에서 제퍼슨은 미국인의 발명품 하나에 대해 영국인들이 권리주장을 하려 한다고 불편해 했다. 그건 바퀴의 원주 부분을 나무 하나로 통째로 짜는 것이었다. 제퍼슨은 저지지역에 사는 농부들이 『호머(Homer)』를 읽다가 이 방법을 터득했으리라 추측했는데, 『호머』에는 그러한 과정이 상세히 묘사되어 있다. 제퍼슨은, 영국인들이 이 과정을 미국인한테 모방했음이 분명하다며 이렇게 적고 있다. "왜냐하면 우리 농부들만이 호머를 읽을 수 있는 유일한 농부이기 때문이다."

제5장 삐까부 세상

1. 헨리 데이빗 소로우(Henry David Thoreau), 36쪽
2. 엘빈 페이 할로(Elvin Fay Harlow), 100쪽
3. 대니얼 치트롬(Daniel Czitrom), 15~16쪽
4. 수전 손택(Sasan Sontag), 165쪽
5. 뷰먼트 뉴홀(Beaumont Newhall), 33쪽
6. 가브리엘 살로몬(Gabriel Solomon), 36쪽
7. 수전 손택(Sasan Sontag), 20쪽
8. 수전 손택(Sasan Sontag), 20쪽

제6장 쇼비즈니스 시대

1. 1984년 7월 20일자 〈뉴욕 타임즈〉는 중국 국영 텔레비전이 미국 CBS와 계약을 체결, 64시간 분량의 프로그램을 국내에 방영하기로 했다고 보도했다. NBC 및 ABC와의 계약도 잇따를 것이 확실하다. 일각에선 이 계약 건이 상당한 정치적 함의를 지님을 중국이 이해하길 희망하고 있다. 중국의 4인방(모택동, 주은래, 유소기, 주덕 - 중국의 정치권력을 의미)은 미국의 3인방(3대 방송국)과 감히 비교할 수조차 없다.
2. 이 이야기는 1983년 2월 24일자 〈Wisconsin State Journal〉 섹션 3·20쪽을 비롯, 몇몇 신문에서 언급했다.
3. 1984년 6월 7일자 〈뉴욕 타임즈〉 섹션A, 20쪽에서 인용

제7장 자, 다음 뉴스는…

1. 크리스틴 크로프트 소송 건에 대한 상세한 사항은 1983년 7월 29일자 〈뉴욕 타임즈〉를 참조
2. 로버트 맥닐(Robert MacNeil), 2쪽
3. 로버트 맥닐(Robert MacNeil), 4쪽
4. 1984년 7월 9일자 〈타임〉 지, 69쪽

제8장 예배가 아니라 쇼!

1. 빌리 그래함(Billy Graham), 5~8쪽. 빌리 그래함의 설교방식에 대한 자세한 분석은 Michael Real의 저서 『Mass Mediated Culture』를 볼 것. 흥미롭고 신랄한 경우는 『The Eiffel Tower and Other mythologies』에 실린 롤랑 바르뜨의 글 "Billy Graham at the Winter Cyclodome"을 볼 것. 바르뜨는 "하나님이 빌리 그래함 박사의 입을 통해 말하는 게 사실이라면 하나님은 참으로 멍청하다"라고 했다.
2. 로버트 아벨만(Robert Abelman)과 킴벌리 노이엔도르프(Kimberly Neuendorf)의 글 "Religion on Broadcasting"에서 인용. 이 연구는 워싱턴 D. C.에 있는 국제 가톨릭 방송연맹 미국지부의 기금 지원을 받았음
3. 벤 암스트롱(Ben Armstrong), 137쪽
4. 한나 아렌트(Hannah Arendt), 352쪽

제9장 이미지가 좋아야 당선된다

1. 엘리자베스 드류(Elizabeth Drewl), 263쪽

2. 테렌스 모란(Terence Moran), 122쪽

3. 제이 로젠(Jay Rosen), 162쪽

4. 1984년 3월 27일 뉴욕 시 유태인 박물관에서 개최된 '전국 유태인 방송연합' 회의에서 한 연설문에서 인용

5. 테렌스 모란(Terence Moran), 125쪽

6. 1982년 4월 26일 뉴욕 주 소거티스에서 열린 제24회 '매체 생태학 학술회의(Media Ecology Conference)'에서 한 연설문에서 인용. 거브너 학장의 관점을 상세히 확인하려면 〈Et Cetera〉 34권 2호(1977년 6월) 145~150쪽에 걸친 "Television: The New State Religion"을 참조 바람

제10장 재미있어야 배운다

1. 존 듀이(John Dewey), 48쪽

2. G. Comstock. S. Chaffee. N. Katzman. M. McCombs. and D. Roberts. Television and Human Behavior (New York: Columbia University Press. 1978)

3. A. Cohen and G. Salomon, "Children's Literate Television Viewing: Surprises and Possible Explanations." Journal of Communication 29호(1979): 156~163쪽; L. M. Meringoff. "What Pictures Can and Can't Do for Children's Story Comprehension." 1982년 4월 American Educational Research Association 연례회의 제출자료; J. Jacoby. W. D. Hoyer and D. A. Sheluga. Miscomprehension of Televised Communications (New York: The Educational Foundation of the American Association of Advertising Agencies. 1980); J. Stauffer. R. Frost and W. Rybolt. "Recall and Learning from Broadcast News: Is Print Better?" Journal of Broadcasting (1981년 여름호): 253~262쪽; A. Stern. "A Study for the National Association for Broadcasting." in Barret(ed.). The Politics of Broadcasting. 1971~1972 (New York: Thomas Y. Crowell. 1973); C. E. Wilson. "The Effect of a Medium on Loss of Information." Journalism Quarterly 51호 (1974년 봄): 111~115쪽; W. R. Neuman. "Patterns of Recall Among Television News Viewers." Public Opinion Quarterly 40호(1976): 118~125쪽; E. Katz. H. Adoni and P. Parness. 'Remembering the News: What the Pictures Add to Recall" Journalism Quarterly 54호 (1977): 233~242쪽; B. Gunter. 'Remembering Television News: Effects of Picture Content:' Journal of General Psychology 102호(1980): 127~133쪽

4. 가브리엘 살로몬(Gabriel Solomon), 81쪽

참고문헌

가브리엘 살로몬 Salomon, Gavriel. *Interaction of Media. Cognition and Learning*, San Francisco: Jossey-Bass. 1979.

노스럽 프라이 Frye, Northrop. *The Great Code: The Bible and Literature*, Toronto: Academic Press. 1981.

다니엘 부어스틴 Boorstin, Daniel J. *The Americans: The Colonial Experience*, New York: Vintage Books. 1958.

다니엘 치트롬 Czitrom, Daniel. *Media and the American Mind: From Morse to McLuhan*, Chapel Hill: University of North Carolina Press. 1982.

로렌스 스톤 Stone, Lawrence. "The Educational Revolution in England. 1500-1640." *Past and Present 28* (July, 1964).

로버트 맥닐 MacNeil, Robert. *"Is Television Shortening Our Attention Span?"* New York University Education Quarterly 14:2 (Winter, 1983).

루이스 멈포드 Mumford, Lewis. *Technics and Civilization*, New York: Harcourt. Brace and World. 1934.

리처드 호프스타터 Hofstadter, Richard. *Anti-Intellectualism in American Life*, New York: Alfred A. Knopf. 1964.

마크 트웨인 Twain, Mark. *The Autobiography of Mark Twain*, New York: Harper and Bros. 1959.

막스 버거 Berger, Max. *The British Traveler in America*, 1836-1860. New York: Columbia University Press. 1943.

멀 커티 Curti, Merle. *The Growth of American Thought*, New York: Harper & Row. 1951.

벤 암스트롱 Armstrong, Ben. *The Electric Church*, Nashville: Thomas Nelson. 1979.

벤자민 프랭클린 Franklin, Benjamin. *The Autobiography of Benjamin Franklin*, New York: Magnum Books. 1968.

뷰먼트 뉴홀 Newhall, Beaumont. *The Hostory of Photography from 1839 to the Present Day*, New York: Museum of Modern Art. 1964.

빌리 그래함 Graham, Billy. *"The Future of TV Evangelism."* TV Guide 31:10 (1983).

수전 손택 Sontag, Susan. *On Photography*, New York: Farrar. Straus and Giroux. 1977.

알렉시스 드 토크빌 Tocqueville, Alexis de. *Democracy in America*, New York: Vintage Books. 1954.

에드윈 스팍스 Sparks, Edwin Erle, ed. *The Lincoln-Douglas Debates of 1858*, Vol. Ⅰ. Springfield, Ⅲ.: Illinois State Historical Library. 1908.

에른스트 캇시러 Cassirer, Ernst. *An Essay on Man*, Garden City. N.Y.: Doubleday Anchor. 1956.

엘리자베스 드류 Drew, Elizabeth. *Portrait of an Election: The 1980 Presidential Campaign*, New York: Simon and Schuster. 1981.

엘리자베스 아이젠슈타인 Eisenstein, Elizabeth. *The Printing Press as an Agent of Change,* New York: Cambridge University Press. 1979.

월터 옹 Ong, Walter. *"Literacy and the Future of Print."* Journal of Communication 30:1 (Winter, 1980).

월터 옹 Ong, Walter. *Orality and Literacy,* New York: Methuen. 1982.

윈드롭 허드슨 Hudson, Winthrop. *Religion in America,* New York: Charles Scribner's Sons. 1965.

제이 로젠 Rosen, Jay. *"Advertising's Slow Suicide."* Et cetera 41:2 (Summer, 1984).

제임스 멜빈 리 Lee, James Melvin. *History of American Journalism,* Boston: Houghton Mifflin. 1917.

제임스 하트 Hart, James D. *The Popular Book: A History of America's Literacy Taste,* New York: Oxford University Press. 1950.

존 듀이 Dewey, John. *Experience and Education,* The Kappa Delta Pi Lectures. London: Collier Books. 1963.

존 밀러 Miller, John C. *The First Frontier: Life in Colonial America,* New York: Dell. 1966.

존 스튜어트 밀 Mill, John Stuart. *Autobiography and Other Writings,* Boston: Houghton Mifflin. 1969.

칼 막스 Marx, Karl. and Friedrich Engels. *The German Ideology,* New York: International Publishers. 1972.

케네스 로크리지 Lockridge, Kenneth. *"Literacy in Early America, 1650-1800,"* in Literacy and Social Development in the West: A Reader, edited by Harvey J. Graff. New York: Cambridge University Press. 1981.

테렌스 모란 Moran, Terence. *"Politics 1984: That's Entertainment."* Et cetera 41:2 (Summer. 1984).

토머스 페인 Paine, Thomas. *The Age of Reason,* New York: Peter Eckler Publishing Co. 1919.

페리 밀러 Miller, Perry. *The Life of the Mind in America: From the Revolution to the Civil War,* New York: Harcourt. Brace and World. 1965.

폴 앤더슨 Anderson, Paul. *Platonism in the Midwest,* Philadelphia: Temple University Publications. 1963.

프랭크 루터 모트 Mott, Frank Luther. *American Journalism: A History of Newspapers in the U.S. through 260 Years. 1690 to 1950,* New York: Macmillan. 1950.

프랭크 프레스브리 Presbrey, Frank. *The History and Development of Advertising,* Garden City, N.Y.: Doubleday. Doran and Co. 1929.

하워드 패스트 Fast, Howard. *Introduction to Rights of Man. by Thomas Paine,* New York: Heritage Press. 1961.

한나 아렌트 Arendt, Hannah. *"Society and Culture."* in The Human Dialogue. edited by Floyd Matson and Ashley Montagu. , Glencoe. Ⅲ.: Free Press. 1967.

헨리 데이빗 소로우 Thoreau, Henry David. *Walden,* Riverside Editions, Boston: Houghton Mifflin, 1957.

옮긴이 **홍윤선**

사이버 공간이 태동하던 시절부터 인터넷 관련 기업 및 사업 활동에 몸담아왔다. 현재 웹 서비스 업체인 ㈜웹스테이지의 대표로 있다. 과학기술에 근거한 낙관주의나 진보적 시각에 비판적이며, 특히 인터넷을 위시한 디지털 문화에 대한 경각심을 일깨우는 데 관심이 크다. 인터넷 비즈니스 활동과 디지털 문화에 대한 비판적 글쓰기를 변증법적으로 병행하며 살고 있다. 저서로 『딜레마에 빠진 인터넷』『클릭 네티켓』이 있다.

죽도록 즐기기

초판 1쇄 펴낸날 2009년 7월 25일 | 리커버개정판 4쇄 펴낸날 2023년 12월 20일
지은이 닐 포스트먼 | 옮긴이 홍윤선 | 펴낸이 정혜옥
펴낸곳 굿인포메이션 | 출판등록 1999년 9월 1일 제 1-2411호
주소 04779 서울시 성동구 뚝섬로 1나길 5(헤이그라운드) 7층
전화 02)929-8153 | 팩스 02)929-8164 | E-Mail goodinfobooks@naver.com

ISBN 979-11-967290-5-9 03300